D1723361

Fachprofil Lernbegleitung

Fachbuch | Fortbildungskonzept

Hinweis:

Das Fachbuch „Fachprofil Lernbegleitung" wird ergänzt durch eine umfangreiche Sammlung von Arbeitsblättern, Methoden und Kopiervorlagen.

Diese erhalten Sie unter der ISBN 978-3-86718-751-0 im Buchhandel oder per kostengünstiger Direktbestellung im Verlagsshop: www.edumedia.de

Fachprofil Lernbegleitung - Fachbuch und Fortbildungskonzept

Autorinnen und Autoren

Prof. Rainer Brödel, Dr. Jutta Franzen, Ilka Goetz, Dr. Markus Höffer-Mehlmer, Andreas Kirchhoff, Katja Liebigt, Anja Monz, Natascha Riebel, Prof. Dr. Annette Scheunpflug, Thomas Schmidt, Eva-Maria Singer, Prof. Dr. Richard Stang

Herausgeber

Helliwood media & education im fjs e. V.

Danksagung

Das Fachbuch Lernbegleitung basiert auf dem Entwicklungsvorhaben „Fachprofil Lernbegleitung", das von Helliwood media & education in Kooperation mit dem Bildungszentrum Stadt Nürnberg umgesetzt wurde. Ein besonderer Dank geht deshalb an Dr. Wolfgang Eckart, Direktor des Bildungszentrums Stadt Nürnberg, für die konstruktive und engagierte Zusammenarbeit bei der Realisierung des Projektes als Public Private Partnership.

Die Erstellung des Fachbuches Lernbegleitung wurde gefördert im Rahmen des Programms „Lernende Regionen - Förderung von Netzwerken" durch das Bundesministerium für Bildung und Forschung und den Europäischen Sozialfonds.

2., geänderte Auflage, Druckversion vom 07.04.2011, POD-2.0

Redaktion: Anja Monz, Mathias Repka

Layout, Satz und Druck: Educational Consulting GmbH, Ilmenau
Printed in Germany

Umschlaggestaltung: Helliwood media & education

ISBN 978 -3-86718-750-3

Lernbegleitung:
Wann, wenn nicht jetzt?

„Die Bürger müssen besser zum Lernen motiviert werden. Hierzu muss die Qualität der Informationen gesteigert werden und das Lernpotenzial von Orten wie (...), Kultureinrichtungen sowie von Einrichtungen für die allgemeine und berufliche Bildung muss besser ausgeschöpft werden."

(Kommission der Europäischen Gemeinschaften - Erwachsenenbildung, 2006)

neue Lernkultur

Die Entwicklung einer neuen Lernkultur ist in den letzten Jahren nicht nur in Fachkreisen verstärkt diskutiert worden, sondern hat zunehmend einen breiten gesellschaftlichen Konsens erreicht. Hintergrund ist die Veränderung des allgemeinen Verständnisses von Lernen sowie der individuellen Lernmöglichkeiten des Einzelnen im Verlauf seiner Lernbiografie. Eine weitere Ursache ist die rasante Entwicklung der neuen Informations- und Kommunikationstechniken sowie ihre breite Verfügbarkeit: Völlig neue Lernmöglichkeiten für unterschiedlichste Zielgruppen sind somit entstanden. Aus diesen Veränderungen erwachsen jedoch auch Anpassungs- und Lernanforderungen an den Einzelnen im beruflichen und privaten Lebensalltag.

Lernorte und Lernarrangements

Lernen in der Vielfalt

Auch Lernorte und Lernarrangements verändern sich. „Diversity Management" ist in aller Munde und meint das Aufgreifen und Nutzen der Unterschiede bzw. Vielfalt in der Gesellschaft. Das in dieser Verschiedenheit liegende Potenzial soll nicht nur konfliktvermindernd verwaltet, sondern produktiv genutzt werden - so weit wie irgend möglich. Dazu muss die Selbstlernkompetenz jeder und jedes Einzelnen, die vielleicht wichtigste Schlüsselkompetenz in unserer Wissens- und Informationsgesellschaft, entwickelt bzw. gefördert werden. Lernende sollten in der Lage und auch Willens sein, ihre individuellen Lernarrangements aus unterschiedlichen Bereichen auszuwählen und sich darin gekonnt zu bewegen. Lebenslanges Lernen setzt dabei stärker auf Eigenverantwortlichkeit und Selbststeuerung.

Die Rolle des Lehrenden

neue Lehrkompetenzen

Neue Formen des Lernens stellen an Lernende und Lehrende gleichermaßen die Herausforderung, sich im Gefüge einer neuen Lernkultur zu orientieren und entsprechende Kompetenzen zu erwerben.

In diesem Prozess müssen sich Lehrende immer mehr mit einer neuen bzw. sich verändernden Rolle auseinandersetzen. Neben der (klassischen) Wissensvermittlung ist mit dem Lehren vor allem die Entwicklung und Förderung von Kompetenzen des Lernenden verbunden.

> Neues Lernen benötigt eine kompetente Begleitung, damit sich Selbstlernkompetenz, die wahrscheinlich wichtigste Kompetenz in unserer Wissens- und Informationsgesellschaft, nachhaltig entwickeln kann.

Die individuelle Gestaltung von Lernwegen, die Fähigkeit, selbst Lernziele zu formulieren, passende Lernwege und Lernformen zu finden, das Lernen zu Lernen - diese Aufgaben stehen zunehmend im Fokus der Tätigkeit eines Lehrenden. So ermöglicht und fördert eine professionelle Lernbegleitung das Lernen unabhängig von sozialen, geografischen, psychologischen und sonstigen Hindernissen.

Das Lernen lernen

Neues Lernen benötigt eine kompetente Begleitung: Lernbegleiterinnen und Lernbegleiter sollten in der Lage sein, aufbauend auf umfassenden pädagogischen und methodisch-didaktischen Kenntnissen, Menschen aller Altersgruppen und aller sozialen Schichten bei Lernprozessen zu unterstützen bzw. lenkend und leitend auf das Prozessgeschehen einzuwirken.

Lernprozesse unterstützen

Dies geschieht durch die Vermittlung und Anwendung spezifischer Instrumente des Lernens, die individuell auf Lernende abgestimmt werden. Zentrale Kriterien sind dabei Lerninhalt, -situation und individuelle Persönlichkeitsmerkmale, die für Lernprozesse relevant sind.

Lernbegleitung führt weg vom Belehren und Dozieren und vermittelt Lernenden die notwendigen Kompetenzen, sich immer wieder dem Lernen zu öffnen, das Vertrauen in die eigene Lernkompetenz zu finden und die Lust am lebenslangen Lernen zu erhalten.

Vertrauen in die eigene Lernkompetenz

Dazu gehören eine innovative Lehr- und Lerndidaktik und der Einsatz neuer Medien genauso, wie die fortlaufende Weiterentwicklung geeigneter Lernmethoden und Materialien. Vor allem sollte eine Veränderung des Rollenverständnisses bei den pädagogischen Fachkräften stattfinden. Nicht nur eine allgemeine pädagogische Qualifikation ist gefragt, sondern vielmehr die Fähigkeit, als Begleiter von Lernprozessen Lernenden zur Seite zu stehen. Wichtig für die zukünftige Begleitung von Lernprozessen ist aber auch die Erkenntnis, dass selbst-organisiertes Lernen offene, variable Lernorte und Lernarrangements erfordert, die sich deutlich von den vor allem in Schulen gängigen Unterrichtskonzepten unterscheiden.

innovative Didaktik und neue Medien

Hierfür ist eine Zusatzqualifikation für Menschen mit pädagogischer Vorbildung, für Erzieherinnen und Gymnasiallehrer, für Sozialarbeiter und Ausbilderinnen in Betrieben, für Lernbegleiter in Lernzentren und Lernberaterinnen in Beratungseinrichtungen notwendig.

Das vorliegende Fachbuch unterstützt diesen Prozess, hin zu einer professionellen Lernbegleitung. Die hier vorgestellte inhaltliche Ausrichtung des Konzepts einer professionellen Lernbegleitung wurde von zwei Institutionen entwickelt, die vor allem im Bereich lebenslanges Lernen über einen langen Zeitraum gearbeitet und geforscht haben. Im Rahmen des Bundesprogramms „Lernende Regionen - Förderung

professionelle Lernbegleitung

von Netzwerken" engagierten sich Helliwood media & education im fjs e.V. und das Bildungszentrum Stadt Nürnberg für die Förderung individueller, selbst gesteuerte Lernprozesse z. B. in Lernzentren.

Fortbildung „Fachprofil Lernbegleitung"

Die umfangreichen Erfahrungen der Partner aus der Arbeit in den Lernzentren sind in die inhaltliche Gestaltung des vorliegenden Konzepts Lernbegleitung eingeflossen. Vor allem Kompetenzen aus den Bereichen Lernforschung, Lernen mit neuen Medien, Lernberatung sowie Lernbegleitung von informellen, selbst gesteuerten Lernprozessen bei unterschiedlichen Zielgruppen bestimmen die inhaltlich-methodische Ausprägung des Fachbuches. In einem Modellkurs der Fortbildung „Fachprofil Lernbegleitung" wurden diese Inhalte erfolgreich erprobt.

Das Fachbuch umfasst sechs Kapitel, die die inhaltlich-methodische Ausrichtung einer professionellen Lernbegleitung vorstellen und die fachliche Basis für die Entwicklung des Profils Lernbegleitung bilden.

- ▣ **Kapitel I**: Aktuelle Forschungsergebnisse zum lebenslangen Lernen; anerkannte Erkenntnisse aus der Lern- und Gehirnforschung sowie Aspekte des Diversitymanagements bzw. interkulturelle und intergenerative Lernformen.

- ▣ **Kapitel II**: Methodensets, Lernarrangements und Lerntechniken, die in der Lernbegleitung für die Unterstützung individuellen eigenverantwortlichen Arbeitens und Lernens eine besondere Rolle spielen.

- ▣ **Kapitel III**: Neuste Forschungsergebnisse zum multimedialen Lernen, Formen, Möglichkeiten und Beispiele der medialen Unterstützung von individuellen Lernprozessen wie E-Learning, Blended Learning oder Lernen mit E-Games.

- ▣ **Kapitel IV**: Instrumente und Verfahren, die die Entwicklung von Selbstreflexion und Kompetenzfeststellung im Lebenslauf unterstützen können; aktuelle Aspekte informellen Lernens.

- ▣ **Kapitel V**: Lernberatung im Kontext von Lernbegleitung und methodische Ansätze von Lernberatung in Abgrenzung von Bildungsberatung.

- ▣ **Kapitel VI**: Konzept der berufsbegleitenden Fortbildung „Fachprofil Lernbegleitung".

Kapitel I

Bei der Förderung selbstbestimmten Lernens geht es darum, den Einzelnen im Kontext seiner biologisch-psychischen Anlagen zu begreifen, seine Leistungsmöglichkeiten und -grenzen zu kennen und seine soziale Situation zu berücksichtigen.

Im Prozess der Lernbegleitung werden Szenarien und Lernarrangements gestaltet, die den Einzelnen mit seinen persönlichen Besonderheiten in den Vordergrund rücken. In Kapitel I des Fachbuches wird dargestellt, wie bei der Gestaltung individueller Lernprozesse die biologisch-psychologischen, sozialen und emotionalen Voraussetzungen der Individuen berücksichtigt werden sollten.

Im besonderen Fokus stehen aktuelle Forschungsergebnisse zum lebenslangen Lernen, anerkannte Erkenntnisse aus der Lern- und Gehirnforschung sowie Aspekte des Diversitymanagements bzw. interkulturelle und intergenerative Lernformen.

Inhalt Kapitel I

- 1. Lernbegleitung heute
- 2. Biologische Grundlagen des Lernens
- 3. Diversity und Lernen

Inhalt

Hinweis:

Das Fachbuch „Fachprofil Lernbegleitung" wird ergänzt durch eine umfangreiche Sammlung von Arbeitsblättern, Methoden und Kopiervorlagen. Diese erhalten Sie unter der ISBN 978 -3-86718-751-0 im Buchhandel oder per kostengünstiger Direktbestellung im Verlagsshop: www.edumedia.de

Lernbegleitung heute

1.1 Die wachsende Bedeutung von Lernen und Bildung

Durch den Wandel einer Industriegesellschaft zu einer Dienstleistungsgesellschaft verändert sich das Verhältnis zu und die Bedeutung von Bildung und Lernen in mehreren Dimensionen.

Wertschöpfung durch Bildung

Erstens steigt die Bedeutung von Bildung durch den Anstieg des benötigten Bildungsniveaus für Tätigkeiten in modernen Berufsfeldern. Die Wertschöpfung findet in Industriestaaten heute nicht mehr in überwiegend durch manuelle Tätigkeiten definierten Arbeiten statt. Diese sind bereits - oder werden zunehmend - in andere Länder verlagert. Vielmehr sind es anspruchsvolle und hoch qualifizierte Tätigkeiten im Entwicklungsbereich oder im Dienstleistungssektor, für die Arbeitsplätze bereitgestellt werden. Für beide Bereiche sind kommunikative Kompetenzen unabdingbar, es ist nötig, Strukturierungskompetenz für die Organisation der Arbeitsabläufe zu haben und natürlich eine entsprechende fachliche Kompetenz nachzuweisen. Einfache manuelle Tätigkeiten, für die nur ein geringes Bildungsniveau benötigt wird, werden kaum noch nachgefragt. *(kommunikative Kompetenzen)*

Dies kann an einem einfachen Beispiel exemplarisch gezeigt werden: dem Zusammenhang von Lesekompetenz und Arbeitslosigkeit in Industriegesellschaften. Nach einer Untersuchung des Statistischen Bundesamtes in Kanada (Statistic Canada, 2000, S. 8) sinkt das Risiko auf Arbeitslosigkeit mit steigender Lesekompetenz signifikant (vgl. Abbildung). In allen Industriestaaten sind es die eher weniger lesekompetenten Menschen, die das höchste Arbeitslosigkeitsrisiko aufweisen.

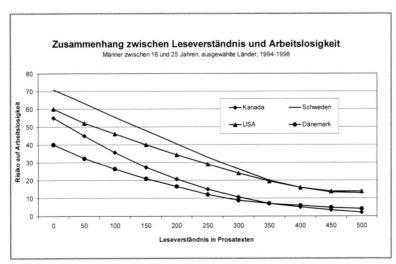

Arbeitslosigkeitsrisiko nach Leseverständnis (aus Statistic Canada, 2000, S.8, Quelle: Köller, 2005, S. 65)

Der schnelle soziale Wandel und die Halbwertzeit von Wissen

Halbwertzeit von Wissen

Zweitens steigt die Bedeutung von Bildung und Lernen durch den schnellen sozialen Wandel, die sinkende „Halbwertzeit" mancher Wissensbestände und den technologischen Wandel, vor allem im Bereich der elektronischen Datenverarbeitung.

konstruktive Strategien zur Wissensaufnahme

In vielen Arbeitskontexten, vor allem jenen, die eng an die technische Entwicklung angekoppelt sind, verändern sich die Wissensgebiete in einem rasanten Tempo. Nach einer Berechnung von Le Monde Diplomatique (2003) verdoppeln sich die der Menschheit zur Verfügung stehenden Informationen Anfang des Jahrtausends ca. alle vier Jahre. Damit entsteht immer neues Wissen, das von Menschen rezipiert und bearbeitet werden muss. Zudem wächst damit in riesigem Ausmaß auch das jeweils individuelle Nichtwissen. Gerade der Umgang mit Nichtwissen, stellt eine besondere Herausforderung dar; schließlich entstehen daraus Unsicherheiten und Risiken, für deren Bewältigung Menschen konstruktiver Strategien bedürfen.

Der schnelle technologische Fortschritt stellt eine weitere Herausforderung für das Lernen dar. Dadurch werden Menschen gezwungen, sich stetig im Hinblick auf die sich verändernden Technologien fortzubilden. Dieses betrifft durch die Computertechnologie auch Niedriglohnbereiche, die bisher von diesem Lernzwang eher ausgenommen waren.

Bedeutung des sozialen Wandels für die Schule

Der schnelle soziale Wandel hat Auswirkungen auf die formalen Bildungssysteme, vor allem die Schule. Diese wird durch die Entwicklung in ihrem Lernangebot potenziell entwertet. Denn sie verliert - besonders in den Bereichen außerhalb der Grundbildung - an Legitimation, da man anstatt des einen Lehrstoffes auch den anderen lehren könnte. Die Halbwertzeit des Wissens führt subjektiv zu einem Gefühl von Beliebigkeit und Gleichgültigkeit des Lehrstoffs. Gerade bildungsferne Jugendliche in der eher schwierigen Lebensphase der Pubertät unterschätzen zuweilen die Bedeutung der Bildung und lernen in dieser Lebensphase (auch bedingt durch Qualitätsprobleme der Schule; vgl. Deutsches PISA-Konsortium, 2001 und 2004) zu wenig. Damit entsteht ein Zwang zum nachholenden Lernen.

Wissensbestände in der Pluralität

unterschiedliches Wissen erfordert eine eigene Meinung

Das schnelle Wachstum an Informationen und die Unberechenbarkeit des schnellen sozialen Wandels führt auch dazu, dass Wissensbestände als weniger zusammenhängend wahrgenommen werden, und abweichende oder scheinbar abweichende Wissensbestände nebeneinander stehen. Im Alltag wird dieses häufig als „Expertenstreit" wahrgenommen. Menschen müssen lernen, sich angesichts unterschiedlichen Wissens selber eine Meinung zu bilden und handlungsfähig zu bleiben. Neben dem Wissen als solches, sind damit für ein Leben in der Wissens-

> „Es werden drei Elemente unterschieden, die das Indivi-
> duum benötigt, um Prozesse der Globalisierung verstehen
> und erfolgreich daran partizipieren zu können: ein stabiles
> Instabilitätsbewusstsein, sachliches und strategisches Wis-
> sen sowie technische und kognitive Kompetenzen."
>
> *(Blossfeld, 2008, S.36)*

gesellschaft Kompetenzen wie Toleranz oder ein „stabiles Instabilitätsbewusstsein"
(Blossfeld, 2008, S. 36) zunehmend von Bedeutung. Dazu wird nicht mehr nur
Sachwissen, sondern so genanntes „strategisches Wissen" (Blossfeld, 2008, S. 37)
immer wichtiger.

Dieses strategische Wissen umfasst:

strategisches Wissen

- Wissen über Beratungsinstitutionen und Informationsquellen, wie das Internet

- Wissen über Entscheidungsstrategien

- Kompetenzen zur Zielreflexion und Zielstrukturierung

- Kompetenzen in der Analyse von Situationen

- Kompetenzen in der Kontrolle und Evaluation

Neue Anforderungen an Bildung durch Migration

Einen weiteren gesellschaftlichen Brennpunkt stellt zweifelsohne die Migration
dar. Migrantinnen und Migranten stehen zum einen vor der Herausforderung, in
ihrer neuen Heimat zu lernen; zum anderen zeigen Untersuchungen wie PISA, dass
Kinder mit Migrationshintergrund in der Schule zu wenig lernen und damit ein
spezieller Förderbedarf entsteht (vgl. auch Hellpap, 2007).

Förderbedarf für
Migrantinnen und
Migranten

Die PISA-Studie hat erstmals deutlich gemacht, dass ca. 21% insgesamt, und 27%
aller Kinder im alten Bundesgebiet aus einer Familie stammen, in der mindestens
ein Elternteil nicht in Deutschland geboren ist (vgl. Deutsches PISA-Konsortium,
2001). Die Schule ist die gesellschaftliche Institution, die in den vergangenen drei-
ßig Jahren wohl gesamtgesellschaftlich die größte Integrationsleistung zu erbringen
hatte, und die Einwanderung in einem Staat abfederte, der sich eigentlich nicht als
Einwanderungsgesellschaft verstand, aber dennoch eine erhebliche Zu- und Abwanderung zu verarbeiten hatte (vgl. Glumpler, 2000).

Schule erbringt hohe
Integrationsleistung

Migration hat die Menschheitsgeschichte ab dem Moment begleitet, in dem sich der
homo sapiens aus Afrika über den gesamten Erdball verteilte. Immer wieder gab es
Phasen verstärkter Migration, wie durch die Völkerwanderung oder mit den Auswan-
derungen in die USA und nach Kanada in den letzten Jahrhunderten. Die weltweite
Migration, die in den letzten fünfzig Jahren beobachtet werden konnte, stellt eine
neue Dimension hinsichtlich der Quantität und Intensität dar. Zwischen 1965 und
2000 stieg die Zahl der Menschen, die nicht mehr in ihrem Geburtsland leben, von
75 Millionen auf 150 Millionen; prozentual zur Weltbevölkerung hat sich der Anteil
der Migranten seit dem Zweiten Weltkrieg kaum verändert. Im Kontext der Globalisierung ist vielmehr die Tatsache von Bedeutung, dass fast alle Länder der Erde zu
Zielländern für Zuwanderung geworden sind. Dabei nehmen die Entfernungen der

Quantität und Intensität der
Migration

Migrationsrouten zu – ein Umstand, der hinsichtlich der kulturellen Diversität und der gesellschaftlich zu erbringenden Integrationsleistungen von Bedeutung ist. Die stärksten Abwanderungsquoten weisen ost- und südostasiatische Länder auf, gefolgt von lateinamerikanischen Staaten wie Mexiko und Kuba; für Europa von besonderer Bedeutung ist die Emigration aus der Türkei, Marokko, aber auch aus Osteuropa (vgl. Le Monde Diplomatique, 2003, S. 55).

1.2 Die Notwendigkeit individuellen Lernens

Gesellschaft und Lernen

individueller Anpassungsprozess

Die oben beschriebenen gesellschaftlichen Veränderungen zwingen Individuen zu entsprechenden Anpassungsprozessen durch Lernen, wenn sie in einer Gesellschaft erfolgreich sein möchten. Die stände-, schichts- und geschlechtsspezifisch organisierte Gesellschaft erweist sich für eine dynamische Entwicklung als zu schwerfällig und setzt deshalb auf die Unterschiedlichkeit der Individuen selbst. Vielfalt durch unterschiedliche Individuen – und nicht mehr die kulturelle Einförmigkeit und Homogenität von Dörfern, Ständen und Schichten ist Grund für eine hohe Komplexität der Welt. Deshalb wird Individualität heute prämiert, Kreativität und Eigensinn so hoch geschätzt. Individuen werden damit gezwungen, ihre gesellschaftliche Anschlussfähigkeit selbst zu organisieren (vgl. Beck, 1986 und Hoffmann-Nowotny, 1988).

Lernen wird zu einer persönlichen und individuellen Schicksalsfrage

Die wichtigste Form dieses zu tun, ist das Lernen. Letztlich bedeutet dies, dass man in eine postmoderne Gesellschaft nicht mehr automatisch hineinsozialisiert wird, sondern sich selbst zuordnen muss (vgl. Lyotard, 1999). Damit werden Risiken individualisiert – wer nicht lernt, versagt gesellschaftlich. Lernen wird damit nicht nur zu einer Frage der gesellschaftlichen Zukunft, z. B. im Hinblick auf die Innovationsfähigkeit einer Gesellschaft und die damit verbundenen wirtschaftlichen Optionen, sondern auch zu einer persönlichen und individuellen Schicksalsfrage. Der individuelle gesellschaftliche wie der ökonomische Erfolg sind untrennbar mit Lernen verbunden.

das Bildungswesen hinkt hinterher

Problematisch ist es, dass das Bildungswesen nicht ausreichend darauf eingestellt ist, die mit dieser Aufwertung des Lernens verbundene Rolle auszufüllen. Dies gilt ebenso für die individuelle Förderung im Schulwesen (vgl. Deutsches PISAKonsortium 2001 und 2004). Nach wie vor ist der Zusammenhang zwischen sozialer Herkunft und Bildungserfolg im deutschen Schulwesen ungewöhnlich stark, so dass die Bildungsinstitutionen die Bedeutung des Lernens für die gesellschaftliche Integration zu wenig abbilden. Und nach wie vor ist das Bildungswesen nicht in der

> Lernen wird durch den Bildungsanspruch des Individuums und dessen Bedürfnisse legitimiert. Umso bedeutender ist es, Menschen in die Lage zu versetzen, ihre eigenen Lernbedürfnisse zu realisieren.

Lage, auf die migrationsbedingten Lernherausforderungen angemessen zu reagieren. Auch in den Angeboten der beruflichen Aus- und Weiterbildung (vgl. Autorengruppe Bildungsberichterstattung, 2008) zeigt sich die Gesellschaft noch nicht genügend auf diese Lernnotwendigkeiten eingestellt.

Lernen als individuelles Bildungserleben

Aus der oben dargestellten gesellschaftlichen Notwendigkeit begründet sich zunehmendes Lernen allerdings nicht allein. Vielmehr wird Lernen durch den Bildungsanspruch des Individuums und dessen Bedürfnisse legitimiert. Umso bedeutender ist es, Menschen in die Lage zu versetzen, ihre eigenen Lernbedürfnisse zu realisieren. Aufgrund der oben beschriebenen gesellschaftlichen Zusammenhänge ist die Fähigkeit, das eigene Lernbedürfnis umzusetzen, nicht automatisch gegeben. Vielmehr wird es gerade für bildungsferne Schichten immer schwieriger, diesem Bildungsbedürfnis zu entsprechen. Darüber hinaus ist zu berücksichtigen, dass ein hohes Maß an Selbstorganisationskompetenz vorauszusetzen ist, wenn das Lernen nicht in einem formellen Lernsetting stattfindet bzw. ein solches erst noch gefunden werden muss. Und auch formelle Lernsettings wie Schule oder Ausbildungskurse sind häufig nicht in der Lage, auf die individuell unterschiedlichen Ausbildungsvoraussetzungen zu reagieren. Hier entsteht oft ein großer Unterstützungsbedarf.

Lernbedürfnisse wahrnehmen

Lernen als Konstruktion

Dieser Unterstützungsbedarf wird auch aus einer weiteren Perspektive erkennbar. In den letzten Jahren wurde durch die Erkenntnisse der Kognitionsforschung und der Hirnforschung mehr und mehr deutlich, dass Lernen weniger die Übernahme von Perspektiven von Außen darstellt, sondern stärker als ein konstruktiver Prozess gedacht werden muss (vgl. im Überblick Scheunpflug, 2001 und 2004). Das Gehirn hat keinen Zugang zur Außenwelt, sondern nur indirekte Verbindungen über Sinnesreize, die nach Maßgabe bereits bestehender Verknüpfungen im Gehirn wahr- oder nicht wahrgenommen werden. Die Vorstellung vom Nürnberger Trichter, man könne neues Wissen einfach in die Gehirne anderer einfüllen, hat endgültig ausgedient. Vielmehr verweist die Wirkweise des Gehirns auf den individuellen konstruktiven Anteil beim Lernen. Lernen bedeutet, neuronale Verknüpfungen nach den Bedingungen der internen Reizverarbeitung zu schaffen, zu vertiefen oder zu löschen.

Lernen ist ein konstruktiver Prozess

Diese neuronalen Verbindungen bestehen zudem umso sicherer, je öfter sie verwendet werden. Je häufiger eine Verbindung verwendet wird, desto automatisierter wird auch der mit ihr verbundene Impuls. Das Üben bestimmter Verbindungswege ist nur über die Wiederholung möglich.

selektive Aufnahme von Wissen

Vereinfacht kann die Arbeitsweise des Gehirns so beschrieben werden: Das Gehirn saugt nicht etwa wie ein Schwamm alle einströmenden Eindrücke auf, sondern arbeitet hoch selektiv nach der Maßgabe seiner eigenen Funktionalität. Aus dieser Theorieperspektive wird deutlich, wie wichtig die Aktivierung des Lernenden ist, um Lernen überhaupt möglich zu machen.

1.3 Lernen ist keine Selbstverständlichkeit: Der wachsende Bedarf an Lernbegleitung

Was ist Lernbegleitung?

Zusammenfassend kann festgestellt werden:

- Lernen wird zu einer immer wichtigeren gesellschaftlichen Anforderung an das Individuum. Dieses muss nicht nur neue Sachverhalte lernen, sondern auch lernen, mit den Anforderungen zurechtzukommen, die sich aus exponentiell wachsenden Wissensbeständen ergeben.

- Lernen wird für Individuen eine wichtige Ressource für ein gelingendes Leben in Hinblick auf die Befriedigung der eigenen Bedürfnisse und auf die Integrationsmöglichkeiten in eine Wissens- und Dienstleistungsgesellschaft.

- Lernen erfolgt nicht über Belehrung, sondern – das macht die neuere Kognitionsforschung deutlich – über die aktive Organisation von Anschlussmöglichkeiten.

Diese Anforderungen sind für viele Menschen nicht ohne Unterstützung zu bewältigen. Die klassischen Bildungsinstitutionen, wie die Schule, die betriebliche Ausbildung und die Weiterbildung, sind nicht hinreichend ausgestattet, um diesen Anforderungen an individualisiertes Lernen zu genügen. Vor diesem Hintergrund werden andere Lernformen immer interessanter.

individuelle Lernbegleitung

Ein wichtiges Element ist die individuelle Lernbegleitung. Lernbegleiterinnen und Lernbegleiter unterstützen Lernprozesse in formellen Lerninstitutionen oder in Selbstlernprozessen. Ihre Aufgabe ist es,

- den Lernbedarf mit den Lernenden individuell zu ermitteln,

- den Lernprozess zu begleiten,

- die Suche nach den nötigen Ressourcen zu unterstützen,

- die Organisation des Lernprozesses zu fördern,

- den Lernprozess zu beobachten und ggf. zu intervenieren

- und Hilfestellung bei der Kontrolle des Lernprozesses zu geben.

> „Lernen beruht auf einer natürlichen Wissbegierde und ei-
> nem existenziellen Selbstbehauptungs- und Partizipations-
> streben in einer komplexen, oft undurchsichtigen, gefähr-
> deten und bedrohlichen Umwelt."
>
> *(Dohmen., 2001, S. 7)*

Wo findet Lernbegleitung statt?

Besonders häufige Einsatzfelder von Lernbegleiterinnen und Lernbegleitern sind:

Orte für Lernbegleitung

- **In Kindertagesstätten und Grundschulen:** Bei der fördernden Kinderbetreuung geht es um die Unterstützung von pädagogisch tätigen Menschen bzw. um deren Weiterbildung, um neuen Aufgaben im Kinderbetreuungsbereich, vor allem in der Sprachförderung, gerecht zu werden.

- **In Universitäten und Einrichtungen der Berufsausbildung:** Lernbegleitung ist wichtig für die Gestaltung des Übergangsmanagements von der schulischen Ausbildung in den Beruf: Gerade für bildungsferne Absolventen, die wenig familiäre Unterstützung erhalten und über nur geringe Netzwerke verfügen, sind diese Unterstützungen auch durch Maßnahmen der Lernbegleitung sinnvoll.

- **In Lernzentren:** Immer mehr Schulen, gerade in sozialen Brennpunkten, koope- rieren mit Lernzentren. Beispielsweise unterstützen städtische Bildungszentren Schulen bei der Gestaltung der Ganztagesbetreuung durch Unterrichtsangebote an einem anderen Ort.

- **In Unternehmen und bei Bildungsträgern:** Lernbegleitung als Unterstützung von Weiterbildungsmaßnahmen. In der Bildungsberatung wird bisher zwar eru- iert, was einzelne Personen in einer Weiterbildung lernen sollten, wie sie das machen können, ist bisher aber nur selten Thema; dieses stellt eine Einsatzmög- lichkeit für professionelle Lernbegleiterinnen und Lernbegleiter dar. Auch in der schulischen Nachhilfe wird Lernbegleitung zunehmend eine Rolle spielen. Der Nachhilfesektor ist einer der expandierenden privat finanzierten Bildungsberei- che.

Lernen mit neuen Medien

Eine zentrale Rolle spielen in diesem Kontext die neuen Medien. Zum einen sind neue Medien bereits Bildungsgegenstand. Im Sinne der oben beschriebenen tech- nologischen Entwicklung stellt der kompetente Umgang mit Medien eine zentrale Bildungsherausforderung dar. Zum anderen werden die Medien aber im Sinne eines individualisierten Lernens auch zum Lernmedium. Über Blended-Learning-Ange- bote und andere internetbasierte Lernformen können hochgradig individualisierte Lernangebote entwickelt werden, die durch Lernbegleiterinnen und Lernbegleiter betreut werden. Dazu müssen sie nicht persönlich vor Ort sein, sondern können ihre Rolle auch mit Hilfe der neuen Medien wahrnehmen.

kompetenter Umgang mit Medien

Kompetente Lernbegleitung

Eine Ausbildung zur Lernbegleiterin oder zum Lernbegleiter muss vor diesem Hintergrund auf folgende Kompetenzen zielen:

Kompetenz: Verständnis von Lernen und dessen Bedeutung

Lernbegleiterinnen und Lernbegleiter haben ein Verständnis der gesellschaftlichen und individuellen Bedeutung des Lernens und können dieses ggf. erklären. Sie kennen unterschiedliche Lerntheorien und können diese im Hinblick auf deren Konsequenzen für didaktische Prozesse sowie für Lernprozesse interpretieren und anwenden.

Bedeutung von Lernen

Lernbegleiterinnen und Lernbegleiter benötigen, um ihrer Rolle als eine Art „Navigationsgerät durch die Unsicherheiten der Wissensgesellschaft" gerecht zu werden, ein Arsenal an Landkarten zum Verständnis des unwegsamen Geländes, in dem sie sich bewegen. Konkret bedeutet dies, dass Lernbegleiterinnen und Lernbegleiter

- über Kenntnisse des Zusammenhangs von Gesellschaft und Lernen verfügen sollten;

- die mit dieser Situation entstehenden Unsicherheiten im Hinblick auf Lernprozesse beschreiben können;

- verschiedene Theorien des Lernens, vor allem aus den neueren Kognitionstheorien und der Hirnforschung kennen.

Kompetenz: Organisieren von Lernprozessen

Lernbegleiterinnen und Lernbegleiter verfügen über ein Repertoire an Fähigkeiten zur Organisation von Lernprozessen. Sie vermögen es mit der durch die Wissensgesellschaft induzierten Unsicherheit konstruktiv umzugehen und die dadurch entstehende Sicherheit auch anderen zu vermitteln.

---

komplexe Lernprozesse organisieren

Lernbegleiterinnen und -begleiter müssen in der Lage sein, komplexe Lernprozesse zu organisieren und zu strukturieren. Dabei geht es nicht nur um die eigenen Lernprozesse, sondern vor allem um die Lernprozesse anderer. Sie müssen also Kompetenzen haben, andere zur Organisation ihrer Lernprozesse anzuregen, oder mit anderen Worten: das Selbstlernen anderer herauszulocken. Da Menschen individuell sehr unterschiedlich lernen, kann es keine Blaupausen oder Rezepte für diese Tätigkeit geben. Vielmehr geht es um die Kompetenz, Lernsituationen unterschiedlicher Art anzuregen und zu organisieren (vgl. zur Ermöglichung von

> „Was man lernen muss, um es zu tun, das lernt man, indem man es tut..."
>
> *(Aristoteles)*

Lernprozessen: Arnold/Schüssler, 2003; zur Lernberatung in ermöglichungsdidaktischen Settings: Klein/Reutter, 2003). In einer Publikation zur Lernberatung wird diese Kompetenz folgendermaßen charakterisiert: „Der Lernbegleiter ist ein wirklicher Künstler, der ohne detailliertes Konzept und ohne Lehrplan oder Seminarmappe auskommen können muss." (Brater/Dahlem/Maurus, 2004, S. 32). Dieses bedeutet im Einzelnen, dass Lernbegleiterinnen und -begleiter

- über verschiedene Entscheidungsstrategien im Umgang mit Unsicherheit verfügen und diese in unterschiedlichen Situationen anwenden können;

- verschiedene Formen des Beschaffens von Informationen kennen und didaktisch vermitteln können;

- Lernprozesse didaktisch zu gestalten vermögen;

- Lernprozesse überprüfen können und

- über diese Prozesse kommunizieren können.

Kompetenz: Kommunikation mit Lernenden

Die Lernbegleiterinnen und Lernbegleiter verfügen über ein Repertoire an Kommunikationsmöglichkeiten mit Lernenden, insbesondere im Umgang mit Heterogenität und Unsicherheit.

Lernende, die nach Lernbegleitung suchen, machen dieses in der Regel vor dem Hintergrund einer Insuffizienzerfahrung. Dieses Gefühl, einer Anforderung nicht gewachsen zu sein, ist in der Regel für Lernprozesse zunächst einmal nicht förderlich: Angst und Misserfolg sind schlechte Lehrmeister. Vor diesem Hintergrund kommt der vertrauensvollen und klärenden Kommunikation mit der Lernbegleiterin oder dem Lernbegleiter eine wichtige Bedeutung zu, stellt diese doch die Basis für eine positive Lernatmosphäre dar. Gleichzeitig sollte metakognitive Kommunikation, also das Sprechen über das eigene Lernen, angeregt werden. Diese Reflexion über das eigene Lernen stellt die Voraussetzung für selbst gesteuerte Lernprozesse dar, zu der eine kompetente Lernbegleitung führen kann. Dieses bedeutet im Einzelnen, dass Lernbegleiterinnen und Lernbegleiter

Kommunikations-kompetenz

- die Situation des Lernenden verstehen können und sich auf diese einstellen können sollten (vgl. auch zu Kompetenzen von Lernberatern: Kemper/Klein, 1999);

- über ein Repertoire von Kommunikationsangeboten angesichts von Unsicherheit verfügen sollten;

- über Kommunikation die Eigenverantwortung des Lernenden zu aktivieren vermögen sollten;

■ metakognitive Gespräche über das eigene Lernen anregen und

■ entsprechendes Feedback erarbeiten und geben können sollten.

Kompetenz: Nutzung von Informationstechnologie

Lernbegleiterinnen und Lernbegleiter vermögen die Möglichkeiten der neuen Informationstechnologie für die Organisation und erfolgreiche Gestaltung von Lernprozessen wie auch für die Informationsbeschaffung zu nutzen.

---

kompetente Mediennutzung

Die neuen Medien spielen für die Lernbegleitung eine doppelte Rolle (vgl. zur Lernberatung im Bereich neuer Medien: Ludwig, 2002): Zum einen sind sie Gegenstand vieler Lernprozesse, denn Teilnehmende müssen lernen, mit diesen angemessen umzugehen. Zum anderen können sie als ein methodischer Zugang in der Lernbegleitung genutzt werden.

Dies bedeutet im Einzelnen, dass Lernbegleiterinnen und Lernbegleiter

■ über Kenntnisse der wichtigsten Formen von neuen Medien verfügen und diese weitergeben können,

■ Lernplattformen, Lernspiele, das Internet (z. B. für Blended-Learning-Angebote) methodisch für die Lernbegleitung zu nutzen wissen.

fachliche, methodische und persönliche Kompetenz

Die dargestellten Kompetenzbereiche sind nicht trennscharf, sondern blicken aus unterschiedlichen Richtungen auf das Tätigkeitsprofil von Lernbegleiterinnen und Lernbegleitern. Sie setzen zudem an sehr unterschiedlichen Dimensionen an: an der Fachlichkeit, der methodischen Kompetenz wie auch an persönlichen Kompetenzen.

Konsequenzen für ein Fortbildungskonzept

komplexes Anforderungsprofil

Dieses komplexe Anforderungsprofil kann nicht alleine durch fachliche Inputs vermittelt werden. Schließlich müssen Lernbegleiterinnen und Lernbegleiter komplexe Haltungen, z. B. im Umgang mit der Unsicherheit der Wissensgesellschaft, aufbauen. Gerade im Hinblick auf diese Herausforderung ist es bedeutsam, auf ein Repertoir eigener Erfahrungen zurückgreifen zu können. Lernbegleiterinnen und Lernbegleiter sollten instrumentelle Kompetenzen erwerben, z. B. im Umgang mit Blended-Learning-Angeboten. Sie sollten Erfahrungen im Umgang mit Selbstlernprozessen sammeln.

> Lernbegleiterinnen und Lernbegleiter sollten Erfahrungen im Umgang mit Selbstlernprozessen sammeln – eine paradoxe didaktische Herausforderung, wenn durch ein Lehr-Lernangebot Erfahrungen in Selbstlernprozessen ermöglicht werden sollen.

In einigen empirischen Untersuchungen wird deutlich, dass die Form des eigenen Lernens in Fortbildungen einen Einfluss auf das professionelle Handeln hat. Das Rollenverständnis kann durch das eigene Erleben von Lernberatungssituationen gestärkt werden (vgl. Klingowsky, 2004 und Kaiser, 2002). Daher sollten Lernbegleiterinnen und Lernbegleiter sich in unterschiedlichen Kommunikationsformen erproben und diese an anderen erfahren.

Vor diesem Hintergrund bietet es sich an, eine Fortbildung mehrschichtig zu konzipieren:

Ausbildungskonzept

- Inhalte, die kognitiv vermittelbar sind, wie Lerntheorien oder Konzepte des Selbstlernens sollten explizit angeboten werden.

- Es sollte Raum gegeben werden für instrumentelle Lernziele, wie der Umgang mit neuen Medien.

- Gleichzeitig sollte die Fortbildung so angelegt sein, dass sie an möglichst vielen Stellen bei der Vermittlung dieser Inhalte Lernbegleitung erleben lässt, um die weiteren Kompetenzbereiche erfahrbar zu machen. Am effektivsten wäre es also, wenn eine solche Fortbildung zumindest ansatzweise die Fortgebildeten zu Selbstlernenden und die Teamleitung zu Lernbegleitern werden ließe und die damit gewonnen Erfahrungen jeweils in eine solche Fortbildung zurückfließen könnten.

- Lernbegleiterinnen und Lernbegleiter erfahren in ihrer Praxis Lernen in der Regel in domänenbezogenen Kontexten, d. h. in Verbindung mit konkreten Inhalten und Zielgruppen. Ausgebildet werden sie aber im Hinblick auf allgemeine Kompetenzen, d. h. domänenunspezifisch. Dieser nicht umgehbaren Diskrepanz ist in einer Fortbildung Rechnung zu tragen.

Vor diesem Hintergrund ist es notwendig:

- Fortbildung als Blended-Learning-Veranstaltung (mit internetbasierter Lernplattform und individueller Lernbegleitung per Mail sowie einem betreuten Kommunikationsforum der Lernenden) mit Präsenzphasen und Selbstlernphasen sowie Praxisteilen zu organisieren;

- Fortbildung so zu organisieren, dass sie unterschiedliche Lehrmethoden und Lernarrangements an den verschiedenen Inhalten demonstriert und damit heterogenitätssensible Lehr-Lernarrangements erlebbar werden lässt. Diese sollten an verschiedenen Stellen der Fortbildung reflektiert werden;

- in der Fortbildung die oben genannten Themen zum expliziten Inhalt werden zu lassen;

- dem Problem der Domänenunspezifität der Fortbildung dadurch zu begegnen, dass unterschiedliche Inhalte immer wieder auf aufbauenden Abstraktionsniveaus aufgegriffen werden (z. B. durch ein Spiralprinzip), um damit eine solide Fundierung des Gelernten zu erreichen und potenziell die Transfermöglichkeit zu erhöhen.

Biologische Grundlagen des Lernens

2

2.1 Nutzen der Gehirnforschung für die Didaktik

Wollten Wissenschaftler im 19. Jahrhundert wissen, wie das Lernen funktioniert, mussten sie sich in ihren Erkenntnissen darauf beschränken, was sie bei Lernenden beobachten konnten. Die tatsächlichen Vorgänge im Gehirn blieben noch lange verborgen.

Vorgänge im Gehirn

Neurowissenschaftliche Forschungen der vergangenen Jahre geben nun erste Einblicke in die Funktionsweisen des Gehirns und lassen Rückschlüsse darauf zu, was beim Lernen passiert und wie dies förderlich beeinflusst werden kann. Mittels verschiedener technischer Verfahren gelingt es, sich partielle Einblicke in das Zusammenspiel einzelner Hirnteile zu verschaffen und damit kognitive Funktionen zu verstehen (Elger et. al., 2004, S. 30-37).

neurowissenschaftliche Forschungen

> *„Zweifellos wissen wir also heute sehr viel mehr über das Gehirn als noch vor zehn Jahren. Zwischen dem Wissen über die obere und untere Organisationsebene des Gehirns klafft aber nach wie vor eine große Erkenntnislücke."*
>
> *(Elger et. al., 2004, S. 31)*

Den wissenschaftlichen Erkenntnissen der Neurowissenschaft begegnen Pädagoginnen und Pädagogen teilweise mit Skepsis. Mischen sich doch zunehmend Fachkräfte aus der Neurodidaktik, die neurowissenschaftliche Erkenntnisse in didaktische Modelle und praktische Konzepte übertragen, in die Pädagogik ein.

Neurodidaktik

> *„Darin liegt die Krux der Neurodidaktik: Hirnbefunde, ob an Mensch oder Tier gewonnen, liefern nicht automatisch innovative Lernkonzepte. Was fehlt, ist ein gleichberechtigter Dialog, eine 'Pädagogische Neurowissenschaft', in der Hirnforscher und Lernexperten gemeinsam nach sinnvollen Lösungen suchen."*
>
> *(Baumann, 2008, S. 67)*

Sicherlich täten Pädagoginnen und Pädagogen, Lernbegleiterinnen und Lernbegleiter gut daran, sich mit den Befunden der Neurowissenschaften soweit auseinanderzusetzen, dass sie die Zugangs- und Verarbeitungsweisen unseres Gehirns kennen und diese bei der Entwicklung gehirnaffiner Lehr- und Lernkonzepte berücksichtigen. Um jedoch zu verstehen, wie der Mensch lernt, muss man verstehen, was im menschlichen Gehirn beim Lernen passiert.

Funktionen des Gehirns

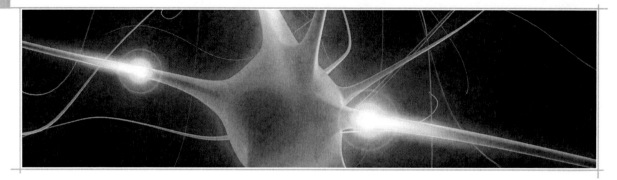

2.2 Das Gehirn - Zusammensetzung, Aufbau, Funktionsweise

Stoffliche Zusammensetzung und zellularer Aufbau des Gehirns

Zentralnervensystem

Das Gehirn ist zunächst ein Körperteil aus Eiweiß, Wasser, Kohlehydraten und Fett. Zusammen mit dem Rückenmark und den dort entspringenden Spinalnerven bildet es das Zentralnervensystem des Menschen. Aufgrund seiner hohen Aktivität benötigt das Gehirn viel Sauerstoff und Energie.

Informationsverarbeitung

Unser Gehirn verfügt über 60 bis 100 Milliarden Nervenzellen (Neuronen), in denen unsere Verhaltens-, Denk- und Handlungsmuster gespeichert sind. Jedes dieser Neuronen ist durch Synapsen mit 10.000 bis 15.000 anderen Neuronen verbunden. Diese Verknüpfungen sind nicht starr und unveränderlich, sondern bilden hochdynamische, nichtlineare Systeme (Elger et. al., 2004). Neben den Nervenzellen bilden die Gliazellen die Hälfte der Gehirnmasse. Diese Zellen sind maßgeblich am Prozess der Informationsverarbeitung, -speicherung und -weiterleitung beteiligt.

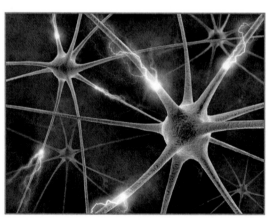

Verknüpfte Gehirnzellen, die Impulse transferieren und Informationen generieren..

Aufbau und Funktion des Gehirns

Das Gehirn wird grob in Groß- und Kleinhirn, Zwischenhirn und Hirnstamm unterteilt. Jeder dieser Bereiche erfüllt bestimmte Funktionen. Eine besondere Bedeutung kommt im Kontext des Lernens dem „limbischen System" zu.

„Wäre unser Gehirn so einfach, dass wir es uns erklären könnten, dann wäre es wahrscheinlich nicht in der Lage, genau dieses zu tun."

(Emerson Trost)

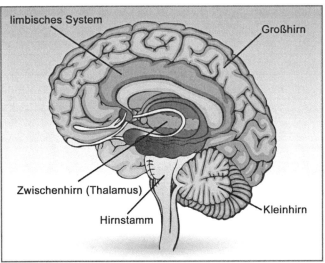

Aufbau des Gehirns

Bereich	Funktion
Großhirn	Das Großhirn nimmt 80% des gesamten Hirnvolumens ein und ist in zwei stark zerfurchte Halbkugeln (Hemisphären) unterteilt, die durch ein dickes Nervenbündel miteinander verbunden sind.
	Die äußere Hirnrinde (Neocortex) des Großhirns ermöglicht die Lern-, Sprech- und Denkfähigkeit und beherbergt Bewusstsein und Gedächtnis. Hier kommen die Informationen aus den Sinnesorganen an, werden verarbeitet und im Gedächtnis gespeichert. Die im Großhirn vorhandenen grauen Zellen (Basalganglien) sind die Schaltstelle für motorische Impulse.
Kleinhirn	Das Kleinhirn besteht ebenfalls aus zwei Hemisphären und ist für das Gleichgewicht und die Koordination der gesamten Muskelbewegung zuständig.

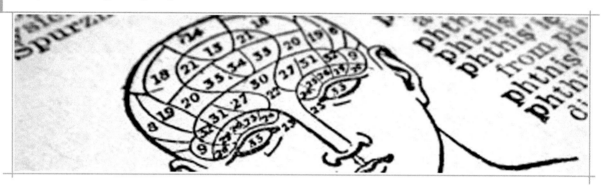

Bereich	Funktion
Zwischenhirn	Das Zwischenhirn ist die Schalt- und Steuerzentrale für Bewegungen. Der Thalamus, auch bekannt als das „Tor des Bewusstseins", leitet ankommende Informationen des Körpers und der Sinnesorgane an die Großhirnrinde weiter. Der Hypothalamus gilt als die Steuerzentrale des vegetativen Nervensystems und regelt lebenswichtige Körperfunktionen und Verhaltensweisen wie zum Beispiel den Schlaf-Wach-Rhythmus, Hunger und Durst, Sexualtrieb und verarbeitet Schmerz- und Temperaturempfinden.
Hirnstamm	Der Hirnstamm ist der entwicklungsgeschichtlich älteste Teil des Gehirns. Er bildet den untersten Gehirnabschnitt und steuert essenzielle Lebensfunktionen wie Herzfrequenz, Blutdruck und Atmung. Von hier gehen auch Reflexe wie Speichelfluss, Schlucken und Husten aus.
Limbisches System	Das limbische System befindet sich zwischen Hirnstamm und Großhirn und ist bei der Steuerung von Emotionen, Motivationen und bei der Triebsteuerung beteiligt. Darüber hinaus spielen der Hippocampus und die Mandelkerne (Amygdala) als Teile des limbischen Systems eine wesentliche Rolle bei der Informationsaufnahme und -weiterleitung.

2.3   Was passiert beim Lernen im Gehirn?

Veränderung der neuronalen Vernetzungen im Großhirn

Der Hippocampus, ein Teil des limbischen Systems, fungiert als Lernzentrale im Gehirn. Er ist eine Art Zwischenspeicher, der Informationen aufnimmt und vom Kurzzeit- ins Langzeitgedächtnis, in die Hirnrinde (=Neocortex) weiterleitet und dadurch Erinnerung generiert.

Plastizität

Der Hippocampus besteht aus kleineren und größeren Verbänden von Neuronen (Nervenzellen) und arbeitet, indem er die zwischen den Nervenzellen bestehenden Verbindungen, die Synapsen, auf- und auch wieder abbaut. Diese Synapsen können sich laufend verändern: Wenn zwei miteinander verbundene Neuronen zur gleichen Zeit aktiv sind, nimmt die Verbindungsstärke der Synapse zwischen ihnen zu; haben die Neuronen keine gemeinsamen Aktivitäten, werden die Synapsen schwächer. Die

> „Das Gehirn lernt, indem es Regeln aus der Umwelt extra-
> hiert. Aber nicht alle Lernprozesse erfolgen immer gleich
> gut, gleich schnell und gleich nachhaltig. Wesentliche De-
> terminanten des Lernens sind, das weiß man schon lange,
> Emotionen, Motivation und Aufmerksamkeit."
>
> (Hille, 2007)

Fähigkeit des Gehirns zur stetig neuen Abbildung und Organisation von Wissen und von emotionalen, sensiblen, sensorischen und motorischen Funktionen, genannt Plastizität, ist letztendlich die Grundlage des Lernens. Die Ausprägung der Plastizität hängt entscheidend davon ab, wie stark das Gehirn benutzt wird.

Das heißt: Viele ähnliche Aktivie-rungsmuster führen zur Entstehung von starken Synapsen. Diese wie-derum sind die Grundlage des menschlichen Lernens, hier steckt das gesamte menschliche Können und Wissen. Jede Wahrnehmung aktiviert die Neuronen. Dadurch werden die Synapsen zwischen ihnen verstärkt. Das so entstehende Netz muss ständig gepflegt werden, um sich zu verfesti-gen und sich nicht zurückzubilden, aber auch, um immer wieder neue Ver-knüpfungen zu ermöglichen.

starke Synapsen

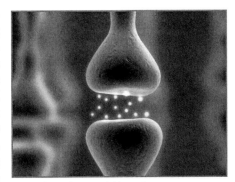

Darstellung der Impulsübergabe zwischen Synapsen

Der Hippocampus unterscheidet bei der Informationsaufnahme von sich aus wich-tige und unwichtige bzw. als neu oder interessant befundene Informationen und bildet diese in Mustern ab.

Fazit: Das menschliche Gehirn ist nach einem allgemeinen Bauplan konstruiert, funktioniert beim Einzelnen aber mit ganz individuellen Abläufen. Das Gehirn ist kein Datenspeicher, sondern ein Datengenerator. Es produziert Sinn- und Bedeu-tungszusammenhänge, die sich über die Zeit immer wieder verändern. Denn sie sind nicht nur abgespeichert, sondern vielen, meist noch unbekannten, Wechsel-wirkungen ausgesetzt.

das Gehirn ist ein Datengenerator

Kontextfreies und kontextgebundenes Erinnern

Dank der aktuellen neurowissenschaftlichen Erkenntnisse lassen sich zwei Lernsysteme im Gehirn unterscheiden. Auf der einen Seite gibt es das automatische, schnelle und situative Lernen, auch kontext gebundenes Lernen genannt, bei dem es darauf ankommt, in relativ kurzer Zeit eine Fülle an Informationen zu speichern und diese zu einem späteren Zeitpunkt wiederzugeben.

schnelles situatives Lernen

Auf der anderen Seite langsames, aufgabenbezogenes und regelextrahierendes Ler-nen, bei dem Erfahrungen über einen längeren Zeitraum hinweg gesammelt und ausgewertet werden (Opitz, 2004, S. 30-33). Anhand entsprechender Versuche konnte festgestellt werden, dass beim kontextgebundenen Lernen eine höhere Ak-tivität im Hippocampus stattfindet.

langsames, aufgabenbezogenes Lernen

Faktoren, die das Lernen beeinflussen

individuelle Gehirnaktivität

Lernen ist kein automatischer Effekt von Lehren oder Informationsübermittlung, sondern das Ergebnis von individueller Gehirntätigkeit, auf die mit pädagogischen Mitteln nur begrenzt eingewirkt werden kann.

Lernerfolge erzielen

Subjekt des Lernens ist jeder Einzelne, er muss es auch „wollen". Der Lernerfolg hängt jedoch von unterschiedlichen Faktoren ab. Beim Lerner selbst spielen die Wahrnehmung, die individuellen kognitiven und emotionalen Bedingungen sowie Aufmerksamkeit, Motivation, Geduld und Ausdauer eine große Rolle. Die kognitive Voraussetzung oder individuelle Lernbegabung sowie die Aufmerksamkeit unterliegen zu großen Teilen genetischen Voraussetzungen und sind nur begrenzt beeinflussbar.

limbisches System

Das limbische System spielt eine wesentliche Rolle bei der Informationsaufnahme und -weiterleitung. Je höher die Motivation eines Lernenden ist, umso größer ist seine Aufmerksamkeit und umso besser die Aufnahme und Verarbeitung von Informationen. Wird das Lernen darüber hinaus von angenehmen Gefühlen begleitet, sichert dies eine effektive Speicherung des Gelernten. Macht das Lernen Spaß, werden vom limbischen System Signale gesetzt, die für die Ausschüttung von Dopamin (körpereigenes Opiat) sorgen und somit die Grundlage für die optimale Verarbeitung von Informationen schaffen.

> *„Emotionale Erregungszustände können sich z. B. positiv und negativ auf Lernen, auf Behaltensleistungen, auf die Aktualisierung von deklarativen Gedächtnisinhalten und Leistungspotenzialen auswirken. In angstbesetzten Situationen, unter Leistungsdruck und in Situationen, die als Überforderung wahrgenommen werden, verschlechtern Stresshormone nachweislich die Leistungsfähigkeit vieler neuronaler Funktionen und wirken sich vor allem leistungsmindernd auf den Hippocampus aus, der - wie schon aufgezeigt - eine ganz entscheidende Bedeutung für sinnvolles und nachhaltiges Lernen hat."*
>
> *(Schirp, 2003, S. 151-153)*

Einfluss der Lehrenden auf das Lernen

Über die individuellen Voraussetzungen der Lernenden hinaus, nehmen aber auch die Lehrenden Einfluss auf das Lernverhalten und die Motivation. Sie sollten über ausreichend fachliche und soziale Kompetenzen verfügen und für einen möglichst angenehmen Lernkontext sorgen (Roth, 2003). Letztlich spielt auch die jeweilige sozioökonomische Gesellschaftsschicht aus der ein Lerner kommt eine nicht unbedeutende Rolle beim Lernerfolg.

Erfolgreiche Lernsituationen hängen also einerseits vom Lernenden selbst ab, andererseits spielen Umwelt, Gesellschaft und Bildungssysteme eine ebenso wichtige Rolle.

> Lernen ist kein automatischer Effekt von Lehren oder Informationsübermittlung, sondern das Ergebnis von individueller Gehirntätigkeit, auf die mit pädagogischen Mitteln nur begrenzt eingewirkt werden kann.

Das Herrmann-Dominanz-Modell

Zur weitergehenden Veranschaulichung der funktionalen Gliederung des Gehirns, soll im Folgenden ein vielfach bekanntes Gehirnerklärungsmodell, das Herrmann-Dominanz-Modell, vorgestellt werden. Ausgehend davon, dass jeder Mensch, bedingt durch äußere Einflüsse oder vererbt, individuelle Denk- und Verhaltensweisen entwickelt (Dominanzen), bietet dieses Modell eine gute Grundlage, um persönliches Potenzial zu erkennen. Es ist, wie viele seriöse Erklärungsmodelle über den Aufbau und die Arbeitsweise des Gehirns, hilfreich, um die Komplexität zu veranschaulichen, doch es ist und bleibt ein Modell. *funktionale Gliederung des Gehirns*

Das im Folgenden kurz beschriebene Modell von Ned Herrmann wurde Ende der 70er Jahre entwickelt und ist trotz der seitdem rasanten Entwicklung der Gehirnforschung immer noch als Modell tauglich. *Ned Herrmann*

Herrmann geht, basierend auf den Erkenntnissen der zwei Gehirnforscher Roger Sperry und Paul D. MacLean, von den funktionalen Unterschieden der linken und rechten Gehirnhälfte aus (strategie-b.de, 2009). Bei Rechtshändern ist die linke Gehirnhälfte für das Denken, die analytische Verarbeitung des Wissens zuständig, in der rechten Gehirnhälfte sind Kreativität, Fantasie und Emotionen beheimatet. Herrmann entwickelt dieses Modell weiter, indem er die unterschiedliche Arbeitsweise von Großhirn, Zwischenhirn und Stammhirn ergänzend berücksichtigt.

So entstehen vier Quadranten, (links, rechts, cerebral und limbisch), denen bestimmte Eigenschaften zugeordnet werden.

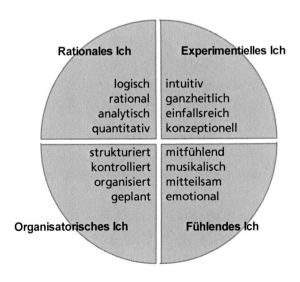

Das Herrmann-Dominanz-Modell (Nach Herrmann, 2010, S. 2)

Ausgehend davon, dass jeder Mensch in seinem Denken und Verhalten einmalig ist, eignet sich das Herrmann-Dominanz-Instrument (ein Fragebogen mit 120 Fragen), um im Sinne einer Selbstanalyse die individuellen, bevorzugten Denk- und Verhaltensstile zu ermitteln. Da sich mit dem Modell die persönlichen Talente, Potenziale und Präferenzen wertfrei ermitteln lassen, wird dieses Verfahren gerne zur Teambildung eingesetzt. Mitarbeiterinnen und Mitarbeiter in einem Team erfahren mehr über die Arbeits- und Denkweise ihres Gegenübers und können so ihre jeweils spezifischen Talente gewinnbringend einsetzen.

Diversity und Lernen

3.1 Begriffsbestimmung

Schlagwortartig zieht sich der Begriff „Diversity" in den letzten Jahren durch die nationalen und internationalen Diskussionen auf (bildungs-)politischer, wirtschaftlicher und gesellschaftlicher Ebene. Er dient als Slogan in Schule, als politische Verortung oder als Management-Konzept. Die Frage stellt sich, was Diversity eigentlich bedeutet?

Der aus dem Englischen stammende Begriff „diversity" kann zunächst mit „Vielfalt", „Mannigfaltigkeit" oder auch „Verschiedenheit" übersetzt werden. Diversity ist jedoch als ganzheitliches Konzept zu verstehen, das allgemein für die Vielfalt an und Unterschieden von Lebensstilen und -entwürfen steht. Es bezieht sowohl menschliche Merkmale wie beispielsweise Alter, Geschlecht, Herkunft, soziale Schicht, sexuelle Orientierung, als auch kulturelle Unterschiede, wie Nationalität, Ethnie, Religion, Region ein. Im wirtschaftlichen Kontext beschreibt Diversity u.a. Vielfalt hinsichtlich der Unternehmens-, Branchen- und Berufskulturen.

Diversity: ein ganzheitliches Konzept

Als ganzheitliches Konzept angelegt, finden sich darin politische Inhalte, Orientierung und Ziele des Feminismus, Gender-Mainstreaming, Antirassismus, Enthinderung, LSBT (Lesben, Schwule, Bisexuelle, Transgender) und der Interkulturellen Öffnung (vgl. Benbrahim, 2008) wieder. Unter dem Aspekt der Herstellung von Chancengleichheit werden diese Ansätze miteinander verbunden, ohne ihre jeweilige Berechtigung zu verlieren. Das praktische Konzept Diversity kann demnach als Querschnittsaufgabe angesehen werden, die auf Chancengleichheit für alle Menschen, unabhängig von den beschriebenen Merkmalen oder der „Nützlichkeit" eines jeden Menschen, abzielt.

Chancengleichheit

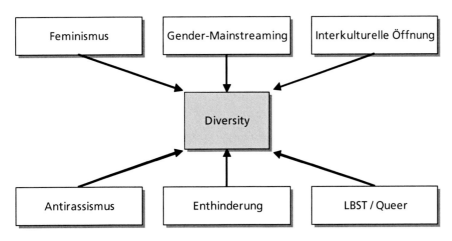

Diversity setzt sich als ganzheitliches Konzept aus verschiedenen Strömungen zusammen (Nach Benbrahim, 2008)

Human-Rights-Bewegung

Verwurzelt ist das Konzept in der US-amerikanischen Human-Rights-Bewegung. Durch die bewusste Förderung und Anerkennung von Unterschieden in der Gesellschaft soll Diskriminierung entgegengewirkt werden. Der Ansatz besteht darin, einen Wandel im Bewusstsein eines jeden Menschen anzustoßen, um Wertschätzung für andere zu erzielen. Dementsprechend wird auf die eigene Identität verwiesen. Denn jede Identität zeichnet sich durch Vielfalt aus, einem Zusammenspiel von beispielsweise Alter, Ethnie oder Gruppenzugehörigkeit (vgl. Fager, 2008).

Anerkennung und Einbindung von Minderheiten

Ziel ist es, in der Gesellschaft und den jeweiligen Institutionen eine Haltung aufzubauen, die die menschliche Vielfalt als Normalität und etwas Positives begreift. Dies umfasst zum einen die Anerkennung und Einbindung von Minderheiten und marginalisierten Gruppen. Zum anderen geht es um die Erkenntnis, Vielfalt als gesellschaftliches Potenzial zu begreifen. Diese Sichtweise hat jüngst insbesondere im unternehmerischen Kontext auf verschiedene Weise Konjunktur erfahren.

3.2 Diversity und Management: Das Konzept in Wirtschaft, Politik und Bildung

Diversity in der Wirtschaft

Diversity Management in Europa

Vor dem Hintergrund der bestehenden Gesetze zur Antidiskriminierung ist das Konzept Diversity in die Personalentwicklung US-amerikanischer Unternehmen als so genanntes „Diversity Management" integriert worden. Von den USA ausgehend, fasst Diversity Management seit geraumer Zeit Fuß in Europa. Denn vor allem in Industrieländern wird die gezielte Förderung von Vielfalt im Unternehmen inzwischen als Wettbewerbsvorteil erkannt. In Zeiten demografischen Wandels und global agierender Unternehmen gewinnt die Förderung von Personal mit unterschiedlichen ethnischen, religiösen oder kulturellen Merkmalen an Bedeutung. Zudem soll das Diversity Management dazu beitragen, dass Motivation und Zufriedenheit des Personals steigt, indem einem jeden Wertschätzung entgegengebracht wird (vgl. Fager, 2008).

Entgegen des ganzheitlichen Ansatzes wird das Konzept überwiegend nur in einzelnen Punkten umgesetzt, die sich von Unternehmen zu Unternehmen, von Land zu Land unterscheiden. Es werden Schwerpunkte gesetzt, indem beispielsweise nur einzelne Gruppen (Frauenförderung, Förderung von Menschen mit Behinderungen, Integration von Migrantinnen und Migranten etc.) gefördert werden. Ob hierdurch das allgemeine Ziel der Herstellung von Chancengleichheit erreicht wird, bleibt fraglich. Dennoch sind Unternehmen, insbesondere in Deutschland, zentrale Akteure in der Debatte um die Herstellung von Chancengleichheit.

Insbesondere die Schule war lange Zeit Hort vermeintlicher Homogenität: Unterschiedliche Entwicklungen, Vielsprachigkeit oder kulturelle Differenzen wurden im Schul- oder Lehrkonzept keineswegs berücksichtigt, sondern durch eine gleichförmige Lernorganisation nivelliert.

Diversity in der Politik

Auch in Politik und Verwaltung werden seit geraumer Zeit Diversity-Prinzipien verfolgt. Diese erstrecken sich von der Anerkennung und Unterstützung einer veränderten Frauenrolle, über die gezielte Förderung älterer Menschen aufgrund demografischer Notwendigkeiten bis hin zum intensiveren Dialog mit Muslimen.

In Deutschland wird im Zuge eines veränderten Verständnisses als Einwanderungsland zudem die Debatte um die Integration von Menschen mit Migrationshintergrund verstärkt geführt. Dabei werden Diversity-Ansätze zur interkulturellen Öffnung auf kommunaler Ebene diskutiert. Hier verlagert sich der Blick von einer an Defiziten orientierten Einstellung gegenüber „dem Fremden" zu einer an Potenzialen orientierten Einstellung (vgl. Fager, 2008). Vor dem Hintergrund des demografischen und kulturellen Wandels, der europäischen Integration, Zu- und Abwanderung etc. erfolgen auf kommunaler Ebene verschiedene Formen des Diversity Managements (Sensibilisierungskampagnen, Migrantenförderung etc.). Hieran beteiligt sind mehrere Akteure (Verbände, Interessenvertretungen etc.), um das Gemeinwesen in wirtschaftlicher wie in sozialer Hinsicht zukunftsorientiert zu gestalten.

Diversity und Migration

Diversity in der Bildung

Dementsprechend macht das Diversity-Konzept auch vor dem Bildungssystem nicht Halt. Insbesondere die Schule war lange Zeit Hort vermeintlicher Homogenität: Unterschiedliche Entwicklungen, Vielsprachigkeit oder kulturelle Differenzen wurden im Schul- oder Lehrkonzept keineswegs berücksichtigt, sondern durch eine gleichförmige Lernorganisation nivelliert. Bis heute fällt es dem Bildungssystem schwer, mit der faktisch vorhandenen Heterogenität umzugehen bzw. Vielfalt positiv zu bewerten.

kulturelle und sprachliche Differenzen in der Schule

Es sind jedoch auf verschiedenen Ebenen Ansätze zu verzeichnen, die die Unterschiede von Schülerinnen und Schülern sowie deren individuelle Fähigkeiten und Kenntnisse berücksichtigen. So hat beispielsweise der Feminismus als eine Diversity-Strömung Niederschlag gefunden, indem Schulbücher traditionell geprägte geschlechtliche Zuordnungen (Bsp. Technik = Jungen) aufweichen oder Initiativen wie der Girls' Day integriert werden.

individuelle Fähigkeiten von Schülerinnen und Schülern

Dennoch ist das deutsche Bildungssystem weit davon entfernt, Vielfalt und Individualität ausreichend zu berücksichtigen, sei es durch verstärkte Beachtung kultureller Unterschiede und/oder die Integration neuer Lerntheorien und der damit einhergehenden Veränderung von Lehren und Lernen.

3.3 Diversity und Lernen

generationsübergreifendes und interkulturelles Lernen

Bezogen auf den Aspekt des Lernens sollen an dieser Stelle zwei Bereiche aus dem Konzept Diversity betrachtet werden: das generationenübergreifende und das interkulturelle Lernen. Diese wurden in jüngster Zeit im Bildungsbereich unter dem Aspekt der Chancengleichheit und der aktiven Berücksichtigung von Vielfalt verstärkt diskutiert.

Generationenübergreifendes Lernen

Austausch zwischen Jung und Alt

Im Zuge des demografischen Wandels sowie der zunehmenden Motivation von älteren Menschen, lebenslang zu lernen, taucht die Frage auf, wie der Zugang zu Bildung im Alter erleichtert werden kann (vgl. Meese, 2005, S. 37-39). Bislang war das Feld der Weiterbildung keineswegs im Sinne einer Chancengleichheit gestaltet. Angebote, die ältere Menschen bewusst integrieren, sind kaum vorhanden. Integration bedeutet unter anderem, dass (Weiter-)Bildungsangebote mehrere Generationen ansprechen und einen Austausch zwischen Jung und Alt generieren (vgl. Franz et.al. 2009; Antz et. al. 2009). Hierdurch erfolgt zum einen eine tatsächliche Integration älterer Menschen in die gesamtgesellschaftliche Bildungssituation. Zum anderen können Ältere die eigene Berufs- und Lebenserfahrung an Jüngere weitergeben und umgekehrt neue Lebens-, Bildungs- und Arbeitssituationen bzw. -anforderungen erfahren.

Generationenbegriff

In den Umsetzungen generationenübergreifenden Lernens tritt häufig das unterschiedliche Lernverständnis zwischen den Generationen zu Tage, welches zeitgeschichtlich und individuell-biografisch geprägt ist (vgl. Franz/Scheunpflug 2009; Franz 2010). Dies ist ein Hinweis darauf, dass Generationen nicht allein an der Anzahl von Lebensjahren festzumachen sind und der traditionelle pädagogische Generationenbegriff nicht herangezogen werden kann, der zwischen vermittelnder und lernender Generation unterscheidet (Generation der Erzieher versus Generation der Lernenden). Heute ist Lernen als lebensbegleitend anzusehen und sowohl Jüngere als auch Ältere wechseln die Rollen von Vermittlung und Lernen immer wieder.

Generationen zeichnen sich vielmehr durch die Prägung aufgrund gemeinsamer historisch-gesellschaftlicher Ereignisse und Erfahrungen aus (z. B. Kriegsgeneration, 68er-Generation, Krisengeneration, Internet-Generation). Der Generationenbegriff bezieht sich demnach auf gesamtgesellschaftliche Gruppierungen, denen historische, kulturelle oder sozial spezifische Gemeinsamkeiten zugeordnet werden (vgl. Höpflinger, 2009). So ist das Lernen, abgesehen von den Merkmalen Einkommen, Berufserfahrung, Gender etc., an zeitgeschichtliche oder kulturelle Vorstellungen gekoppelt.

historischer und kultureller Kontext

Dies ist in den verschiedenen Konzepten generationenübergreifenden Lernens zu berücksichtigen, die sich nach Meese (2005) in drei unterschiedlich strukturierte didaktische Zugänge unterteilen lassen: „voneinander lernen", „miteinander lernen" und „lernen übereinander".

„Interkulturelles Lernen soll dazu führen, dass die Lernenden immer besser in der Lage sind, mit der kulturellen und sprachlichen Vielfalt in unseren Gesellschaften umzugehen und in Überschneidungssituationen im eigenen Land, aber auch bei internationalen Begegnungen und Auslandsaufenthalten kompetent zu handeln."

(Leiprecht, 2002, S. 44)

	voneinander lernen	miteinander lernen	übereinander lernen
Wissensvermittlung	Expertenwissen liegt bei den Generationen und wird zwischen den Generationen ausgetauscht.	Expertenwissen liegt außerhalb oder wird gemeinsam erarbeitet.	Generationsspezifische Lebenserfahrungen und Umgang mit Wissen werden ausgetauscht.
didaktische Methode	Mentorenprogramme / Juniorexperten	Thematische Arbeitskreise / Seniorenstudium	Beschreibung der aktuellen Lebenswelt / erzählte Geschichte
beispielhafte Umsetzung	Bewerbungstraining Internetkurse	Solartechnik	gegenseitiges Biographie-Schreiben

Tabelle nach Meese, 2005. S. 38

Voneinander lernen. „In Konzepten des Voneinander-Lernens treffen zwei Generationen aufeinander, wobei die eine Generation explizit die andere unterstützt, informiert oder unterrichtet." (vgl. Meese, 2005, S. 37) Das Expertenwissen liegt bei einer der Generationen und wird an die andere weitergegeben.

zwei Generationen lernen voneinander

In der Praxis erfolgt dies beispielsweise innerhalb von Mentorenprogrammen, in denen Ältere ihre beruflichen Kompetenzen, Beziehungen und Lebenserfahrungen nutzen, um Jüngere bei Bewerbungen oder der Karriereplanung zu unterstützen. Umgekehrt steht bei der Vermittlung von Expertenwissen von Jüngeren an Ältere häufig der Bereich Computer- und IT-Technologie im Mittelpunkt.

Miteinander lernen. Eines der bekanntesten Modelle für das „Miteinander lernen" verschiedener Generationen ist das so genannte Seniorenstudium, in dem ältere Menschen zusammen mit der jüngeren Studentengeneration einige der regulären Lehrangebote an Universitäten wahrnehmen. Bei diesem Konzept liegt das Expertenwissen außerhalb der lernenden Gruppe, z. B. bei einem Dozenten oder das Expertenwissen wird gemeinsam erarbeitet. Nach Meese haben Erfahrungen gezeigt, dass beim Miteinander Lernen anfängliche Vorurteile und gegenseitiges Unverständnis auftreten können. Ziel ist es, diese Missverständnisse zu überwinden und im Verständnis des Diversity Ansatzes einen gegenseitigen Austausch zu generieren.

gemeinsames Erarbeiten von Wissen

Lernen übereinander. Ist dieser Austausch explizit didaktisch vorgesehen, spricht man vom „Lernen übereinander". So erfolgt beispielsweise in Schreibwerkstätten der Dialog über die jeweiligen Lebensgeschichten, -erfahrungen und Standpunkte, um einen bewussten Austausch von Wissen, Erfahrungen zwischen Jung und Alt herzustellen.

Erfahrungsaustausch zwischen Generationen

Lernkontexte ausschöpfen

Die drei Konzepte generationenübergreifenden Lernens sind nicht als trennscharf anzusehen. So kann in Umsetzungen des voneinander Lernens ebenso ein miteinander und übereinander Lernen erfolgen. Insgesamt liegt die Bedeutung solcher Umsetzungen im Sinne des Diversity Konzeptes in der generellen Förderung und Berücksichtigung des generationenübergreifenden Austauschs. Derartige Lernkontexte stellen positive Synergien her, die es auszuschöpfen gilt. In der Lernbegleitung zu beachten ist demgemäß die jeweilige Zielgruppenansprache, u.a. in Bezug auf ein unterschiedliches Lernverständnis.

Interkulturelles Lernen

Unter „interkulturellem Lernen" wird im pädagogisch-praktischen oder bildungspolitischen Umfeld die Perspektive diskutiert, das gemeinsame Leben und Lernen für interkulturelle Erfahrungen und Lernprozesse zu nutzen. Sprachliche Verknüpfungen wie „interkulturelles Lernen" werden nicht nur im pädagogischen oder erziehungswissenschaftlichen Kontext, sondern ebenso in psychologischen oder kommunikationswissenschaftlichen Zusammenhängen genutzt.

multi = mehrfach,
d. h. mehrere Kulturen

inter = zwischen,
d. h. zwischen den Kulturen,
übergreifend, austauschend,
gemeinsam

Im Zuge dessen werden häufig die Begriffe „multi..." und „inter..." in den Raum gestellt und selten unterschieden. Allgemein kann jedoch festgehalten werden, dass der Begriffsbestandteil „multi..." in beschreibender, der Bestandteil „inter..." eher in programmatischer Hinsicht verwendet wird. Nimmt man das Beispiel Schule, so ist eine „multikulturelle" Schule eine Schule, in der Menschen verschiedener kultureller, ethnischer oder sprachlicher Herkünfte zusammen sind, unabhängig davon, ob diese Tatsache pädagogisch genutzt wird oder nicht. Eine „interkulturelle" Schule hingegen nimmt diese Multikulturalität, sprich die vorhandene Vielfalt als Basis für die Gestaltung interkulturell pädagogischen Handelns. Die vorhandene Vielfalt wird demnach explizit in das pädagogische Programm einbezogen.

soziales Lernen

In diesem Zusammenhang kann interkulturelles Lernen als ein Spezifikum sozialen Lernens angesehen werden mit ähnlichen Zielsetzungen: Aufbau von Einfühlungsvermögen, Toleranz, Konfliktfähigkeit, Kooperationsfähigkeit, Solidarität. Diese Zielsetzungen sollen durch interkulturelles Lernen und der damit einhergehenden Entwicklung interkultureller Kompetenz erreicht werden. Interkulturelle Kompetenz beschreibt allgemein die Fähigkeit, erfolgreich mit Menschen aus anderen Kulturen zu agieren bzw. mit kultureller Differenz adäquat umzugehen. Obwohl das interkulturelle Lernen pädagogisch übergreifend eingebettet sein sollte, wird der Rahmen hierfür zumeist durch ein interkulturelles Training geschaffen.

> Im Kontext der Lernbegleitung ist zu hinterfragen, wie interkulturelles Lernen nicht nur in spezifischen interkulturellen Trainings, sondern übergreifend konzeptionell sowie didaktisch in Lernprozesse und -settings eingebettet werden kann.

Generell wird interkulturelles Lernen als ein stufenweiser Prozess mit einem festen Zielsystem beschrieben. Bekannt ist das sechsstufige Modell Bennetts (vgl. Auernheimer, 2007, S. 125). Auf der ersten Stufe leugnet der Lernende zunächst kulturelle Unterschiede, um diese auf der nächsten Stufe abzuwehren und auf der dritten Stufe die kulturellen Unterschiede zu verkleinern. Die vierte Stufe interkulturellen Lernens bedeutet die Akzeptanz von Unterschieden, d. h. Wert- und Verhaltensunterschiede werden respektiert, indem der Lernende die jeweilig verschiedenen Perspektiven einbezieht und die eigene Kultur relativieren kann. Die nachfolgende Stufe der Adaption bedeutet einen vollständigen Wechsel des Bezugsrahmens, was längere und intensivere Fremdkontakte voraussetzt. Integration als sechste und letzte Stufe bedeutet nicht nur den Bezugsrahmen zu wechseln, sondern sich auch bewusst für einen dieser Bezugsrahmen entscheiden zu können (vgl. Auernheimer, 2007). Es ist ersichtlich, dass im allgemeinen pädagogischen Kontext nur die vierte Stufe als anzustrebendes Ziel zu begreifen ist.

Insgesamt ist das beschriebene Stufenmodell vielfältiger Kritik ausgesetzt, insbesondere aufgrund der vorgestellten Zielstruktur, die beispielsweise Machtfragen oder Lernwiderstände außer Acht lässt. Im Kontext der Lernbegleitung ist zudem zu hinterfragen, wie interkulturelles Lernen nicht nur in spezifischen interkulturellen Trainings, sondern übergreifend konzeptionell sowie didaktisch in Lernprozesse und -settings eingebettet werden kann. Die aktive Integration und Berücksichtigung vorhandener Vielfalt an Kultur, Sprachen etc. bei Lernprozessen und in jedem Bildungsszenarium muss als Prinzip verstanden werden und bedarf weiterer methodisch-didaktischer Konzepte.

Kapitel II

Selbstlernprozesse unterstützen

Ein Lerntypentest kann im Prozess der Lernbegleitung eine aufschließende Funktion übernehmen, indem Lernende ihr individuelles Lernverhalten besser kennenlernen und die Testergebnisse als Basis für die Gestaltung eigener Lernprozesse nutzen.

Unabhängig davon, mit welchem Personenkreis Lernbegleiterinnen und Lernbegleiter arbeiten und bestimmte Lernprozesse anstoßen, umsetzen oder fördern möchten: Eine Grundlage für erfolgreiches, selbst gesteuertes Lernen ist das Wissen über die eigenen Lernfähigkeiten und Lernressourcen. Wie lerne ich? Was hilft mir beim Lernen? Lernbegleiterinnen und Lernbegleiter sollten in der Lage sein, Lernende bei der Beantwortung dieser Fragen methodisch vielfältig zu unterstützen.

Im Fokus von Kapitel II stehen Methodensets, Lernarrangements und Lerntechniken, die in der Lernbegleitung für die Förderung individuellen eigenverantwortliches Arbeitens und Lernens eine besondere Rolle spielen.

Inhalt Kapitel II

- Lehrende und Lernende in Selbstlernprozessen
- Lerntypen und Lerntypentests
- Lernferne oder bildungsferne Menschen und Lernen im Lebenslauf
- Lernbegleitung in veränderten Lernraumkontexten

Inhalt

Hinweis:

Das Fachbuch „Fachprofil Lernbegleitung" wird ergänzt durch eine umfangreiche Sammlung von Arbeitsblättern, Methoden und Kopiervorlagen. Diese erhalten Sie unter der ISBN 978 -3-86718-751-0 im Buchhandel oder per kostengünstiger Direktbestellung im Verlagsshop: www.edumedia.de

Lehrende und Lernende in Selbstlernprozessen

4

4.1 Eigenverantwortliches Arbeiten und Lernen (EVA)

Für die Form des Lernens, die seit den 90er Jahren zunehmend mit der aktuellen Lernkultur verbunden wird, lautet eine griffige Bezeichnung „EVA": „Eigenverantwortliches Arbeiten und Lernen". Zunächst als Idee für den schulischen Unterricht entwickelt (Klippert, 2001, S. 39), umfasst EVA ein Konzept, das auch für die Anforderungen lebenslangen Lernens wichtige Impulse zu geben vermag.

EVA in der Schule

Leitend ist die Vorstellung, dass die Verantwortung für das Lernen bei den Lernenden selbst liegt: sie müssen jeweils den für sie individuell passenden Weg finden, um Lernfortschritte zu machen und nachhaltig zu sichern. Denn „Lernen ist das Persönlichste auf der Welt. Es ist so eigen wie ein Gesicht oder ein Fingerabdruck - und noch individueller als das Liebesleben."(von Foerster, 2002)

Der persönliche Lernweg beginnt damit, zu erkennen, was für ein Lerntyp man ist, d. h. welche Zugänge und Formen von Lernangeboten einen besonders ansprechen und das Lernen erleichtern. Lerntempo, Lernorte und Lernstrategien sind weitere entscheidende Parameter für den Lernerfolg, die individuell abgestimmt und eigenverantwortlich organisiert werden sollten.

Erkennen des Lerntyps

Den Lehrenden kommt die Aufgabe zu, die eigenverantwortlichen Lernprozesse zu begleiten, ihnen die erforderlichen Strukturen zu schaffen, falls notwendig auch lenkend einzugreifen, aber größtmögliche Gestaltungsfreiheit zu gewährleisten. Die Neuorientierung zur Lernbegleitung ist gefordert, wie sie im nächsten Abschnitt näher betrachtet werden wird.

Gestaltungsfreiheit beim Lernen

Das EVA-Konzept wird gern mit dem Modell vom „Neuen Haus des Lernens"(Klippert, 2001, S. 40 Abb. 03) veranschaulicht:

Das neue Haus des Lernens im Überblick

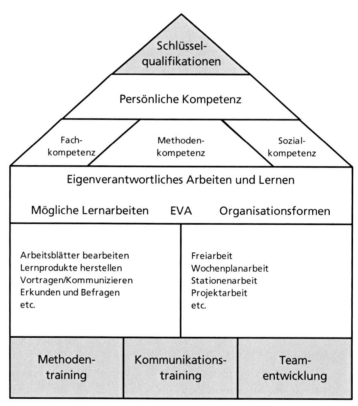

Abbildung nach Klippert, 2001, S. 40 Abb. 03

Fundament

Das „Fundament" bildet ein Training in den Bereichen Methoden, Kommunikation und Teamarbeit, das die Lernenden überhaupt erst befähigt, eigenverantwortlich zu arbeiten und zu lernen. Im Einzelnen geht es um

■ Arbeitstechniken und Methoden, die Lernerfolg sichern und nachhaltig Motivation aufbauen,

■ die Fähigkeit zu kommunizieren, zu argumentieren und rhetorisches Geschick,

■ konstruktive und regelgebundene Mitarbeit im Team (Klippert, 2001, S. 41).

Innerhalb des „Hauses", d. h. in den Lernprozessen und Organisationsformen findet eigenverantwortliches Arbeiten und Lernen statt. Es umfasst einfache Abläufe, wie z. B. das Bearbeiten eines Arbeitsblattes, bis hin zu komplexen Vorgängen der Kommunikation, des Erkundens, des Erstellens und Vortragens eines Lernprodukts.

> „Überhaupt lernt niemand etwas durch bloßes Anhören,
> und wer sich in gewissen Dingen nicht selbst tätig bemüht,
> weiß die Sache nur oberflächlich."
>
> *(Johann Wolfgang von Goethe)*

Offene Strukturen, wie sie etwa beim freien Arbeiten, beim Arbeiten an Stationen oder in der Projektarbeit möglich sind, unterstützen die Selbstorganisation der Abläufe durch die Lernenden selbst.

Das Ziel der produktiven, kommunikativen oder explorativen Lern- und Arbeitsaktivitäten (Klippert, 2001, S. 46) ist, die im „Dach" versammelten Schlüsselqualifikationen und persönlichen Kompetenzen zu erlangen (Klippert, 2001, S. 39), die z. B. auf dem Arbeitsmarkt gefordert sind und für die erfolgreiche Teilhabe an gesellschaftlichen Prozessen notwendig sind: Dach

- Fachkompetenz: Fach-, Struktur- und Handlungswissen und die Fähigkeit, Probleme zu lösen,

- Methodenkompetenz: die Beherrschung von Lern-und Arbeitstechniken,

- Überzeugungskraft in Kommunikation, Argumentation und Präsentation,

- Bereitschaft und Fähigkeit zur Teamarbeit,

- Aufbau persönlicher Kompetenzen wie Selbstvertrauen, Selbstwertgefühl, Eigeninitiative und Durchhaltevermögen (Klippert, 2001, S. 43).

Im Modell vom „Neuen Haus des Lernens" nimmt das eigenverantwortliche Arbeiten der Lernenden einen großen und zentralen Raum ein. Die Lehrenden sind dadurch aus ihrer vormals dominanten Position fortgerückt, von der aus sie Ablauf und Organisation des Lernens bestimmt und angewiesen haben. Doch sie nehmen noch immer grundlegende Funktionen wahr, ohne die auch das „Neue Haus des Lernens" einstürzen, d. h. die selbstverantwortlichen Lernprozesse scheitern würden. Diese Aufgaben, die vorrangig im „Fundament" des Hauses liegen, können mit der Rolle der Lernbegleitung näher beschrieben werden. grundlegende Funktionen
der Lernbegleitung

4.2 Neuorientierung zur Lernbegleitung

Die Lehrenden bleiben in die Lernszenarien des EVA einbezogen, um aufmerksam, engagiert und mitverantwortlich das Lerngeschehen zu begleiten. Denn das Handeln der Lernenden benötigt Strukturen, Moderation und Impulse, die so wenig wie möglich eingreifen, aber so viel wie nötig unterstützen. Lerngeschehen begleiten

Diese Aufgabe, den Lernenden weniger Erklärung und Anleitung als vielmehr Beratung und Anregung zu geben, setzt im „Fundament" des Hauses an. Sie kann z. B. damit beginnen, überhaupt erst einmal den Lernbedarf festzustellen, etwa durch eine Selbsteinschätzung der Lernenden, um dann individuell passend mit der Entwicklung von Kompetenzen in Methoden, Kommunikation und Teamarbeit fortzufahren. Ein solches grundlegendes Training kann durch einen vorbereitenden Beratung und Anregung

Intensivkurs einen ersten Anstoß erfahren, muss aber darüber hinaus kontinuierlich in die spezifischen, fachbezogenen Lernprozesse eingebunden und auf den individuellen Lernwegen gefestigt werden.

Beobachter und Begleiter

Die Rolle der Lehrenden verschiebt sich insgesamt zur Rolle des aufmerksamen Beobachters und Begleiters, der Freiraum gewährt, aber bei Bedarf korrigierend eingreift. Lernwege lassen sich von Lernenden und Begleitenden gemeinsam strukturieren und werden von den Lernenden eigenverantwortlich verfolgt, während die Begleitenden kritisch und systematisch beobachten, wie sie auf den Lernwegen voran kommen.

Fehler und Lernumwege

„Zutrauen und zumuten" (Klippert, 2001, S. 39) könnte das leitende Motto für das Verhältnis der Lernbegleiterinnen und Lernbegleiter zu den Lernenden lauten. Lernbereitschaft, Verantwortungsgefühl, Organisationsgeschick und schließlich der Lernerfolg stellen sich ein, gerade indem die Lernbegleiterinnen und Lernbegleiter sich zurück nehmen, Aufgaben und Verantwortung delegieren, Mut zum Ausprobieren machen, aber auch Anstrengung und Ausdauer verlangen. Dabei müssen Fehler und Lernumwege erlaubt sein (Klippert, 2001, S. 49).

Lernen an Stationen

Erleichtert werden Lernbegleitung und EVA durch Lernszenarien, die problem- und produktorientiert aufgebaut sind und zu explorativem, produktivem und lösungsorientierten Handeln auffordern (Klippert, 2001, S. 51)[1]. Hierzu zählen z. B. Lernstationen[2] oder Arbeitsinseln (Klippert, 2001, S. 65), die ein vielfältiges und eigenständiges Entdecken und Recherchieren ermöglichen oder Projekte, in denen ein Produkt erstellt wird und alle damit verbundenen Aufgaben und Probleme gemeinsam im Team zu lösen sind. Künstlerische Ausdrucksmittel, aber auch die Arbeit mit Alltagsmedien motivieren gleichfalls zur freien Arbeit.

Learning-by-doing

Genauso relevant wie die Lösung oder das Produkt sind für EVA das Finden spezifischer Problem- und Fragestellungen, die Auseinandersetzung mit komplexen Problemlagen und schließlich die Aktivitäten und ihre Koordination für eine optimale Lösung bzw. Produkterstellung. Denn das Lernen erfolgt durch das gesamte Handeln. Diese Idee wurde bereits 1915 von John und Evelyn Dewey als „Learning-by-doing" propagiert (Dewey, J./Dewey, E., 1915).

Strukturen und Orientierung

Ungewissheit, Unsicherheit und Irrtümer gehören zu dieser Form des Lernens dazu. Fehler gelten nicht als Abweichung, die geahndet werden muss, sondern vielmehr als ein Indiz dafür, eigenständig Neues zu wagen, um Lösungen zu erarbeiten (Kahl, 2005). Damit das praktische Tun nicht in blankem Aktionismus endet, ist es die Aufgabe der Lernbegleitung, Strukturen anzubieten und gegebenenfalls wieder Orientierung zu geben.

---

1   Klippert bezieht sich hier auf Zimmermann, 1999, S.12ff
2   Das Konzept der Lernstation kann von der Grundidee auf Freinet zurück geführt werden, wurde aber in der heutigen Form entscheidend 1952 von Morgan und Adamson geprägt, die das Zirkeltraining aus dem Sport auf allgemeine Lernsituationen übertrugen. (Vgl. Reich, 2007)

„Denken und Tun, Tun und Denken, das ist die Summe aller
Weisheit."

(Johann Wolfgang von Goethe)

Tun und Denken müssen ineinander verknüpft erfolgen, um Lernen zu bewirken. Die Beziehung ist keine lineare, einmalige Zuordnung, sondern erfolgt als ein beständiger Prozess wechselseitiger Bezugnahme.

Zur Beschreibung des Lernprozesses zwischen Denken und Tun kann das Modell eines Kreislaufs dienen, wie z. B. der erfahrungsbasierte Lernzyklus von David A. Kolb (Kolb, 1984) oder auch das einer Lernspirale (Klippert, 2001, S. 63), das stärker die dynamische und vertiefende Dimension des Lernens betont:

- Sensibilisiert durch eine Vielfalt an Methoden, werden, dem eigenen Lerntyp gemäß, Vorwissen und Voreinstellungen aktiviert und der Reflexion zugängig gemacht.

- Anhand von sach- und themenbezogenen Informationen werden einschlägige Kenntnisse und Verfahrensweisen erarbeitet.

- Anwendung und Vertiefung des Gelernten erfolgen im „Transfer" auf andere Problemlagen und im Entwickeln entsprechender Lösungsschritte.

Über die einzelnen Aktivitäten des selbstverantwortlichen Lernens erfolgt gleichsam ein „Hineinbohren" in die Inhalte, um einen möglichst effektiven Wissenstransfer und nachhaltige Lernresultate zu erzielen.

Lernen als Prozess

effektiver Wissenstransfer

4.3   Intelligentes Wissen und Wissenstransfer

EVA fördert die Entstehung von Wissen, das mit Weinert als „intelligent" bezeichnet werden kann: „…ein wohlorganisiertes, disziplinär, interdisziplinär und lebenspraktisch vernetztes System von flexibel nutzbaren Fähigkeiten, Fertigkeiten, Kenntnissen und metakognitiven Kompetenzen."(Weinert, 2000, S. 5) Anders als ein „träges", passives und in sich ruhendes Wissen ist das intelligente Wissen in einen dynamischen Lernprozess eingebunden, in dem die Lernenden aktiv-entdeckend Wissenselemente und Fertigkeiten miteinander verknüpfen.

intelligentes Wissen

Neue Lernsituationen und Erfahrungen führen zu immer wieder anderen Strukturen. Wissen entwickelt sich als ein flexibles Netz mit „Transferpotenzial": Nicht das Anhäufen von Faktenwissen und seine mechanische Anwendung werden angestrebt, sondern der Erwerb von Kompetenzen und Wissen, die erlauben, Gelerntes auf unbekannte Situationen zu transferieren und zur Bearbeitung neuer Herausforderungen anzuwenden.

Wissen als flexibles Netz

Vom trägen zum intelligenten Wissen

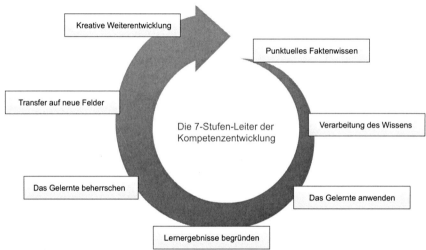

Kreative Weiterentwicklung

Punktuelles Faktenwissen

Transfer auf neue Felder

Die 7-Stufen-Leiter der Kompetenzentwicklung

Verarbeitung des Wissens

Das Gelernte beherrschen

Das Gelernte anwenden

Lernergebnisse begründen

Abbildung nach Klippert, 2004, S. 35

Anwendungskompetenz

Dieses Modell wird von den aktuellen Ergebnissen der Gehirnforschung unterstützt (Klippert, 2004, S. 36). Erst das Wissen, das über das punktuelle Wissen hinaus Vernetzungen zu anderen Kenntnissen schafft, reflektiert und angewendet wird, schafft Kompetenz im Sinne von Anwendungskompetenz. EVA geht keinen linearen Lernweg, sondern entfaltet sich in (selbst)-reflexiven und handlungsorientierten Lernprozessen.

Lerntypen und Lerntypentests

5

5.1 Lerntypen und Lerntypentests

Welcher Weg führt ans Ziel, macht Spaß beim Gehen und ist für mich gut zu bewältigen? Diese Fragen sollten nicht nur bei der Auswahl von Laufparcours, sondern auch bei der Gestaltung von Lernwegen gestellt werden. Dabei wird schnell klar, dass es den einen richtigen Lernweg, also einen Königsweg des Lernens, der für alle Lernende optimal ist, nicht geben kann. Für eine professionelle Lernbegleitung ist es jedoch grundlegend, Lernende bei der Suche nach den eigenen erfolgreichen Lernwegen bzw. den individuellen Lernvoraussetzungen zu unterstützen.

Lerntypen oder Lernstile

Bei der Gestaltung bzw. auch Veränderung von (klassischen) Lernprozessen sowie bei der Förderung individueller Lernleistungen wird in den letzten Jahren im (schul-)pädagogischen Kontext verbreitet auf die Lerntypentheorie zurückgegriffen. Vor allem in der Diskussion des ganzheitlichen oder handlungsorientierten Lernens spielen Lerntypen und Lerntypentests eine grundlegende Rolle.

Lerntypentheorie

Lerntypentheorie

Die Lerntypentheorie geht davon aus, dass der individuelle Lernerfolg durch die Berücksichtigung unterschiedlicher Wahrnehmungskanäle vom Lernenden gesichert werden kann. Menschen nehmen Informationen ganz unterschiedlich auf, nutzen dabei z. B. unterschiedliche Sinneskanäle. In der Lerntypentheorie werden daraus unterschiedliche Lerntypen abgleitet.

Wahrnehmungskanäle

Die meisten der heute verbreiteten Lerntypentheorien und Lerntypentests gehen zurück auf Frederic Vester, dessen Buch „Denken, Lernen, Vergessen" erstmals 1975 und inzwischen in mehrfach überarbeiteten und aktualisierte Ausgaben erschienen ist (Vester, 2009, S. 52).

Vester postuliert 4 Lerntypen:

- Auditiver Lerntyp (lernt durch hören und sprechen)
- Optischer Lerntyp (lernt durch sehen und beobachten)
- Haptischer Lerntyp (lernt durch anfassen und fühlen)
- Intellektueller Lerntyp (lernt durch Intellekt)

Viele weitere Einteilungen bzw. Festlegungen von Lerntypen gründen sich auf diese vier Beschreibungen, koppeln zwei oder mehrere Varianten zu einem „neuen" Lerntyp bzw. ziehen äußere Faktoren wie Medien oder Lehrende zur Kennzeichnung von Lerntypen hinzu. In der Regel wird davon ausgegangen, dass es „reine" Lerntypenformen nicht gibt, sondern individuelle Mischungen von Lerntypen existieren.

Mischung von Lerntypen

Kritik Lerntypentheorie

Das Aufnehmen von Informationen über die sinnliche Wahrnehmung wird oft gleichgesetzt mit dem Lernen an sich. Hier setzt die berechtigte Kritik der Lerntypentheorie an. So ist bei der Betrachtung des Lernens zu unterscheiden zwischen den Voraussetzungen des Lernens (z. B. die Sinne, die Wahrnehmung) und dem eigentlichen - notwendigen - kognitiven Prozess des Lernens, des Verstehens, also der intellektuellen Verarbeitung von Informationen (vgl. Looss, 1997, S. 17-21). In diesem Zusammenhang ist auch auf den „logischen Bruch" in den vier Lerntypen von Vester zu verweisen: Während Typ eins bis drei auf Wahrnehmungskanäle ausgerichtet sind, verlangt der vierte Lerntyp nach intellektuellen Leistungen des Lernenden.

Die Leistung eines Lernenden besteht jedoch darin, den über die Wahrnehmungskanäle erlangten Informationen oder Sinnesdaten eine Bedeutung zu geben, sie in einen Kontext zu stellen und zu verstehen.

Lerntypentest

Eine Vielzahl der in den letzten Jahren entwickelten Lerntypentests knüpft an die Theorie an, dass Lernende unterschiedliche Wahrnehmungskanäle für ihren individuellen Lernprozess nutzen und durch genauere Kenntnis dieser individuellen Wahrnehmungsprozesse der Lernerfolg beeinflusst werden kann.

Aufgaben und Übungen

Lerntypentests werden vordergründig in zwei Grundformen mit unterschiedlichen Ausprägungen durchgeführt bzw. beschrieben: Eine Grundform umfasst Aufgaben oder Übungen, in welchen sich Lernende praktisch und aktiv verschiedenen Tests unterziehen, sie hören, sprechen, zeichnen oder schreiben mit dem Ziel, ihre Merkfähigkeit auf Grundlage ihrer Wahrnehmungskanäle zu untersuchen. Ergebnis eines solchen Lerntypentests kann die Erfahrung sein, begünstigende Faktoren der eigenen Informationsaufnahme kennen zu lernen bzw. zu verstehen.

Fragebögen

Eine zweite Grundform von Lerntypentests besteht in der Abarbeitung von Fragebögen, die darauf zielen, den eigenen Lernprozess besser zu verstehen, hemmende und fördernde Faktoren zu erkennen und so den individuellen Lernerfolg zu sichern. Im eigentlichen Sinne kann man hier nicht von Tests sprechen, der Lernende wird mithilfe der Fragestellungen zur Selbstreflexion aufgefordert, er muss in der Lage sein, sich selbst zu beobachten, sein Lernen genauer beschreiben zu können. Dies ist vor allem für lernferne Personen eine nur schwer zu meisternde Hürde.

Lerntypentests und Lernbegleitung

Lernbegleitung will Lernende auf der Suche nach den eigenen, erfolgreichen Lernwegen unterstützen, sie motivieren, sich selbst besser zu verstehen, die individuellen (Lern-)Ressourcen zu entdecken und passende Lerntechniken zu erarbeiten. In diesem Zusammenhang können Lerntypentests eine unterstützende Funktion übernehmen.

„Unsere wesentliche Erkenntnis ist, dass kein Gefühl, kein Gedanke für sich allein existiert, sondern immer von biologischen Vorgängen in unseren Körperzellen begleitet ist."

(Frederic Vester, 2009, S. 121)

Ziel aller Tests, vor allem der ersten Grundform ist es, aufzuzeigen, über welche Sinneskanäle der jeweilige Lernende am besten Informationen aufnimmt und somit seinen Lernprozess startet. Natürlich ist diese Feststellung nur punktuell und wird von sehr vielen Rahmenbedingungen beeinflusst. Getestet wird, welche Zugangskanäle beim Lernenden positive Reaktionen hervorrufen, so dass aus Sinneswahrnehmungen gespeicherte Daten werden. Wie also kann das Gehirn am besten aktiviert werden, damit die Informationen in den neuronalen Netzen gespeichert werden können. Nicht mehr, aber auch nicht weniger.

Sinneskanäle bestimmen

Wichtiger für die Lernbegleitung ist jedoch, dass mit der Durchführung von Lerntypentests die Lernenden angeregt werden, überhaupt wieder das Thema Lernen für sich zu entdecken. In vielen Situationen der Tätigkeit von Lernbegleiterinnen und Lernbegleitern ist es notwendig, Lernende erst einmal zur Reflexion eigener Lernprozesse zu motivieren, egal ob Jugendliche in der Schule oder lernferne Personen. Oft erinnern die Ergebnisse der Lerntypentests an eigene, leider vergessene, Erfahrungen („Ich konnte mir schon immer alles besser merken, wenn ich ein Bild dazu hatte.") und helfen damit, sich selbst wieder zu aktivieren.

Lernen für sich entdecken

Lerntypentests können zeigen, dass es verschiedene (Lern-)Wege gibt. Sie machen Mut, neue Wege zu gehen, wenn die bisherigen Pfade zu oft ins Leere führten. So deutet etwa die Tatsache, dass das Vokabellernen weder mit Vokabelheft noch mit Lernkartei bisher klappte, nicht darauf hin, dass der Lernende zu dumm, zu alt oder völlig unbegabt für Sprachen wäre. Vielmehr wird klar, dass er vielleicht eine andere Lernform finden sollte, da die Visualisierung von Inhalten bei diesem Lerntyp wenig erfolgreich ist. Stattdessen sollte er möglicherweise auditive Medien ausprobieren, interaktive Lernprogramme am PC nutzen, Filme in der jeweiligen Sprache ansehen, sich kontinuierlich in dieser Sprache unterhalten, Rätsel damit lösen, Fachliteratur zu seinem Hobby lesen und versuchen, das Gelesene praktisch umzusetzen. Ein Lerntypentest kann hier helfen, unter all diesen Möglichkeiten die aussichtsreichsten auszuwählen und auszuprobieren. Vor allem aber macht er jedem Lerner klar: Nicht du bist falsch, sondern deine Lernwege sind es.

verschiedene Lernwege

5.2 Stationenbasierter Lerntypentest

Vor diesem Hintergrund entwickelten Eva-Maria Singer und Marcus Ramsteiner[1] einen aktivierenden Lerntypentest, der Lernende dabei unterstützt herauszufinden, über welche Sinnes- bzw. Wahrnehmungskanäle am besten Informationen aufgenommen und behalten werden. Dieser Lerntypentest wird vor allem in der Lernbegleitung unterschiedlichster Zielgruppen angewendet.

Aufbau und Ablauf

Begriffe lernen

Zu diesem Zweck sollen die Teilnehmerinnen und Teilnehmer 20 unbekannte Begriffe (z. B. Brakteat = alte Münze) erlernen und später wiedergeben. Sie durchlaufen dafür 5 Lernstationen. An jeder Station werden 4 Begriffe mit ihrer jeweiligen deutschen Erklärung dargeboten. Die einzelnen Stationen unterscheiden sich zum einen in der Präsentationsform der Begriffe, d. h. in den angesprochenen Sinneskanälen und zum anderen in der Art und Weise, wie der Begriff erlernt werden soll, d. h. ob die Begriffe aktiv (handlungsorientiert) oder passiv erlernt werden sollen.

Station 1 - Hören

An dieser Station finden die Teilnehmerinnen und Teilnehmer einen CD-Player oder einen Computer mit gespeichertem Audio-File vor. Es werden die 4 Begriffe mit ihren Erklärungen nacheinander vorgespielt. Die Sequenz wird viermal wiederholt. Dazwischen ist jeweils eine kleine Pause.

Präsentationsform: auditiv (Hören von Sprache)	Lernform: passiv

---

Station 2 - Lesen

Jeder der 4 Begriffe steht mit der dazugehörigen Erklärung auf einem einzelnen Kärtchen. Die Teilnehmerinnen und Teilnehmer decken die Kärtchen nacheinander auf und lesen still die Begriffe.

Präsentationsform: visuell (Lesen)	Lernform: passiv

---

1   Eva-Maria Singer: Bildungszentrum Stadt Nürnberg, Leiterin südpunkt; Marcus Ramstein: Mitglied des Bayrischen Realschulverbandes e.V.

Der Lerntypentest kann sowohl als aufschließende, motivierende Methode im Rahmen von Qualifizierungsmaßnahmen von Langzeitarbeitslosen dienen, als auch für Beratungsangebote in Lernzentren und Bildungseinrichtungen genutzt werden.

Station 3 - Lesen und Erzählen

An dieser Station sollten mindestens zwei Teilnehmerinnen und Teilnehmer gleichzeitig sein. Die 4 Begriffe stehen mit den dazugehörigen Erklärungen auf einem Blatt. Die Teilnehmerinnen und Teilnehmer lesen die Begriffe zunächst still und erklären sie sich anschließend gegenseitig.

Präsentationsform:	Lernform:
visuell (Lesen) auditiv (Hören von Sprache)	aktiv (handlungsorientiert)

Station 4 - Zeichnen und Schreiben

Jeder der 4 Begriffe steht mit der dazugehörigen Erklärung auf einem einzelnen Kärtchen. Die Teilnehmerinnen und Teilnehmer decken die Kärtchen nacheinander auf und lesen die Begriffe still. Zu jedem Begriff zeichnen sie ein Bild oder schreiben den Begriff und die Erklärung dreimal ab.

Präsentationsform:	Lernform:
visuell (Lesen und Bild betrachten)	aktiv (handlungsorientiert)

Station 5 - Lesen und Betrachten

Jeder der 4 Begriffe steht mit der dazugehörigen Erklärung auf einem einzelnen Kärtchen. Zusätzlich ist jeder Begriff mit einem Bild illustriert. Die Teilnehmerinnen und Teilnehmer decken die Kärtchen nacheinander auf, lesen die Begriffe still und betrachten die zugehörigen Bilder.

Präsentationsform:	Lernform:
visuell (Lesen und Bild betrachten)	passiv

Zuordnungstest

Nach dem Durchlauf der Stationen und einer kurzen Ablenkungsphase wird geprüft, welche Begriffe sich die Teilnehmerinnen und Teilnehmer gemerkt haben. Dazu erhalten sie eine Liste mit den 20 Begriffen und müssen die jeweilige deutsche Erklärung ergänzen. Diese werden anschließend mit der korrekten Lösung verglichen, wobei für jeden richtigen Begriff ein Punkt vergeben und der entsprechenden Lernstation zugeordnet wird. Die Stationen, von denen die Teilnehmerinnen und Teilnehmer sich die meisten Begriffe merken konnten, weisen auf den Lerntyp hin.

Lernberatung im Anschluss

Die Einsatzmöglichkeiten dieses Lerntypentests sind vielschichtig, er ist vordergründig für Erwachsene gedacht, kann aber auch bei älteren Jugendlichen eingesetzt werden. Er kann sowohl als aufschließende, motivierende Methode im Rahmen von Qualifizierungsmaßnahmen von Langzeitarbeitslosen dienen, als auch für Beratungsangebote in Lernzentren und Bildungseinrichtungen genutzt werden.

auswertendes Gespräch

Wichtig ist in jedem Fall ein „auswertendes" Gespräch - von der jeweiligen Situation ist es abhängig, ob in der Lerngruppe oder als Einzelgespräch. Die Lernenden sollten die Ergebnisse ihres Tests reflektieren, evtl. Verständnisfragen stellen können. Mit dem Lerntypentest könnte beispielsweise der Einstieg in eine weiterführende Lernberatung vorbereitet werden. Ausgehend vom Lerntypentest - hier nicht nur die Ergebnisse einbeziehen, sondern auch den Verlauf des Tests selbst hinterfragen - und anknüpfend an bisherige Erfahrungen des Lernenden können nun weitere Schritte beraten, passende Lerntipps entwickelt oder Lerntechniken trainiert werden.

Lerntipps für Station 1 - Hören

- laut lesen, eventuell singen

- beim Lesen auf Betonung, Rhythmik und Dynamik achten

- eigene Texte verfassen und immer wieder (laut) lesen

- angenehme Musik in gemäßigter Lautstärke hören

- Inhalte hörbar machen:
  Audioaufzeichnungen abspielen, eigene Tonträger besprechen

- über Lerninhalte sprechen:
  Fragen stellen, Gespräche und Interviews führen, Kurzvorträge ausarbeiten und halten, sich gegenseitig „abfragen"

- Spickzettel vorsingen

- Vorträge, auch ohne Bilder, anhören (auch Radiosendungen etc.)

„Anthropologisch betrachtet, gehören Kopf und Hand, Denken und Handeln, Geist und Körper auf Engste zusammen."

(Klippert, 2008, S. 14)

Lerntipps für Station 2 - Lesen

- Lernplakate gestalten und immer wieder reflektieren
- wichtige Lerninhalte mit (Haft-)Zetteln im Zimmer oder in der Wohnung verteilen
- eigene Texte verfassen und immer wieder lesen
- themenspezifische Texte im Internet suchen und lesen
- mit Karteikästen arbeiten (PC-Alternativen nutzen)
- Texte bearbeiten: markieren, exzerpieren, neu formulieren
- (Prüfungs-)Fragen schriftlich vorbereiten und beantworten
- Spickzettel in allen möglichen Situationen lesen
- Mind-Map aus Begriffen entwickeln

Lerntipps für Station 3 - Lesen und Erzählen

- sich selbst und anderen (kann auch Haus- oder Stofftier sein) immer wieder kleine Vorträge zum Lernstoff halten
- Lernstoff mit eigenen Erlebnissen in Verbindung bringen
- beim Lernen etwas in der Hand halten, knautschen etc., Füße gegeneinander schlagen, Zehen bewegen, unruhig sitzen
- sich beim Lernen bewegen: Beim Gehen reden, beim Reden laufen
- verschiedene Lernorte wählen
- in der Gruppe lernen
- anderen den Lernstoff erzählen, vorspielen, demonstrieren; Geschichten zum Lernstoff erfinden
- über Lerninhalte sprechen und sich darüber austauschen: Fragen stellen, Gespräche und Interviews führen, Kurzvorträge ausarbeiten und halten, sich gegenseitig „abfragen".
- Spickzettel in allen möglichen Situationen laut vorlesen

Lerntipps für Station 4 - Zeichnen und Schreiben

- alle Lerninhalte (auch komplizierte) aufzeichnen, evtl. farbig. Skizzen, Bilder, Mindmaps, Strichmännchen, Diagramme, Struktogramme, etc. anfertigen

- Merkblätter, Lernunterlagen u.ä. mit attraktivem Bildmaterial ausgestalten

- wichtige Lerninhalte mit (Haft-)Zetteln im Zimmer oder in der Wohnung verteilen; von Zettel zu Zettel gehen und lesen

- Lernplakate gestalten und immer wieder reflektieren

- Modelle bauen

- verschiedene Lernorte wählen

- Spickzettel kreativ gestalten

- Karteikästen anlegen

Lerntipps für Station 5 - Lesen und betrachten

- alle Lerninhalte (auch komplizierte) aufzeichnen, evtl. farbig. Skizzen, Bilder, Mindmaps, Strichmännchen, Diagramme, Struktogramme, etc. anfertigen

- Merkblätter, Lernunterlagen u.ä. mit attraktivem Bildmaterial ausgestalten

- wichtige Lerninhalte mit eigenen Erlebnissen verknüpfen

- Lernplakate gestalten und immer wieder anschauen

- Dias, Bilder, Filme und Videos ansehen

- Gegenstände, Vorführungen und Modelle betrachten; Ausstellungen besuchen

- nach Mustern Ausschau halten; Zusammenhänge bilden

Den Lerntyp in „Reinkultur" gibt es sehr selten. Gerade die Einsicht, dass Lernen bzw. die Informationsaufnahme über verschiedene Sinneskanäle stattfinden kann, stellt für die Lernenden einen großen Erkenntnisgewinn dar.

Lerntipps für alle

- Klärung: Wozu will ich das Lernen?

- Immer wieder neue, ungewohnte Wege gehen!

- alle möglichen Methoden beim Lernen einsetzen: Hören, sprechen, sehen, fühlen, handeln, bewegen, berühren…

- Entspannung und Konzentration durch entsprechendes Training fördern

- spielend lernen

- beim Lernen zwischen den Lernphasen bewegen – Spaziergang oder Bewegungsspiele

- Ausreichend schlafen, denn nur im Tiefschlaf lernt man nachhaltig.

- Frische Luft!

- Störungen vermeiden

- Mehr als 90 Minuten am Stück haben keinen Sinn! Pausen genießen.

- Lernen darf Spaß machen!

- Manchmal helfen Eselsbrücken!

Wichtig:

Wiederholen: Ja - aber immer verschiedenartig. Am Ende einer Lernphase Fragen und Aufgabenstellungen aufschreiben, Rätsel entwickeln und zum Wiederholen und Verfestigen verwenden.

Kritische Bemerkungen

Wie bereits oben beschrieben, kann auch dieser Test keine absolut exakte Zuordnung eines Lernenden zu einem bestimmten Lerntyp ermöglichen.

Häufig wird festzustellen sein, dass an mehreren Stationen gleich viele Begriffe erlernt (gemerkt) wurden. Dieses Ergebnis spiegelt die Tatsache wieder, dass es sehr selten Lerntypen in „Reinkultur" gibt. Gerade die Einsicht, dass Lernen bzw. die Informationsaufnahme über verschiedene Sinneskanäle stattfinden kann, stellt für die Lernenden einen großen Erkenntnisgewinn dar.

Bewusstsein schärfen

Der Test soll in erster Linie das Bewusstsein für die Existenz der verschiedenen Lernmöglichkeiten schärfen und erst nachgeordnet tendenzielle Hinweise auf den eigenen Lerntyp geben. Ziel ist vor allem die eigenverantwortliche Auseinandersetzung der Lernenden mit dem Thema Lernen und eine langfristige Verinnerlichung der durch ihr aktives Handeln erworbenen Lernerfahrungen.

Natürlich ist der Test darauf beschränkt, das Einprägen und Behalten von Begriffen abzuprüfen. Er bezieht sich damit nur auf das Begriffslernen. Bei der weiteren Betreuung des Lernenden durch eine professionelle Lernbegleitung kann gemeinsam herausgearbeitet werden, inwieweit beim Erlernen komplexerer Zusammenhänge dieselben Sinneskanäle und Aktivierungsformen erfolgreich eingesetzt werden können, wie beim einfachen Begriffslernen.

5.3   Lerntechniken und Trainingsspiralen

Lernwege

Immer wieder werden neue oder für den Einzelnen möglicherweise besser geeignete Lernwege und Lerntechniken z. B. in Form von Lerntipps formuliert. Richtig angewendet sind sie Gold wert. Falsch eingesetzt frustrieren sie zutiefst und machen jedes Lernen noch schwerer als zuvor. Eine wichtige Aufgabe einer professionellen Lernbegleitung ist deshalb die Unterstützung bei der Wahl der richtigen Mittel unter Berücksichtigung der individuellen Ressourcen und Möglichkeiten der Lernenden.

Lerntechniken lernen

das Lernen lernen

Das eigene Lernen zu effektivieren, vor allem aber die passenden Lerntechniken anzuwenden, setzt beim Lernenden entsprechende Kenntnisse und praktische Erfahrungen voraus. Das Lernen zu lernen ist nicht nur in der Schule eine notwendige Option, auch in der Lernbegleitung lernferner Personen kann es notwendig sein, erst einmal grundlegende Lerntechniken zu entwickeln, die Lernen letztlich erfolgreich machen.

Trainings zum Erwerb oder zur Festigung von Lerntechniken gibt es in der Praxis viele. Oft funktionieren sie nur nach dem klassischen Vormachen - Nachmachen - Einüben - Prinzip, manchmal ergänzt durch Feedback- und Verbesserungsschleifen. Vorgegebene Lerntechniken und Lerntipps werden so zwar trainiert, werden aber letztlich nur selten zur alltäglichen Routine und zu einer selbstverständlichen Grundkompetenz des Lernenden. Sinnvoller erscheint es, wenn Lernende Lerntechniken für sich selbst entdecken und entwickeln sowie dazu passende Lerntipps aufstellen.

Eine wichtige Aufgabe einer professionellen Lernbegleitung ist die Unterstützung bei der Wahl der richtigen Mittel unter Berücksichtigung der individuellen Ressourcen und Möglichkeiten der Lernenden.

Lerntechniken mittels Trainingsspiralen erwerben

Nach wie vor aktuell und hilfreich für die Lernbegleitung ist in diesem Kontext das von Heinz Klippert entwickelte Prinzip der Trainingsspirale (Lernspiralen) (vgl. Klippert, 2001, S. 63). In einer Trainingsspirale kann durch den Lernenden eine Arbeits- bzw. Lerntechnik, oder auch eine bestimmte Methode des Kommunizierens trainiert werden. Dieses Training erfolgt in mehreren Stufen, die in der Regel aus Übung und (Selbst-)Reflexion bestehen. Über die stufenförmigen Übungs- und Reflexionsphasen vertiefen sich die Methodenkenntnisse des Lernenden.

Trainigsspirale

Trainingsspiralen wurden bisher vor allem in Schulen, in allen Klassenstufen, aber auch in Einführungssemestern an Hochschulen und Universitäten eingesetzt. Ihr Einsatz beim Übergang zur Erwachsenenbildung, in Lernzentren, bei der individuellen Lernberatung z. B. bei bildungsfernen Menschen ist nicht so sehr bekannt. Über entsprechende Einzelerfahrungen in diesen Bereichen ist bisher wenig nachzulesen.

Trainingsspiralen führen zu heuristischen Prozessen, die stark intrinsisch motivieren. Sie basieren auf dem induktiven Verfahren: vom Besonderen zum Allgemeinen, d. h. vom Experiment über die Reflexion bis zur Regel- oder Tippentwicklung und deren Festigung. Dabei sind grundsätzlich Fehler und Unzulänglichkeiten erlaubt, die in einem fortlaufenden Anwendungs- und Reflexionsprozess ausgemerzt bzw. korrigiert werden.

Beispiel 1: Trainingsspirale „rasches Lesen"

Zum Beispiel könnte eine Trainingsspirale, mit deren Hilfe die Lerntechnik des „raschen Lesens und Nachschlagens" erworben werden soll, etwa wie folgt verlaufen (vgl. Klippert/Müller, 2003, S. 228):

Beispiel einer Trainingsspirale

Die Lernenden bekommen ausgewählte Texte, die sie mit dem Ziel, schnell die wichtigsten Informationen zu erfassen und unter Zeitdruck lesen. Anschließend sammeln sie in Kleingruppen ihre eigenen Lesetipps, z. B. wie sie lesen, um schnell zu Informationen zu gelangen und visualisieren in einem nächsten Schritt diese auf Plakaten. Schließlich können diese Plakate in einer Expertengalerie besprochen, gegenseitig mit Hilfe von Klebezetteln kommentiert und danach in den Ausgangsgruppen verbessert werden. Alle Tipp-Plakate werden im Lernraum aufgehängt oder in individuelle Tipphefte übertragen. Diese Tipps werden systematisch zum weiteren Schnelllesen, bei der Informationsrecherche, zum Erfassen von Gebrauchsanleitungen an Automaten etc. eingesetzt und kritisch überprüft. Nach Abschluss dieses mehrphasigen Optimierungsprozesses werden die Tipps individuell festgehalten.

Bei dieser Erarbeitungsform wird jeder Lernende aufgefordert, seine individuellen Erkenntnisse einzubringen, zu diskutieren und zu reflektieren, mit anderen Techniken zu vergleichen, anzuwenden, wieder zu reflektieren, argumentativ zu begründen,

Erkenntnisprozesse bei Trainingsspiralen

dafür einzutreten, und auch Irrwege selbst zu erkennen und die Tipps anderer anzunehmen. Das alles ist langwierig, aber nie langweilig, weil jeder Lernende diese Tipps zu seiner eigenen Sache macht. Das Erfolgsgefühl, die gestellten Aufgaben durch diese Tipps, an denen jeder mitgearbeitet hat, selbst immer besser zu bewältigen, dieses Gefühl: „Ja, ich kann das! Das habe ich geschafft!" (und nicht: „Das hat mir mein Lernbegleiter hervorragend beigebracht."), kann zu einer sehr starken Motivation werden.

Beispiel 2: Trainingsspirale „gezieltes Mitschreiben von Informationen"

wichtige Informationen erkennen

Mit dieser Trainingsspirale wird die Fähigkeit trainiert, gezielt wichtige Informationen aus Vorträgen, Vorlesungen oder anderen mündlichen Inputformen aufzuzeichnen, in einer Form, die die Nutzung für spätere individuelle Lernprozesse möglich macht. Gezieltes Mitschreiben ist eine grundlegende (Lern-)Fähigkeit, die man erlernen und trainieren kann. Die Trainingsspirale ist vor allem für Jugendliche, aber auch lernferne oder ungeübte Personen geeignet, diese Lerntechnik zu entwickeln.

Trainiert wird das gezielte Mitschreiben durch die für eine Trainingsspirale typischen stufenförmig aufgebauten Übungen und Reflexionen: Mitschreiben (Übung), Ergebnisse mit Anderen vergleichen (Reflexion), erneutes Mitschreiben... bis zur Entwicklung von (eigenen) Tipps zum effektiven Mitschreiben.

Ablauf der Trainingsspirale - Beispiel

Empfehlenswert für die Übungen zum Mitschreiben sind Materialien, die der jeweiligen Zielgruppe der Trainingsspirale entgegenkommen: z. B. Videos (DVD) über unterhaltsame bzw. interessante Themen.

Erste Runde

Mitschreiben Zeit: 3 Minuten

Die Lernenden der Trainingsspirale werden aufgefordert, sich die erste Sequenz des Films anzusehen und Informationen zu notieren. Sie verfolgen individuell den Film bzw. Vortrag und schreiben mit.

Reflexion Zeit: 5 Minuten

Die Lernenden vergleichen in Partnerarbeit (Tandems bilden) ihre Mitschriften, tauschen ihre Erfahrungen aus und entwickeln erste Tipps zum effektiven Mitschreiben.

Mit der Trainingsspirale wird der Lernende aufgefordert, seine individuellen Erkenntnisse einzubringen, zu diskutieren und zu reflektieren, mit anderen Techniken zu vergleichen, anzuwenden, wieder zu reflektieren, argumentativ zu begründen, dafür einzutreten und auch Irrwege selbst zu erkennen und die Tipps anderer anzunehmen.

Zweite Runde

Mitschreiben   Zeit: 4 Minuten

Die Lernenden sehen jetzt die zweite Sequenz des Films und erstellen individuell ihre Mitschriften.

Reflexion   Zeit: 45 Minuten

Schritt 1:   15 Minuten

Die Lernenden arbeiten jetzt in Gruppen von 4 – 6 Personen, vergleichen wiederum ihre Mitschriften und entwickeln gemeinsam Tipps zum effektiven Mitschreiben. Sie notieren die Tipps auf Moderationskarten.

Schritt 2:   30 min

Die einzelnen Gruppen präsentieren nacheinander ihre Tippkarten allen Lernenden (z. B. auf Moderationstafel anbringen). Gemeinsam diskutieren die Teilnehmerinnen und Teilnehmer der Trainingsspirale die Tipps, versuchen ähnliche Tipps durch Clusterbildung zu strukturieren und damit Regeln für effektives Mitschreiben zu generieren: z. B. grafische Elemente bei Mitschriften nutzen, Schlagworte verwenden, Blatteinteilung vornehmen etc.

Dritte Runde

Mitschreiben   Zeit: 4 Minuten

In der dritten Runde der Trainingsspirale sehen die Lernenden eine neue Sequenz des Films und schreiben diesmal nach den gemeinsam erarbeiteten Regeln mit.

Reflexion   Zeit: 20 - 30 Minuten

In den Kleingruppen von 4 - 6 Personen werden die neuen Erfahrungen mit den Regeln effektiven Mitschreibens nochmals überprüft und diskutiert. Im Anschluss werden die Erfahrungen gruppenweise kurz vorgetragen, so dass alle Lernenden, die an der Trainingsspirale teilgenommen haben, von allen Erfahrungen profitieren können.

Vor allem in dieser Abschlussrunde sollte deutlich werden, dass es gute Tipps und Regeln für effektives Mitschreiben gibt, diese aber zum eigenen Lernen passen müssen, damit sie den Lernenden auch wirksam unterstützen.

Beispiel 3: Lerntechnik zur Vorbereitung einer Prüfung

Leistungsnachweise sind ein zentrales Moment vieler Lernprozesse. Sie erfolgreich und stressarm vorzubereiten, ist ein anspruchsvolles Unterfangen.

eigene Lösungsstrategien entwickeln

Nicht-Vorbereitung. So widersprüchlich es klingen mag: Die entscheidende Voraussetzung für eine Erfolg versprechende Prüfungsvorbereitung ist die „Nicht-Vorbereitung". Prüfungsstoff speziell auf einen bestimmten Zeitpunkt hin zu lernen, gelingt häufig nicht und fällt vor allem kreativen Menschen sehr schwer. Lernen sollte fortlaufend erfolgen. Das Gelernte muss jederzeit für die unterschiedlichsten Aufgabenstellungen einsetzbar sein, immer wieder überdacht, bestätigt, ergänzt und verändert werden. Wenn eigene erfolgreiche Lösungsstrategien entwickelt und kreative Antworten auf unterschiedliche Fragen gefunden werden, kann dies stark motivierend wirken.

Übung und Wiederholung

Abwechslungsreich wiederholen. Konsequentes Üben und Wiederholen soll dafür sorgen, dass sich der Lernstoff verlässlich im Gedächtnis absetzt. Dabei ist es wichtig, nicht eintönig, sondern in Variationen und immer neuen Anwendungen zu wiederholen.

> „Wirksames Lernen braucht immer auch eine gewisse Lenkung und Unterstützung durch die Lehrkräfte. Das wird von den Befürwortern des Offenen Unterrichts nur zu oft übersehen (...)"
>
> *(Klippert, 2001, S. 58)*

Ausreichend Schlaf. Lernen gelingt nur, wenn der Langzeitspeicher im Gehirn geöffnet und der Lernstoff vom Kurzzeitgedächtnis dorthin transportiert wird. Dies geschieht vor allem im Tiefschlaf. Alles Neue wird dabei mit den vorhandenen Strukturen und Daten verglichen, eingeordnet, verändert, bestätigt oder vielleicht auch verworfen. Nur so wird nachhaltig gelernt. Nach einem Tag voller Neuigkeiten und mit viel Lernstoff ist daher nicht nur in intensiven Lernphasen, wie Prüfungsvorbereitungen, unbedingt ausreichend Schlaf notwendig.

Langzeitspeicher aktivieren

Abstecher in nicht prüfungsrelevantes Wissen. Von großer Bedeutung beim Lernen sind bereits vorhandene Strukturen, in die das neue Wissen eingefügt werden kann. Je mehr ein Gehirn gelernt hat, desto stärker sind Nervenzellen und Synapsen vernetzt. Lernen macht das Hirn also fähiger, noch mehr zu lernen. Die beste Übung für erfolgreiches Lernen ist das Lernen. Daher lohnt sich jedes Lernen, auch wenn der jeweilige Stoff in der anstehenden Prüfung nicht abgefragt wird. Er hilft aber, anderes (prüfungsrelevantes) Wissen besser zu verstehen und zu verknüpfen und daher nicht stur auswendig lernen zu müssen.

Verstehen statt Auswendiglernen

Sich belohnen. Belohnung motiviert! Das kann angenehme Musik sein oder die Ruhe beim alleine Lernen, das Lernen mit anderen netten Menschen, oder sich ab und zu eine kleine Köstlichkeit zu gönnen. Das muss jeder für sich ausprobieren. Die größte Belohnung ist in jedem Fall, Aufgaben und Problemstellungen selbstständig und ohne Hilfe lösen zu können und damit den eigenen Lernfortschritt, den Zuwachs an Wissen und Handlungskompetenz zu erfahren.

positiv motivieren

Den eigenen Lerntyp kennen. Die Kenntnis der eigenen bevorzugten Lernwege, des eigenen „Lerntyps" ist natürlich sehr hilfreich bei der Auswahl Erfolg versprechender Lernmethoden und -techniken.

Bewegung. Für fast alle Lerntypen ist Bewegung wichtig. Bewegung transportiert Sauerstoff ins Gehirn, und hilft ihm somit beim Arbeiten. Viele Menschen unterstützt beim Lernen ein bestimmter Rhythmus. Und in diesem Rhythmus kann man sich bewegen: laufen, hüpfen, tanzen...

Rhythmus unterstützt das Lernen

Arbeits- und Zeitplanung. Diese vielfältigen Aktivitäten verlangen natürlich eine umfassende Arbeits- und Zeitplanung. Wenn es schwer fällt, immer auf dem neuesten Stand zu sein, muss ein zuverlässig geführter Zeitplan die Lernarbeit unterstützen. Es sollte extra Zeit für das Lernen eingeplant werden (z. B. immer zu einen bestimmten Zeit am Sonntagnachmittag).

Lernzeit einplanen

Zeitgefühl schulen. Ein wichtiger Punkt, um sicher in eine Prüfung zu gehen, ist die Schulung des Zeitgefühls. Es empfiehlt sich, immer wieder frühere Tests oder Aufgabenstellungen unter Zeitdruck durchzuarbeiten.

Unklarheiten beseitigen und die richtige Reihenfolge wählen

Während der Prüfung. Neben der Vorbereitung ist auch ein geschicktes Vorgehen während der Prüfung wichtig. Zunächst sollten die einzelnen Aufgaben genau gelesen und geklärt werden, was exakt gefragt ist. Bei Unklarheiten sollte auf alle Fälle nachgefragt werden, auch wenn dies bisweilen nicht erwünscht ist. Anschließend sollte eine grobe Reihenfolge festlegt werden: In der Regel beginnt man mit der leichtesten Aufgabe, um ein Erfolgserlebnis an den Start zu stellen. Zu schwere Aufgaben sollten ohne schlechtes Gewissen zurückgestellt werden, um zu einer leichteren Fragestellung überzugehen. Alle Antworten sollten so präzise und auch so knapp wie möglich formuliert werden.

Fazit

Bestätigung durch die Gehirnforschung

Von der Gehirnforschung wissen wir heute, dass dieses höchst erfolgreiche Prinzip der Trainingsspiralen dem Aufbau und der Vertiefung neuronaler Muster in unserem Gehirn entspricht. Die empirischen Ergebnisse, die im schulischen Bereich von vielen Lehrkräften begeistert beschrieben und von fast noch mehr Kritikern als lapidar oder geschönt kritisiert wurden - sie können nun wissenschaftlich begründet werden:

> *„Regeln und Muster werden nicht als einzelne Regeln und Muster gelernt, sie werden vielmehr aus wiederkehrenden Beispielen und modellhaften Situationen extrahiert und zu Regeln und Mustern verdichtet. Natürlich kann man Regeln mechanisch auswendig lernen. Um sie aber zu verstehen, ihren Sinn und ihre Bedeutung zu internalisieren, ist es wichtig, dass sich das Regelhafte als neuronales Muster durch entsprechende Beispiele und Wiederholungen aufbauen kann. Nur verstandene [nicht antrainierte!] Regeln können langfristig auch dann noch sinnvoll angewendet werden, wenn die Aufgabenstellung z. B. leicht variiert und die formal gelernte nicht mehr passt."*

> (Shirp, 2006, S. 102)

Man geht heute davon aus, dass das Entstehen von neuronalen Mustern bei vielen Menschen in dieser Weise abläuft, bei den meisten Lernvorgängen während des gesamten Lebens stattfindet und daher keinesfalls auf schulische Prozesse reduziert werden muss.

Trainingsspiralen sind eine geeignete Methode, grundlegende Lerntechniken[1] individuell zu entwickeln, zu trainieren und zu festigen. Professionelle Lernbegleitung sollte Lernende dabei unterstützen, bei der Entwicklung von Lerntechniken an den eigenen Ressourcen anzuknüpfen und entsprechend passende Methoden und Tipps zu nutzen. Neben den grundlegenden Lerntechniken können auch Trainingsspiralen erarbeitet werden, die neue Fähigkeiten oder Kompetenzen im Blick haben, z. B. die Nutzung von Medien.

---

1   Weitere Beispiele für Trainingsspiralen siehe: Klippert/Müller, 2003, S. 228

Lernferne oder bildungsferne Menschen und Lernen im Lebenslauf

6

6.1 Bildungsfern und lernfern - eine Begriffsbestimmung

Die Begriffe „bildungsfern" oder „lernfern" werden in der aktuellen Diskussion viel benutzt, allerdings häufig - wie auch der Begriff des Bildungs- bzw. Lernberaters - vermischt, synonym oder unscharf voneinander abgegrenzt verwendet. Gerade in der Lernbegleitung gehören jedoch bildungsferne oder lernferne Personen zu den immer wieder benannten Zielgruppen. Vor diesem Hintergrund ist es für Lernbegleiter notwendig, sich mit der Klärung dieser Begriffe vor allem im Kontext des eigenen Arbeitsfeldes auseinanderzusetzen.

Problem der Definition

Insgesamt lässt sich feststellen, dass die Begriffe „lernfern" und „bildungsfern" in der Literatur nicht eindeutig bzw. systematisch definiert werden. Sie werden vor allem genutzt, um Problemlagen oder Defizite in den Bereichen Fort- und Weiterbildung oder lebenslanges Lernen zu beschreiben.

Dabei wird der Begriff „lernfern" an der konkreten Person festgemacht. Er beschreibt die eingeschränkte, mangelhafte oder sogar vollständig fehlende persönliche Lernkompetenz, wobei die Ursachen hierfür unterschiedlich sein können: Sie können in der Person selbst liegen (kognitive Fähigkeiten) und/oder durch die (oft schlechten) Erfahrungen in der bisherigen Lernbiografie entstanden sein. Erst die Betrachtung der Gründe, warum jemand nicht lernen kann (oder will) gibt der Lernbegleiterin oder dem Lernbegleiter die Möglichkeit, unterstützend zu wirken.

fehlende Lernkompetenz

Bildungsfern zu sein, könnte z. B. eine Ursache dafür sein, auch lernfern zu werden. Im Wörterbuch der deutschen Sprache (vgl. wissen.de, 2010) wird der Begriff wie folgt erklärt:

> *bil|dungs|fern [Adj.] (aufgrund eines erschwerten Zugangs zu Bildungsangeboten) geringen Bildungsstand besitzend*

Die beiden Dimensionen, die hiermit aufgetan werden, sind in vielen Erklärungsversuchen mehr oder weniger modifiziert wieder zu finden. Wobei unter „Bildungsstand" oft verschiedene Aspekte verstanden bzw. vermischt werden: der Grad der individuellen Erziehung oder auch Formung des Menschen im humanistisch-philosophischen Sinne oder eben nur die Sammlung der erreichten (Aus-)Bildungsabschlüsse.

Bildungsstand

In der Regel werden Menschen als bildungsfern bezeichnet, die aktuell oder bereits über einen längeren Zeitraum kaum oder gar nicht (formale) Bildungsangebote wahrnehmen. Vordergründig geht es hier um den Bereich der beruflichen Weiterbildung. Dabei erklärt der Begriff nicht die Ursachen für diese Bildungsferne der Personen, sondern konstatiert das Problem, dass keine Bildungsangebote genutzt werden.

mangelnde berufliche Weiterbildung

Hilfreich für die Lernbegleitung ist deshalb die nähere Untersuchung der Gründe, warum eine Person oder eine Zielgruppe als bildungsfern bezeichnet wird, was also letztlich die Gründe dafür sind, dass Menschen sich nicht weiter- oder fortbilden wollen oder können.

6.2 Lernbegleitung für bildungs- und lernferne Menschen

Didaktischer Ansatz

didaktische Konzepte fehlen

Es gibt keine eigenständige wissenschaftlich ausgearbeitete und evaluierte Didaktik für eine lern- und bildungsferne Zielgruppe (vgl. Franz 2008a). Jedoch findet man vereinzelt, implizit abgeleitete didaktische Konzepte, die fast immer für bildungsferne Personen formuliert sind, aber sehr gut auch als Grundlage für die Lernbegleitung von lernfernen Menschen dienen können.

In jedem Fall gilt: Die Forschungsergebnisse der Gehirnforschung und die daraus abzuleitenden praktischen Folgerungen gelten für alle Lerner - auch für Lern- und Bildungsferne. Jede dieser Folgerungen sollte für die jeweilige Lerngruppe passend geformt werden.

lernferne Menschen motivieren

Dabei sind folgende Erkenntnisse und Überlegungen wichtig: Lernentwöhnte Menschen sind kaum in Lernprozesse eingebunden und haben ein geringes Interesse daran, diesen Zustand zu verändern. Ausgehend davon, dass Lernen jedem Menschen von Geburt an Spaß macht, liegt die Ursache für ein mangelndes Interesse sehr wahrscheinlich an negativen Erfahrungen, die gemacht wurden. Das Ergebnis dieses langjährigen Prozesses kann sicher nicht durch eine geschickte Methode oder ein didaktisch raffiniertes Arrangement verändert werden. Aber es gibt immer Möglichkeiten, Lernferne zu motivieren und sie wieder an das Lernen heranzuführen.

pädagogische Aufgabe

Es gibt eine Menge Ursachen, die sich auf die Lernwilligkeit von Menschen auswirken oder ausgewirkt haben. Und die Aufgabe der Lernbegleitung besteht nicht darin, diese Ursachen zu bekämpfen. Doch weiß man aus der Pädagogik, Psychologie und Lernforschung genug, um viele Verbesserungsmöglichkeiten für die meisten Menschen mit Lernschwierigkeiten zu erkennen und sie mit ihnen umzusetzen. Diese Möglichkeiten sollten genutzt werden, um Lernen für alle attraktiv zu machen. Dies ist nicht nur gesellschaftlich, sondern auch pädagogisch eine höchst interessante Aufgabe.

> Es gibt eine Menge Ursachen, die sich auf die Lernwilligkeit von Menschen auswirken oder ausgewirkt haben. Und die Aufgabe der Lernbegleitung besteht nicht darin, diese Ursachen zu bekämpfen.

Umgang mit Widerstand

Bildungs- oder lernferne Menschen kommen häufig aus sozialen Milieus, die sich scheinbar einsichtigen gesellschaftlichen Normen entziehen und damit einen Lernwiderstand gegen eben diese Normen leisten. Die hiermit oft verbundene Lernverweigerung auch sofort als Widerstand zu definieren, greift zu kurz. Sie kann auch Ausdruck von Lernhemmungen sein. Vor allem bei organisierten Lernprozessen kann Widerstand entstehen, da die Bedürfnisse jedes einzelnen nur unzureichend berücksichtigt werden können. Gemeinschaftliche Lernformen verlangen Eingeständnisse und Kompromisse von jedem, die auch immer wieder Widerstand erzeugen.

Lernhemmung

> *„Es kann nicht darum gehen, über Wege der Abschaffung dieser Widerstände nachzudenken, vielmehr müssen Wege des Umgangs mit ihnen gefunden werden."*
>
> *(Klein/Kemper, 2000, S. 25)*

Umgang mit Widerstand heißt auch, ihn nicht prinzipiell als etwas Negatives, zu Bekämpfendes anzusehen. Widerstand ist eine Kraft und erzeugt Reibung, aus der Wärme entspringt. Widerstand enthält also viel Energie, die auch positiv genutzt werden kann. Um diese Energie zu verringern oder herauszunehmen, muss man mit dem Widerstand gehen (wie beim Tauziehen). Dies führt eher zum Erfolg, als sich dagegen zu stellen und Widerstand durch Widerstand zu verstärken. Im Rahmen von eigenverantwortlichen Lernprozessen ergeben sich häufig Situationen, in denen die Lernbegleiterinnen und Lernbegleiter Zweifel am Weg des Lernenden haben. Wenn dieser Weg innerhalb der vorgegebenen Strukturen und vereinbarten Regeln verläuft, deren Einhaltung unabdingbar ist, sollten sie ihn auf jeden Fall zulassen. Änderungsvorschläge schwächen das minimale Selbstwertgefühl, das der Lernferne langsam wieder aufbauen muss. Möglicherweise zieht er sich erneut völlig zurück oder zeigt massiven, auch aggressiven Widerstand. Lernentscheidungen, die dem Lernenden als offen angeboten wurden, müssen auch eingehalten werden - von allen Beteiligten.

Widerstand bedeutet Kraft

Um lernfernen Menschen einen Zugang zum Lernen zu eröffnen, genügt es jedoch nicht, den Blick allein auf die Lernenden und Lernbegleitenden zu richten. Es gibt auch Faktoren, die im gesellschaftlichen System und in der Organisation unserer Lerninstitutionen liegen und nicht kurzfristig zu beheben sind. Aber die Aufgabe aller Lehrenden sollte sein, in die Diskussion über den Umgang mit Lern- und Bildungsfernen die Überzeugung einzubringen, dass der Widerstand dieser Menschen nicht gebrochen werden darf (was auch nur teilweise gelingt), sondern produktiv genutzt werden muss.

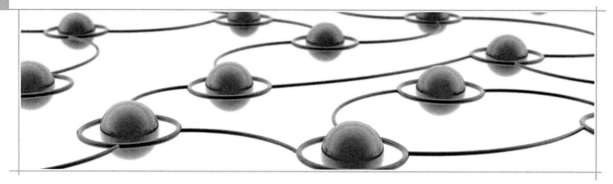

6.3 Wegweiser und Ziele für Lernbegleitung von Lernfernen

Transparenz

verständliche Lerninhalte

Lernberatungs- und Weiterbildungsangebote sollten ebenso wie Lernarrangements und methodische Abläufe transparent, klar, leicht verständlich und zugänglich formuliert sein.

Reputation

Vertrauenswürdigkeit vermitteln

Institutionen und Einzelpersonen müssen absolut vertrauenswürdig sein. Dazu gehört auch authentisches Auftreten und Handeln.

Anknüpfung

an vorhandenes Wissen anknüpfen

Lernfern heißt nicht, völlig unwissend zu sein. Gerade bei diesen Menschen sollte Lernbegleitung an bisheriges Wissen, an möglichst positive Erfahrungen, an Talente und an Vorlieben anknüpfen. Auf diese Weise kann die intrinsische Motivation zum Lernen gefördert und genutzt werden. Es liegt nahe, einen Lerntypentest durchzuführen, vorhandene Talente zu entdecken und vielfach einzusetzen. Die Anschlussfähigkeit der Lernangebote an die individuellen Gegebenheiten des Lernenden soll gewährleistet sein.

Hinterfragen

Position des Lernenden erkennen

Lernbegleiterinnen und Lernbegleiter sollten sich stets bemühen, vor allem bei Menschen mit Lernhemmungen, deren Sichtweisen auf das Lernen zu erkennen. Dazu sollten sie häufiger ihren Standpunkt verändern und den Lernprozess aus der Position des Lernfernen betrachten. hierfür ist ein ist möglichst wertfreies Nach- und Hinterfragen notwendig. Vor allem die auf individuellen neuronalen Netzen begründete Aneignungslogik jedes Menschen muss, soweit möglich, für Lernende und Lernbegleitende offengelegt und berücksichtigt werden.

Körperlich und geistig aktivieren

Lernen mit Aktivität beginnen

Lernbegleitung kann auch mit sportlichen Aktivitäten oder künstlerischer Performance beginnen. Aus der Lernforschung ist bekannt: Jede Gehirnaktivität lässt neuronale Verknüpfungen entstehen, bei jeder Aktivität wird gelernt. Lernfern heißt eigentlich auch unbeweglich - physisch und geistig.

> „Lernwiderstände sind keine objektiv zutage tretenden Lernstörungen. Sie sind vielmehr (auch) Ergebnis bzw. Replik auf das eigene didaktische Handeln. Dieses gilt es offener, „widerstandsfreundlicher" und reflexiver zu gestalten.
>
> *(Arnold, 2000, S. 25)*

Edutainment

Inhalte spielerisch zu vermitteln ist seit langem ein Prinzip der Vor- und Grundschulpädagogik. Leider wird es immer noch als „Lernen zweiter Klasse" angesehen. Es ist bekannt, dass Spaß stark lernfördernd und zugleich ein Grundbestandteil des Lernens ist. Spielerisches Lernen ist also Lernen aller erster Klasse. Wie dieses bei Jugendlichen und Erwachsenen vor allem durch E-Games und mit Lernspielen umzusetzen ist wird Thema des Kapitel III sein.

spielend Lernen

Lernhemmungen

Manchen Menschen wird durch vielfache negative Erfahrungen die Lust am Lernen genommen. Sie bauen emotionale Sperren im limbischen Bereich des Gehirns auf. Werden diese Erfahrungen immer wieder bestätigt, werden viele Zugangskanäle für neue Informationen in die Großhirnrinde versperrt und Vermeidungsstrategien als Muster gespeichert. Sind solche Muster fest verankert, ist deren Veränderung ein langwieriger Prozess, der zunächst einer emotionalen Öffnung bedarf.

Sperren im limbischen Bereich öffnen

Lernerfolge

Viele Menschen verlieren die Lust am Lernen, weil sie ihren persönlichen Anteil darin nicht erleben können. Der individuelle Lernerfolg wird selten sichtbar, der persönliche Anteil daran spielt kaum eine Rolle. Ein Versagen hingegen wird fast immer dem Lernenden zugeschrieben. Wenn das Gehirn nachhaltig erfährt, dass Lernen immer zu Frust, Angst oder Stress führt, macht es dicht, lässt bewusstes Lernen kaum noch zu. Lernbegleitung heißt hier, häufige Lernerfolge zu ermöglichen und dem Lernenden seine Selbstwirksamkeit dabei erkennen zu lassen.

individuellen Lernerfolg erzeugen

Selbstwirksamkeit

Viele Lern- oder Bildungsferne haben ein verzerrtes Selbstbild und erkennen ihre persönliche Bedeutung nicht mehr. Nicht für sich und nicht für andere. Eigenverantwortlich gestaltete Lernprozesse sind eine der wenigen Möglichkeiten, in denen sie die Wirkungen ihres Tuns, ihr individuelles Potenzial deutlich erleben können. Nicht immer positiv, aber deutlich und in einem teilweise geschützten Raum. Überwiegt die Erfahrung der Bedeutungs- und Machtlosigkeit, sind Resignation und Rückzug oder Störung und aggressives Aufbegehren die Folge.

individuelles Potenzial fördern

Klarheit und Sicherheit

Sicherheit vermitteln

Nicht nur Klarheit in allen Aussagen und Beschreibungen sind Voraussetzung, um einen Zugang zu Lernfernen zu finden, sondern auch Klarheit in seinem jeweiligen Lernprozess und Klarheit in der Begleitung.

Häufig beruht eine Ablehnung des Lernens auf Angst und Unsicherheit. Hier sollte die Lernbegleitung ansetzen und Blockaden lösen, sollte versuchen, Vertrauen zu erwecken. Die Voraussetzung dafür ist, dass die Institution, alle Arrangements und Kommunikationsformen und vor allem die Lernbegleiterin/der Lernbegleiter selbst Sicherheit vermitteln.

Genaue Strukturen und Regeln

Regeln vereinbaren und einhalten

Am Wichtigsten sind Klarheit und damit verbundene Sicherheit bei der vorgegebenen Struktur des Lern- und Begleitungsprozesses. Daran kann sich jeder Lernende orientieren, sie als eine Art Geländer und im Notfall als Rettungsseil benutzen. Auf die Einhaltung von Regeln und Vereinbarungen müssen sich alle Beteiligten verlassen können. Übertretungen dürfen keinesfalls folgenlos bleiben - auch das ist eine Selbstwirksamkeitserfahrung. Wichtig ist, dass Fehler erlaubt sind. Regeln einhalten heißt nicht, alles richtig machen, sondern bedeutet: Vereinbarungen werden konsequent eingehalten und umgesetzt.

Schlüsselfigur

Zugang zu lernfernen Gruppen schaffen

Bei der aufsuchenden Bildungsarbeit gelingt es häufig, über Key Persons Zugang zu lernfernen Personengruppen zu finden. Das damit entstehende Vertrauen in die lehrende Person kann die emotionale Grundlage für Lernen schaffen und bestehende Lernhemmungen abbauen.

Sozialer Kontext, gemeinsam Lernen

Lernen in der Gemeinschaft

Der Mensch als soziales Wesen empfindet Lernen in der Gemeinschaft meistens als angenehm. Für Menschen, die sich aus unterschiedlichen Gründen vom Lernen entfernt haben, kann die Gruppe als schützender Raum dienen. In der Gruppe können sie Talente, deren Existenz sie oft selbst nicht benennen konnten, erkennen und ausprobieren. Zudem können viele nur hier soziale Kompetenz erwerben und die Möglichkeiten des synergetischen Zusammenwirkens erfahren.

> „Die Selbstlernkompetenz umfasst die Fähigkeit, zu erkennen, welche Bildungsthemen für die eigene Situation relevant und welche Bildungsangebote diesbezüglich passend sind - aber auch die Verwendung effektiver Lernstrategien sowie die anschließende Kontrolle der eigenen Lernerfolge."
>
> *(Quelle: Heike Arnold Consulting, http://www.das-virtuelle-unternehmen.de/991.0.html, Stand:28.04.2010)*

(Selbst-)Lernkompetenz, Lerntechniken

Die Feststellung, dass Lernferne über eine sehr geringe Lernkompetenz verfügen, ist trivial, da dies ja Teil der Definition von Lernfern ist. Lernkompetenz umfasst personale, methodische, fachliche und soziale Kompetenz (siehe EVA-Haus im Beitrag 4). Alle vier Kompetenzen einbringen zu können, ist für jeden Lernenden eine hohe, dabei ungemein befriedigende, lebenslange Aufgabe. Menschen, die nur über sehr wenig Lernkompetenz verfügen, müssen an dem Anspruch, all diese Fähigkeiten in ausreichendem Maß in ihr Lernen einzubringen, scheitern. Lernbegleitung kann sie ermutigen, indem sie mit dem Lernenden in einem Teilbereich (bei dem zumindest geringe Kompetenz vorhanden ist) verschiedene Techniken und Fertigkeiten trainiert. *(Randbemerkung: Techniken und Fertigkeiten trainieren)*

Vor allem bei dieser Lerngruppe muss ein Vormachen-Nachmachen-Eintrainieren vermieden werden. Die Lernenden hätten dabei keine Möglichkeit, ihren individuellen Anteil zu erkennen und selbstgestaltete Verbesserungen zu erfahren. Die Mühe, mit dieser Personengruppe passende Trainingsspiralen durchzuführen, wird durch den raschen Zuwachs in allen vier Kompetenzbereichen belohnt.

Vielfalt

Vielfalt steht in keinem Widerspruch zu genauen Strukturen und Regeln. Vielfalt ist in allen Lerngruppen vorhanden und muss vor allem bei Lernfernen berücksichtigt, d. h. genutzt werden (siehe Diversity, Beitrag 3). Damit sich Vielfalt entfalten kann, sind genaue Strukturen und Regeln Voraussetzung. Vielfalt bezieht sich auch auf Inhalte und Methoden, die einen breiten Fächer an Anknüpfungsmöglichkeiten bieten müssen. Und dieser Fächer muss um so weiter aufzublättern sein, je weniger Andockpunkte gegeben sind. *(Randbemerkung: Vielfalt nutzen)*

Freude

Dass Lernen Spaß machen kann, wurde schon oft erwähnt. Lernferne haben diesen Spaß, zumindest im Zusammenhang mit organisiertem Lernen in Schule oder im Beruf, verlernt. Ihn wieder entstehen zu lassen, ist ein wichtiges Ziel, das aber nicht als ein Ziel für sich selbst, sondern als Gesamtziel im Laufe der „Lernlustrückgewinnung" enthalten ist. Bei nahezu allen Lernvorgängen kann Fröhlichkeit und Humor immer wieder zum Tragen kommen und sollte keinesfalls ausgespart werden. *(Randbemerkung: Freude am Lernen vermitteln)*

Lernbegleitung in veränderten Lernraumkontexten

7.1 Einleitung

Die gesellschaftliche und wirtschaftliche Entwicklung ist heute weltweit sehr eng mit der Frage verbunden, wie die Ressourcen Wissen und Information generiert werden und verteilt sind. Im Wandel der Gesellschaften von Industrie- zu so genannten Wissensgesellschaften werden diese Ressourcen zur existenziellen Grundlage. Moderne Gesellschaften können es sich heute nicht mehr leisten, diese Ressourcen nicht in vollem Umfang auszuschöpfen. Gleichzeitig führen Prozesse voranschreitender gesellschaftlicher Ausdifferenzierung dazu, dass die Komplexität individueller und milieuspezifischer Ausdrucks- und Kommunikationsformen zunehmen, und die beschleunigte Dynamik technischer Entwicklung führt zu permanenten Anpassungszumutungen, die komplexe Bewältigungsstrategien erfordern. Bildung als Grundlage der Generierung von Information und Wissen wird so zu einem hochkomplexen Strategiefeld gesellschaftlicher Entwicklung.

Wissen und Information

Vor diesem Hintergrund rückt der Bildungsbereich immer stärker in den Fokus der gesellschaftlichen Diskussionen. Spätestens seit Anfang der 1990er Jahren wurde deutlich, dass das stark segmentierte Bildungssystem mit Schule, Berufsausbildung, und Hochschule, sowie eine weiterführende institutionelle Bildungsstruktur unter anderem mit Kindergarten, außerschulischer Jugendbildung und Erwachsenen- bzw. Weiterbildung den neuen Anforderungen nicht mehr gerecht wird.

Bildung im Fokus

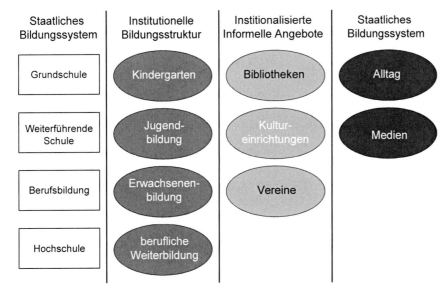

Struktur des Bildungssystems in Deutschland

Bildungsbiografie

Die Vorstellung, die Bildungsbiografie nach Einstieg in das Berufsleben weitgehend abgeschlossen zu haben, wurde obsolet und ökonomisch nicht mehr tragbar. Außerdem rückten neue Perspektiven auf das Lernen in den Blick, wie z. B. das informelle Lernen als beiläufiges Lernen im Rahmen von kulturellen Angeboten und im alltäglichen Lebensvollzug (vgl. Dohmen, 2001, S. 37). Die Diskussionen führten dazu, dass neu über die Bildungsstruktur nachgedacht wurde. Politisch fand diese Entwicklung ihre Resonanz zum Beispiel im Memorandum über lebenslanges Lernen der Europäischen Union (vgl. Kommission der europäischen Gemeinschaften, 2000) oder im „Strategiepapier für Lebenslanges Lernen in der Bundesrepublik Deutschland" (vgl. Bund-Länder-Kommission für Bildungsplanung und Forschungsförderung (BLK), 2004).

informelles Lernen

Als Entwicklungsschwerpunkte wurden dabei unter anderem die Einbeziehung informellen Lernens, der chancengerechte Zugang zu Lernmöglichkeiten sowie die Förderung der Kompetenzentwicklung in der Breite der Bevölkerung hervorgehoben. Dabei geht es nicht mehr nur um eine auf den engen formalen Bildungs- und Berufsbildungskontext eingeengte Perspektive, sondern auch um den Einbezug von nicht-formalen und informellen Lernkontexten. Man könnte auf dieser Basis einen Optionsraum „lebenslanges Lernen" als vernetzte Struktur der verschiedenen Bildungszugänge beschreiben, in der auch neue Angebotsformen und Dienstleistungen rund ums Lernen entstehen können.

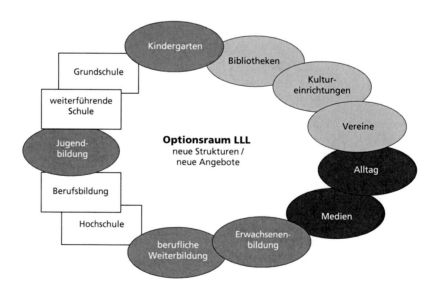

Vernetzte Bildungsstruktur im Optionsraum „lebenslanges Lernen"

> „Lebenslanges Lernen ist nicht mehr bloß ein Aspekt von Bildung und Berufsbildung, vielmehr muss es zum Grundprinzip werden, an dem sich Angebot und Nachfrage in sämtlichen Lernkontexten ausrichten. Im kommenden Jahrzehnt müssen wir diese Vision verwirklichen."
>
> *(Memorandum über Lebenslanges Lernen, Kommission der Europäischen Gemeinschaften, Brüssel, den 30.10.2000, S. 3)*

Mit Programmen wie „Lernende Regionen - Förderung von Netzwerken", das vom Bundesministerium für Bildung und Forschung (BMBF) und vom Europäischen Sozialfonds gefördert und vom Deutschen Zentrum für Luft- und Raumfahrt (DLR) von 2001 bis 2008 koordiniert wurde, sind in den letzten Jahren Strukturen angeregt worden, die diese vernetzte Perspektive ins Zentrum gestellt haben (vgl. Nuissl/Dobischat/Hagen/Tippelt, 2006 und Emminghaus/Tippelt, 2009).

vernetzte Strukturen

Hervorzuheben sind an dieser Stelle die Innovationsschwerpunkte, die in den Netzwerken des Programms „Lernende Regionen - Förderung von Netzwerken" entstanden sind: Bildungsberatung, Lernzentren, Übergangsmanagement, Lernen in und mit KMU sowie Kommunale Kooperationen. In diesen Themenfeldern wurden Modelle und Strategien aus den Lernenden Regionen verglichen, weiterentwickelt und für den Transfer über das Programm „Lernende Regionen" hinaus aufbereitet. Verbunden mit einer Vielzahl anderer Projekte, die an dieser Stelle noch zu nennen wären, sind eine Fülle von Hinweisen, Konzepten und Handlungsempfehlungen für eine veränderte Lehr-/Lernkultur sowie die organisatorische Rahmung von Bildung entstanden.

veränderte Lehr- und Lernkultur

Kennzeichnend für diese Perspektiven ist, dass die Bedürfnisse der Lernenden stärker in den Blick gerückt wurden und sich damit die Anforderungen an Lernsettings erweitert haben. Unter anderem lassen sich folgende übergreifende inhaltliche und konzeptionelle Dimensionen von zukunftsorientierten Lernsettings beschreiben:

- Initiierung von Lernprozessen,
- Förderung von Lernbereitschaft und Anregung zum Weiterlernen,
- Förderung des Kompetenzerwerbs bezogen auf allgemeine, aber auch auf berufliche Anforderungen,
- Begleitung von Lernwegen,
- Gestaltung von Lernen als Erlebnis,
- Offenheit bezogen auf unterschiedlichste Lernbedarfe,
- Aufzeigen von sozialen, kulturellen und virtuellen Lernquellen,
- Transparenz des Angebots,
- Integration von neuen Medien, wie Computer und Internet,
- Berücksichtigung interkultureller, intergenerationeller und von Gender-Perspektiven,
- Ermöglichung zielgruppenspezifischer Differenzierungen,
- Verankerung von Lernen und Bildung im lokalen bzw. regionalen Kontext,
- Förderung von Kommunikation,
- Unterstützung der Vernetzung von Lernenden.

individualisiertes Lernangebot

Eine der zentralen Herausforderungen für zukünftige Lernsettings ist die Individualisierung des Lernangebots im Hinblick darauf, dass Lernenden je nach Lernpräferenz verschiedene Optionen eröffnet werden können. Das Lernen in sozial kommunikativen Kontexten sollte dabei genauso Berücksichtigung finden, wie Selbstlernangebote in stark individualisierten Kontexten. Um diesen Anforderungen gerecht zu werden, sind vielfältige Konzepte und Aktivitäten entwickelt worden.

Auf zwei sehr eng miteinander verbundene Aspekte, die auch in den Themenschwerpunkten des Programms „Lernende Regionen - Förderung von Netzwerken" von Bedeutung sind, soll in diesem Beitrag besonders eingegangen werden:

veränderte Institutionsstrukturen

Zum einen auf veränderte Institutionsstrukturen, in denen sich durch Vernetzungsstrukturen unterschiedlicher Einrichtungen neue Lernarchitekturen in Form von Lernzentren entwickeln (vgl. PT-DLR, 2008a), zum anderen auf Formen der Bildungsberatung (vgl. PT-DLR, 2008b und PT-DLR, 2008c) mit dem speziellen Fokus auf individuelle Lernberatung und Lernbegleitung, denen ebenfalls mit veränderten Raum- und Beratungskonzepten Rechnung getragen wird (vgl. PT-DLR, 2008d).

7.2 Veränderte Institutionalformen auf der Basis kooperativer Strukturen

Modelle von Lernzentren

Selbstlernzentren

Bei der aktuellen Diskussion um veränderte Institutionalformen im Kontext des lebenslangen Lernens gerät leicht aus dem Blick, dass bereits in den 1970er Jahren eine intensive Diskussion z. B. über Selbstlernzentren geführt wurde. Tietgens hat die Entwicklung damals wie folgt beschrieben:

> *„Das Selbstlernzentrum ist die Institutionalisierung der Tendenz zur Individualisierung des Lernens und zur Nutzung der technischen Möglichkeiten. Es gibt der Spontaneität und der Unmittelbarkeit der Lernbedürfnisse Raum und lässt dabei die Art, wie sie befriedigt werden, offen. Entscheidend ist, dass die Zugangsschwelle zum Lernen niedriger wird, dass der Lernende den Zeitpunkt seines Lernens selbst wählen kann, dass qualifiziertes Arbeitsmaterial bereitsteht, dass eine Beratung möglich ist."*

(Tietgens, 1970, S. 88).

> „Im Zeitalter des Wissens verändert sich unser Verständnis
> dessen, was Lernen ist, wo und wie es praktiziert wird und
> welchen Zwecken es dient."
>
> *(Memorandum über Lebenslanges Lernen, Kommission der Europäischen*
> *Gemeinschaften, Brüssel, den 30.10.2000, S.19)*

Auch wenn Tietgens (Tietgens, 1979, S. 3) davon spricht, dass Selbstlernzentren den „Spielraum des Lernenden" vergrößern könnten, verweist er auf die Optionen, die eine flexible Lerninfrastruktur eröffnen kann. Diese erfordert allerdings auch eine veränderte Struktur der Institution.

In der Diskussion über den Einsatz neuer Medien im Bildungsbereich in den 1990er Jahren wurden diese Überlegungen aufgenommen und konzeptionell weiterentwickelt, unter anderem im Konzept „Bildungs- und Kommunikationsagentur" (vgl. Stang, 1998, S. 21-24). Dass die Entwicklung integrativer Konzepte gerade vor dem Hintergrund der Förderung des lebenslangen Lernens Aktualität erhält, dürfte auch an der Einsicht liegen, dass es den Lernenden egal ist, in welchen institutionellen Strukturen sie ihre Lernbedürfnisse befriedigt bekommen. Wichtig erscheint viel mehr, dass möglichst viele Aspekte des Lernens im Rahmen einer Lerninfrastruktur vereint sind. Vor diesem Hintergrund rückt die Frage ins Zentrum, wie Kooperationsstrukturen in Form neuer Lernarchitekturen und institutioneller Modelle aussehen könnten.

Ein Konzept, das in den letzten Jahren europaweit zum Tragen kommt, ist in diesem Zusammenhang die Entwicklung von Lernzentren (vgl. Buiskool/u.a., 2005 und Stang/Hesse, 2006). Richtet man den Blick auf die Entwicklung in Europa, lassen sich unterschiedliche Organisationsmodelle ausmachen (vgl. dazu ausführlich Stang, 2006, S. 161-175):

Modell Selbstlernzentrum

Den Lernenden wird durch eine spezifische Infrastruktur Hilfestellung beim Lernen gegeben. Diese besteht in Computerarbeitsplätzen und Zugriffsmöglichkeiten auf ein Set von Lernquellen sowie diverse Formen von Lernberatung. Solche Einrichtungen werden teilweise von Einzeleinrichtungen wie Volkshochschulen installiert, oder auch im Verbund verschiedener Einrichtungen angeboten, die das Selbstlernzentrum dann gemeinsam betreiben (vgl. Lernen neu denken, 2008,).

Modell Bildungszentrum

Hier handelt es sich um traditionelle Bildungseinrichtungen wie Volkshochschulen, deren Angebot sich auf traditionelle Kursangebote für Gruppen konzentriert, das aber bei Bedarf durch Selbstlernangebote, Lernberatung oder E-Learning-Angebote erweitert werden kann. Die Kooperationen gehen dabei nur selten über die punktuelle Zusammenarbeit hinaus.

Modell Nachbarschaftszentrum

Bei diesem Modell werden in stadtteilbezogenen Einrichtungen, die sich vor allem auf soziale Problemlagen der Bevölkerung beziehen, niedrigschwellige Lern- und Beratungsangebote zur Verfügung gestellt, die es ermöglichen eher bildungsferne Bevölkerungsschichten an das Lernen heranzuführen (vgl. Padrós/ Ruíz, 2006, S. 111-126). Die Kooperation mit Bürgerinitiativen, sozialen Einrichtungen und anderen Bildungseinrichtungen im Stadtteil sind dabei selbstverständlich.

Modell Bibliothek

Dieses Modell trägt der Entwicklung Rechnung, dass sich Bibliotheken zunehmend als Zentren für das lebenslange Lernen etablieren und vor allem in den Bereichen Medien- und Informationskompetenz eine breite Palette an Angeboten entwickelt haben. Sie stellen Lernplätze für die Einzelarbeit, aber auch zunehmend für Gruppenarbeit zur Verfügung, die in besonderem Maße von Schülerinnen und Studenten genutzt werden (vgl. Stang, 2009, S. 447-450). Meistens werden die Angebote in Zusammenarbeit mit den Bildungseinrichtungen vor Ort entwickelt.

Modell One-Stop Shop

Diese Institutionen sind vor allem unter der Perspektive kooperativer Strukturen interessant, da hier die konzeptionelle Basis ist, Bildung und Beratung in einer Einrichtung zu integrieren. Ziel dieser Institutionen, in denen die Kompetenzen unter anderem von Weiterbildungs-, Kultureinrichtungen und Bibliotheken gebündelt werden, ist es, den Bürgerinnen und Bürgern einen Anlaufpunkt zur Verfügung zu stellen, in dem Informations-, Bildungs- und Beratungsdienstleistungen in einer räumlichen Einheit angeboten werden.

Das „One-Stop Shop"-Modell

Vernetzung im Bildungsbereich

Das „One-Stop Shop"-Modell ist in den letzten Jahren vor allem unter der Perspektive der Vernetzung im Bildungsbereich von besonderer Relevanz - nicht nur in Europa, sondern auch in Deutschland. Es sind interessante Konzepte der räumlichen Gestaltung durch Neu- und Umbauten entstanden, in denen Angebote verschiedener Institutionen in kooperativen Strukturen mit unterschiedlichen Schwerpunkten zusammengeführt wurden. Da derzeit in Deutschland in vielen Kommunen die Etablierung solcher „One-Stop Shops" vorangetrieben bzw. darüber nachgedacht wird, liegt es auf der Hand, sich mit diesem Modell etwas näher zu beschäftigen. Neben den innovativen Raumkonzepten zur Unterstützung des

> Für die gelungene Konzeption von One-Stop Shops sind
> neben den innovativen Raumkonzepten zur Unterstützung
> des Lernens sowie den Beratungsangeboten vor allem die
> Kooperationsstrukturen, von besonderem Interesse.

Lernens sowie den Beratungsangeboten, auf die an späterer Stelle eingegangen werden soll, sind es vor allem die Kooperationsstrukturen, die in diesem Zusammenhang von besonderem Interesse sind.

Am Beispiel von vier ausgewählten Einrichtungen (drei aus Deutschland, eine aus Österreich) sollen im Folgenden zentrale Optionen und Problemstellungen dieses Modells aufgezeigt werden. Die zugrunde liegenden Informationen wurden aus den Experteninterviews in den Einrichtungen, Broschüren der Einrichtungen und den jeweiligen Selbstdarstellungen im Internet bezogen.

Wissensturm Linz. Der Wissensturm ist eine Einrichtung der Stadt Linz, in der die Einrichtungen Volkshochschule, Stadtbibliothek, Medienzentrum und Bürgerservice räumlich und teilweise organisatorisch zusammengeführt wurden. Mit 15 Etagen und über 15.000 Quadratmetern stellt der Wissensturm eine räumliche Struktur zur Verfügung, die es ermöglicht, Weiterbildungs-, Kultur- und Informationsdienstleistungen unter einem Dach anzubieten. Die Volkshochschule und die Stadtbibliothek sind auch organisatorisch zusammengelegt und betreiben gemeinsam das Lernzentrum Wissensturm (LeWis), in dem eine breite Infrastruktur für das selbstorganisierte Lernen zur Verfügung gestellt wird. Dabei spielt Lern- und Bildungsberatung eine große Rolle.

alles unter einem Dach

Die Kooperation zwischen Volkshochschule und Stadtbibliothek wurde schon im Vorfeld des Neubaus unter einer Leitung organisatorisch vollzogen, so dass die Angebotsentwicklung in einer klar umrissenen Organisationsstruktur stattfindet. Unter der Kooperationsperspektive könnte man die Organisationsstruktur als „Institutionalisierungsmodell" bezeichnen.

Das Zentrum für Information und Bildung in Unna (ZIB). Die Einrichtungen Volkshochschule, Kulturamt, Stadtbibliothek, Archiv, Medienkunstraum und Informations-Punkt sind im ZIB, einer Einrichtung der Stadt Unna, räumlich zusammengeführt worden. Auf drei Etagen mit über 5.000 Quadratmetern werden hier Kultur- und Weiterbildungsdienstleistungen unter einem Dach angeboten. Das ZIB versteht sich als Lern-, Informations- und Kulturzentrum mit vielfältigen Medienangeboten, offenen und geschlossenen Lernräumen in direkter Anbindung an den Medienbestand der Bibliothek und an die Angebote des Kulturbereiches. In einem Lerntreff kann man individuell Lern- und Medienkompetenzen verbessern, Fremdsprachenkenntnisse auffrischen oder Wissen über Informations- und Kommunikationstechniken erwerben und vertiefen. Personen, die entsprechende thematische Präsenzveranstaltungen nicht besuchen können oder wollen, haben hier die Möglichkeit, offen und flexibel entsprechend den eigenen Bedürfnissen die Lernressourcen zu nutzen. PC-Arbeitsplätze und Lernprogramme bilden die Basis, Lern- und Bildungsberatung ergänzt das Angebot.

Kultur und Weiterbildung

Die beteiligten Institutionen sind organisatorisch getrennt, koordinieren aber die Angebote gemeinsam. Dieser Prozess wird vom Kulturamt gesteuert. Unter der Kooperationsperspektive könnte man hier von einem „Steuerungsmodell" sprechen.

75

Forum für Kultur und Bildung

südpunkt Nürnberg. Der „südpunkt - Forum für Kultur und Bildung" ist eine Einrichtung der Stadt Nürnberg. Das Gebäude wird als Gemeinschaftsprojekt vom Bildungszentrum, der Stadtbibliothek und vom Amt für Kultur und Freizeit bespielt. Auf drei Stockwerken mit ca. 5.300 Quadratmetern werden dort stadtteilorientiert Weiterbildungs-, Kultur- und Informationsdienstleistungen angeboten. Mit dem „Lernpunkt" wird vom Bildungszentrum eine Infrastruktur zur Verfügung gestellt, die nicht nur selbstorganisiertes Lernen unterstützt, sondern auch Lern- und Bildungsberatung anbietet.

Die beteiligten Institutionen sind organisatorisch selbstständig. Koordiniert wird die Arbeit im südpunkt vom Bildungszentrum. Die Abstimmung der Angebote erfolgt über Verträge. Dabei werden gemeinsam thematische Schwerpunkte gesetzt, die auch über den Stadtteil hinaus auf Resonanz stoßen. Unter der Kooperationsperspektive könnte man die Struktur als „Kontraktmodell" bezeichnen.

Lern- und Kulturdiensleistung

DAStietz Chemnitz. Aus dem ehemaligen Warenhaus „H. & C. Tietz" in Chemnitz, dem einst größten Geschäftshaus Sachsens, wurde 2004 das „DAStietz", ein Kultur- und Bildungszentrum, in dem Volkshochschule, Stadtbibliothek, das Museum für Naturkunde und die Neue Sächsische Galerie räumlich zusammengeführt wurden. Ergänzt wird das Angebot durch eine Gastronomie- und Ladenpassage im Erdgeschoss. Auf sechs Stockwerken und 17.000 Quadratmetern werden Lern- und Kulturdienstleistungen angeboten. Ein Selbstlernzentrum gibt es bislang nicht.

Organisatorisch sind die beteiligten Institutionen in einen Eigenbetrieb zusammengeführt, der von einer Geschäftsführung geleitet wird, die für die übergreifenden Aspekte des Zentrums wie z. B. Öffentlichkeitsarbeit und Steuerung zuständig ist. Die einzelnen Einrichtungen verantworten ihre Institutionen. Unter der Kooperationsperspektive könnte man hier von einem „Intendanzmodell" sprechen.

Steigerung der Nutzungszahlen

Betrachtet man die vier Beispiele, wird deutlich, dass es bei unterschiedlicher Organisationsstruktur der Zusammenarbeit eine Vielzahl von Gemeinsamkeiten gibt. Für alle vier Einrichtungen wurden Neubauten teilweise unter Verwendung alter Gebäudestrukturen erstellt. Allen gemeinsam ist, dass sie nach Eröffnung zu einer zentralen Anlaufstelle für die Bürgerinnen und Bürger in Sachen Bildung, Information und Kultur geworden sind. Alle Einrichtungen können deutliche Steigerungen der Nutzungszahlen verzeichnen. Synergieeffekte sind sicher eine der deutlichsten Zeichen dieser neuen Institutionalform, in der die Kooperation der verschiedenen Einrichtungen einen mehr oder weniger verbindlichen Rahmen erhalten haben. Doch es gibt auch Problemlagen, die in diesem Zusammenhang von den Einrichtungen bearbeitet werden müssen.

> Die große Chance einer kooperativen Struktur bietet die Zusammenführung der jeweils spezifischen Kompetenzen.

Optionen und Problemlagen von Lernzentren

Die große Chance, die diese Art von kooperativer Struktur bietet, ist die Zusammenführung der jeweils spezifischen Kompetenzen. So bieten die Volkshochschulen neben dem traditionellen Kursgeschäft oft auch Lern- und Bildungs- bzw. Bildungsscheckberatung an. Die Bibliotheken mit ihren Medien- und Informationsdienstleistungen steuern neben der traditionellen Medienausleihe, individuelle Lernplätze, Recherchemöglichkeiten im Internet sowie Angebote zum Erwerb von Medien- und Informationskompetenz bei. Ein Nukleus der neuen Angebotsformen ist in vielen Fällen ein Selbstlernzentrum, in dem die Nutzerinnen und Nutzer selbstorganisiert, mit fachlicher Beratung Lernressourcen individuell nutzen können. Die Kultureinrichtungen erweitern das Spektrum.

Ein wichtiger Faktor aus der Perspektive der Nutzerinnen und Nutzer ist die deutlich verbesserte Aufenthaltsqualität im Verhältnis zu den früheren Strukturen. Dazu tragen nicht nur die meistens sehr ansprechend gestalteten Räume bei, sondern auch eine höhere zeitliche Flexibilität. So können in Wartezeiten auf den Beginn eines Volkshochschulkurses die Bibliothek oder die Kultureinrichtungen genutzt werden. Gastronomische Angebote kommen den Nutzerinnen und Nutzern aller Einrichtungen zugute. Das Zusammenführen aller Angebote führt zur gegenseitigen Aufmerksamkeitszunahme und „Mitnahmeeffekten". Bislang konnten keine „Abzugseffekte" festgestellt werden. Dies dürfte an den spezifischen Angebotsstrukturen der Einrichtungen liegen, die kaum miteinander konkurrieren, sondern sich ergänzen. Darin dürfte einer der Erfolgsfaktoren solcher Konzepte liegen. *(verbesserte Aufenthaltsqualität)*

Allerdings erfordert der Prozess der Integration der beteiligten Einrichtungen neue Kooperationsstrukturen. Die Einrichtungen verfügen über unterschiedliche Handlungslogiken und Organisationskulturen. So muss z. B. eine Volkshochschule schon sehr langfristig die Belegung von Räumen planen, während Bibliotheken und Kultureinrichtungen bei Veranstaltungen kurzfristiger handeln können. Auch die unterschiedliche Abhängigkeit von Drittmitteln und Einnahmen sind ein Punkt, der gegenseitiges Verständnis erfordert. *(neue Kooperationsstrukturen)*

Die Problematik der unterschiedlichen Organisationskulturen ist eine der größten Herausforderungen in diesen kooperativen Strukturen in „One-Stop Shops", die durch die gemeinsame Nutzung eines Hauses einen klaren Rahmen haben. Hier gibt es bislang kaum schlüssige Konzepte. Ausgangspunkt bei der Konzeptentwicklung sollten die Bedürfnisse der Bürgerinnen und Bürger sein. Die Erhöhung der Dienstleistungsqualität wird nicht nur durch die Addition der Kompetenzen der Einrichtungen erreicht, sondern durch die enge Verzahnung. Die Entwicklung gemeinsamer Angebotsstrukturen wie z. B. die Etablierung eines Selbstlernzentrums und von Strukturen der Bildungs- und Lernberatung sind hier sicher Erfolg versprechende Perspektiven. Welche Konzepte von Lernberatung und -begleitung zum Tragen kommen könnten und wie das Personal dafür geschult werden kann, soll im Folgenden beleuchtet werden.

7.3 Lernbegleitung und Lernberatung als Herausforderung

Bedarf an Beratung und Begleitung

Begleitung bei der Biografiegestaltung

In dem Maße, in dem die individuelle Bildungsbiografie in Anbetracht der gesellschaftlichen Herausforderungen in den Fokus gerückt wird, in dem Maße stellt sich auch die Frage, wie die Lernenden bei der Gestaltung ihrer Bildungsbiografie begleitet werden können. Der Bedarf an Beratungsangeboten hat in den letzten Jahren immens zugenommen (vgl. Schiersmann, 2009, S. 747-767). Der im Konzept des lebenslangen Lernens formulierte Anspruch der permanenten Weiterentwicklung von Kompetenzen ist für die Lernenden zu einer latenten Aufforderung geworden, sich weiterzubilden. Viele sind allerdings darin ungeübt, den eigenen Lernweg selbst zu gestalten. Gleichzeitig zielen viele politische Steuerungsmodelle wie Bildungsprämie oder Bildungsscheck gerade darauf ab, dass sich die Lernenden selbst orientieren. Für Bildungseinrichtungen eröffnet sich hier ein breites Feld an Aufgaben.

Gestaltung eines Beratungs- und Begleitungsprozesses

Mit Lernberatung und -begleitung können Bildungsinstitutionen helfen, selbst gesteuerte Lernprozesse zu initiieren, zielorientiert zu entwickeln und zu begleiten. Dazu bedarf es einer detaillierten Gestaltung des Beratungs- und Begleitungsprozesses. Es ist in diesem Zusammenhang wichtig, Methoden und (Lern-)Mittel zu wählen, die die Verantwortung der Lernenden für ihr Lernen in den Mittelpunkt stellen. Neben einer fachlichen Orientierung geht es dabei vor allem auch darum, übergreifende Schlüsselkompetenzen wie Selbstorganisation, Zeitmanagement, Kommunikationsfähigkeit, Flexibilität, Teamarbeit oder Recherchekompetenz zu vermitteln. Grundlage ist dabei eine offene Struktur der Begleitung, die es den Lernenden erlaubt, eigene Strategien zu entwickeln. Dies bedeutet auch, dass die Pädagoginnen und Pädagogen ihr traditionelles Verständnis von Lehren in Richtung Begleitung verändern.

Diese Veränderungsprozesse lassen sich in veränderten Institutionalformen, wie sie z. B. Selbstlernzentren und „One-Stop Shops" darstellen, leichter bewältigen. Dabei sollte immer schon bei der räumlichen Gestaltung der Aspekt der Lernberatung und -begleitung berücksichtig werden. Dies erfordert viel Planungsarbeit, da es vielfältige Anforderungen gibt, mit denen sich solche Angebote auseinandersetzen müssen.

> „Die Gestaltung einer neuen Lehr- und Lernkultur, in der
> individuelle Beratung und Begleitung von Lernprozessen
> eine zentrale Rolle spielen, erfordert spezifische Rahmen-
> bedingungen und detaillierte Planung."
>
> *(vgl. Dietrich/Herr, 2005)*

Beratungs- und Begleitungsprofile

Konzeptionell ist bei der aktuellen Entwicklung neuer Institutionalformen die Unterstützung individueller Bildungsprozesse von großer Bedeutung. Zum einen spielt dabei der Aufbau von Selbstlernzentren eine wichtige Rolle, zum anderen werden verschiedene Beratungsangebote entwickelt, die auf die Bedürfnisse der Lernenden zugeschnitten sind. Zu nennen sind hier unter anderem folgende Angebote:

- Bildungsberatung / Bildungsscheck-Beratung

- Kompetenzentwicklungsberatung

- Lernberatung bezogen auf Lerntyp, Lerntechniken, Lernmethoden und den Einsatz von Medien

- Lernprozessbegleitung

- Vermittlung von Lernpartnerinnen und Lernpartnern

Die Gestaltung dieser Angebote sollte dabei jeweils den kommunalen bzw. regionalen Rahmenbedingungen angepasst werden. Im Rahmen des Programms „Lernende Regionen - Förderung von Netzwerken" wurden hier vielfältige Angebote z. B. im Hinblick auf Bildungsberatung entwickelt (vgl. PT-DLR, 2008b und PT-DLR, 2008c). So sind hier beispielsweise die LernLäden im LernNetz Berlin-Brandenburg (vgl. Kramer, 2007, S. 6) oder die Lernservice-Punkte in der Bodensee-Region (vgl. Weber/Peter, 2007, S. 7-8) zu nennen, die in den jeweiligen Regionen eine wichtige Orientierungsfunktion im Hinblick auf Bildungswege, persönliche Portfolioentwicklung usw. übernommen haben. Instrumente, wie sie zum Beispiel der ProfilPass darstellt (www.profilpass-online.de), helfen den Lernenden einen besseren Überblick über die eigenen Kompetenzen zu erhalten.

kommunale und regionale Rahmenbedingungen

Wollen die Lernenden dann ihre Lernprozesse gestalten, bedarf es einer intensiveren Begleitung durch gut ausgebildetes Personal. Das Bildungszentrum Nürnberg hat hier ein profiliertes Konzept entwickelt, das auch im „südpunkt" zum Tragen kommt. Die Struktur dieses Beratungskonzeptes ist ganzheitlich organisiert und umfasst folgende Elemente:

Begleitung der Lernprozesse

- eine Beratung, wie gelernt werden kann,

- ein Lerntypentest als Einstieg,

- Erstellung eines Lernplans,

- gemeinsame Erprobung von Lernaktivitäten,

- ein Lerntagebuch, in dem Erfahrungen dokumentiert werden,

- Überprüfung, ob alles funktioniert,

- weitere Beratung bei Bedarf.

Dadurch werden die Lernenden angeleitet, ihren eigenen Lernprozess in die Hand zu nehmen. Wichtig ist dabei qualifiziertes Beratungspersonal sowie die räumliche Strukturierung.

Im Lernzentrum im Wissensturm Linz findet die Lernbegleitung in zwei Räumen statt, die sowohl von der Bibliothek als auch von der Volkshochschule aus zugänglich sind. Neben Sprachenberatung finden dort auch EDV-Beratung, Grundbildungs-Beratung, Kompetenzcheck sowie Lernberatung statt. Qualifizierte Lerncoaches beraten die Lernenden. Wichtig ist bei diesem Konzept, dass jederzeit qualifiziertes Personal vor Ort ist, das die Lernenden unterstützt.

Andere Einrichtungen wie zum Beispiel das Zentrum für Bildung und Information (ZIB) in Unna bieten ebenfalls ein breites Beratungsspektrum im Selbstlernzentrum, lassen aber aus Kapazitätsgründen, Beratungen zu Bildungsscheck und Bildungsprämie von kompetenten Honorarkräften nach Terminvereinbarung durchführen.

Anforderungen an die Gestaltung von Beratung und Begleitung

Rahmenbedingungen an das neue Lernen anpassen

Die Gestaltung einer neuen Lehr- und Lernkultur, in der individuelle Beratung und Begleitung von Lernprozessen eine zentrale Rolle spielen, erfordert spezifische Rahmenbedingungen und detaillierte Planung (vgl. Dietrich/Herr, 2005).

Wenn ein qualitativ gutes Angebot von Beratung und Begleitung gewährleistet werden soll, gilt es folgende Faktoren besonders zu berücksichtigen:

■ Die Qualität des Personals, das regelmäßig geschult werden muss,

■ die Zeitressourcen und damit die Finanzressourcen, die zur Verfügung stehen, was auch bedeuten kann, dass die Beratung nicht kostenlos angeboten werden kann,

■ die räumliche Inszenierung, in der Beratung angeboten wird und

■ die Materialien, die den Lernenden zur Verfügung gestellt werden können.

Welche Aspekte dabei eine Rolle spielen, soll im Folgenden kurz beschrieben werden.

„Zuerst formt der Mensch den Raum, dann der Raum die Menschen."

(Winston Churchill)

Anforderungen an das Personal

Die Aufgaben von Lernberaterinnen und Lernbegleitern sind vielfältig. Dies stellt besondere Anforderungen an deren Kompetenzen. Personen, die (Lern-) Beratung anbieten, benötigen Beratungskompetenz und ausgeprägte soziale Kompetenzen, zusätzlich je nach Ausrichtung des Lernzentrums und des Beratungsangebots themenspezifische Fachkenntnisse, Sprachkenntnisse oder kulturelle Kenntnisse.

Lernberaterinnen und Lernbegleiter sollten

- „sich schnell auf die Fragen und Anliegen der Kundinnen und Kunden einlassen können,

- Situationen und Probleme schnell erfassen,

- begleitend und beratend agieren, dazu Kenntnisse über Beratungsabläufe und -methoden besitzen und möglichst über eine Beratungsausbildung verfügen,

- die eingesetzten Lernmaterialien auch fachlich-inhaltlich kommentieren können,

- über pädagogische, vor allem didaktische und methodische Kenntnisse zur Gestaltung selbst gesteuerter Lernprozesse verfügen,

- eine Affinität zu neuen Medien und möglichst umfangreiche EDV-Kenntnisse besitzen" (PT-DLR, 2008a, S. 9).

Kommunikationsfähigkeit, Kooperationsfähigkeit, Verhandlungsgeschick, Empathie und Eigeninitiative sind genauso von Bedeutung wie ein gutes Zeitmanagement, Moderations- und Motivationsfähigkeiten, Kreativität sowie die ständige Bereitschaft, sich auf Neues einzulassen (vgl. PT-DLR, 2008a, S. 9).

In einer Institution „sollte es ein einheitliches Verständnis von Beratung geben, um den Lernenden auch bei der Arbeit mit unterschiedlichen Beratungspersonen dieselbe Qualität zukommen zu lassen. Fortbildungen in Bildungs- und Lernberatung sind Grundlage für eine kompetente Dienstleistung in diesem Bereich. Oft haben klassisch ausgebildete Dozenten und Dozentinnen große Schwierigkeiten mit der Rolle der Begleitung, da sie stärker in Lehrkontexten denken" (PT-DLR, 2008a, S. 9).

Anforderungen an die zeitliche Rahmung

Idealerweise stehen in den Einrichtungen Lernberaterinnen und Lernbegleiter während der gesamten Öffnungszeiten zur Verfügung. Dies lässt sich meistens aus Personalkapazitäts- und Finanzierungsgründen schwer realisieren. Deshalb sollte versucht werden, hier Schwerpunkte zu setzen, die es möglichst vielen Lernenden ermöglichen, diese Dienstleistung in Anspruch zu nehmen. Gegebenenfalls müssen umfangreichere Beratungen bzw. Begleitungen per Anmeldung zeitlich geplant werden.

Unter der Zeitperspektive ist auch eine gute Dokumentation der Beratungs- und Begleitungsprozesse wichtig, damit in einem Team an bereits erfolgte Aktivitäten angeknüpft und mit den Lernenden auch nach längeren Unterbrechungsphasen von Lernprozessen weitergearbeitet werden kann.

Anforderungen an die räumlichen Inszenierungen

Lernberatung und Lernbegleitung sind äußerst persönliche Aktivitäten, bei denen Lernende Wert auf Diskretion legen. Deshalb sollte die räumliche Gestaltung diesem Bedürfnis Rechnung tragen. Geschützte Ecken, Beratungszonen, ggf. auch Beratungsräume können hier hilfreich sein. Doch geht es insgesamt darum, die Lernarchitektur so zu gestalten, dass die verschiedenen Aspekte, die zum selbst gesteuerten Lernen gehören, sinnvoll miteinander verbunden sind. Dazu gehört Funktionalität und Aufenthaltsqualität. In den derzeit neu entstehenden Lernzentren ergeben sich dafür auch architektonische Optionen der Gestaltung.

Anforderungen an begleitende Materialien

Bei der Begleitung von Lernprozessen ist die Qualität der Materialien, die zur Unterstützung von Lernprozessen genutzt werden, von zentraler Bedeutung. Die Auswahl sollte zum Profil der Einrichtung passen. Materialien können in gedruckter Form, als Software oder im Internet vorliegen. Wichtig ist es, dass deren Relevanz für die Lernenden deutlich wird. Selbst gesteuertes Lernen erfordert vielfältige Lernmaterialien. Durch die Zusammenarbeit der Institutionen in „One-Stop Shop"-Lernzentren können hier Synergieeffekte erzielt werden.

Die hier nur angedeuteten Aspekte machen deutlich, dass Lernberatung und Lernbegleitung eine hochkomplexe Herausforderung sowohl für die Institutionen als auch das Personal darstellen. Doch neben den institutionellen Rahmenbedingungen ist es vor allem das Personal, das die Qualität dieser Dienstleistungen sichert. Um diese Qualität zu sichern, bedarf es entsprechender Qualifizierung.

Kapitel III

Medien nutzen

Individuelle Lernprozesse medial zu unterstützen, ist ein Aspekt von Lernbegleitung, der insbesondere den Anforderungen einer neuen Lernkultur entspricht.

Lernbegleiterinnen und Lernbegleiter kommen bei der Arbeit mit fast jeder Zielgruppe einmal an den Punkt, neue - oder anders gesagt - digitale Medien in verschiedenen Lernszenarien einzusetzen. Zunehmend sind diese Medien dabei nicht der eigentliche Inhalt des Lernens. Medien dienen eher dazu, bestimmte Inhalte zu transportieren, das Lernen effektiv zu gestalten, Raum und Zeit des Lernens zu verändern. Nicht zuletzt ist der Einsatz von neuen Medien oft auch ein motivierender Faktor des Lernens - vor allem für Kinder und Jugendliche.

Der Einsatz bzw. die Nutzung digitaler Medien in unterschiedlichsten Lernprozessen stellt besondere didaktische Anforderungen an die Gestaltung von Lernszenarien. Kapitel III informiert über neueste Forschungsergebnisse zum multimedialen Lernen und beschreibt Formen, Möglichkeiten und Beispiele der medialen Unterstützung von individuellen Lernprozessen wie E-Learning, Blended Learning oder Lernen mit E-Games.

Inahlt Kapitel III

- Forschungsergebnisse zum multimedialen Lernen
- Lernen mit Computerspielen
- Lebenslang lernen heißt lebenslang spielen
- Bewertung von Computerspielen für die Praxis

Inhalt

Hinweis:
Das Fachbuch „Fachprofil Lernbegleitung" wird ergänzt durch eine umfangreiche Sammlung von Arbeitsblättern, Methoden und Kopiervorlagen. Diese erhalten Sie unter der ISBN 978 -3-86718-751-0 im Buchhandel oder per kostengünstiger Direktbestellung im Verlagsshop: www.edumedia.de

Forschungsergebnisse zum multimedialen Lernen

8

8.1 Neue Medien - Multimedia - E-Learning

Lernen mit neuen Medien, multimediales Lernen, E-Learning: Diese Begriffe werden am häufigsten verwendet, wenn Lernprozesse, Lernarrangements oder Lernszenarien gemeint sind, in denen die unterschiedlichsten Formen digitaler Medien eine (oft prägende) Rolle spielen.

digitale Medien

Der Begriff „Multimedia" wird bereits in den 1950er Jahren im Zusammenhang mit Diavorträgen und Überblendtechniken verwendet. 1995 wird dieser Begriff von der Gesellschaft der deutschen Sprache zum Wort des Jahres gekürt und inzwischen ist er in alle Lebensbereiche vorgedrungen. Der Begriff E-Learning ist zwar, in vielfältigen Schreibweisen, bereits Alltagssprache geworden, die Bandbreite der Definitionen ist jedoch sehr groß. Letztlich ist er zu einer Art „Überbegriff" für alle Arten mediengestützten Lernens geworden und schließt sowohl das Lernen mit lokal installierter Software als auch das Lernen über das Internet ein (vgl. Ebner/Holzinger, 2009, S. 1).

Multimedia und E-Learning

Deutlich wird bei aller Unterschiedlichkeit der Begriffsauslegung: Neue Medien spielen im Alltag und zunehmend in Lernprozessen eine wesentliche Rolle. So realisiert eine der bekanntesten Einrichtungen der Erwachsenenbildung, der Deutsche Volkshochschul-Verband e.V., ein Forschungsprojekt zur Entwicklung und Erprobung eines szenarienbasierten Game Based Trainings (GBT) bzw. Lernspiels für Geringqualifizierte.

neue Medien in der Erwachsenenbildung

> *„Dieses computergestützte Lernangebot wird Lerninhalte aus dem Bereich Alphabetisierung/Grundbildung spielerisch, in alltagsnahen Szenarien vermitteln und dadurch Kompetenzen fördern, die für eine erfolgreiche Bewältigung des Alltags und der persönlichen Weiterentwicklung notwendig sind."*
>
> *(vgl. Deutscher Volkshochschul-Verband e.V., 2009)*

In die (berufliche) Weiterbildung werden die neuen Medien zur Unterstützung von Lernprozessen vor allem im Selbstlernbereich, zunehmend integriert. Im Bericht des Bundesministeriums für Bildung und Forschung zur Weiterbildungssituation in Deutschland wird hierzu festgestellt: „Auf informellem Wege lernen mit den neuen Medien bundesweit im Jahr 2003 immerhin 40 % aller 19 bis 64 Jährigen."(Bundesministerium für Bildung und Forschung (BMBF), 2006, S. 211)

neue Medien zur Unterstützung von Lernprozessen

Im Kontext dieser Entwicklungen stellt sich sowohl die Frage nach der Rolle bzw. der Funktion von neuen bzw. digitalen Medien in Lehr- und Lernprozessen, als auch nach den daraus resultierenden Anforderungen an Lehrende bzw. an Personen, die das Lernen begleiten.

Dieser Beitrag stellt beispielhaft Positionen der aktuellen Forschungslandschaft vor, die dieses Spannungsfeld näher untersuchen und damit in die inhaltlichen Schwerpunkte des Kapitels „Medien nutzen" einführen.

Begriff „digitale Medien"

Vor dem Hintergrund, dass Forschung und Literatur keine einheitlichen Definitionen und Begriffsinhalte zum „multimedialen Lernen" liefern, wird zur Vereinfachung der folgenden Darstellung und zur Erhöhung der Lesbarkeit der Begriff „digitale Medien" statt des Begriffes „neue Medien" verwendet.

8.2 Lernen und digitale Medien

neue Lernkonzepte für digitale Medien

Betrachtet man den Diskussionsprozess zur Nutzung digitaler Medien in Bildungs- und Lernzusammenhängen, so wird eine grundlegende Herangehensweise zunehmend deutlich: Lehren und Lernen mit digitalen Medien erfordern neue Lernkonzepte und die Entwicklung neuer Kompetenzen. Es wird davon ausgegangen, dass digitale Medien nicht - wie oft angenommen - à priori dazu geeignet sind, die Nachhaltigkeit von Lernprozessen zu unterstützen.

> *„Im Computer selbst stecken keine didaktischen Qualitäten. Didaktische Qualität hat nur der Unterricht, in dessen Rahmen er eingesetzt wird. Der Computer kann lediglich zur Unterstützung einer didaktischen Konzeption herangezogen werden."*
>
> *(Sesnik, 2000, S. 84)*

Die hier auf den Schulunterricht bezogene Auffassung wurde in den letzten Jahren immer wieder aufgenommen und vor allem in Bezug auf die Entwicklung mediendidaktischer Ansätze weiter ausgeprägt.

mediengestütztes Lernen als ein Element unter vielen

Nach Kerres wird die Mediendidaktik vor allem im Spannungsfeld des informellen Lernens und der zunehmenden Verbreitung digitaler Medien in allen Bereichen der Gesellschaft wirksam.

> *„Heute wird mediengestütztes Lernen primär als Element in einem Lernarrangement gesehen, das sich aus einer ganzen Reihe von Angeboten zusammensetzt."*
>
> *(Kerres, 2007, S. 2)*

Mehrwert mediengestützen Lernens

Dies bedeutet auch, dass mediengestütztes Lernen nur dann „Mehrwert" erzeugen kann, wenn entsprechende mediendidaktische Konzepte für den Einsatz von digitalen Medien in Lehr- und Lernprozessen vorliegen. Anders gesagt: Die Qualität mediengestützten Lernens ist stark von der Konzeption des Lernangebots abhängig, die vor allem „...Interaktionsmöglichkeiten zwischen den Lernenden und Medium sowie Lernenden und Lehrenden definiert." (Kerres, 2007, S. 2)

> „Mit mediengestütztem Lernen bringen wir Menschen nicht nur
> Lerninhalte nahe, sondern jedes mediale Arrangement hat auch
> - gewollt oder ungewollt - eine ,medienerzieherische' Wirkung,
> d. h. Einfluss auf die Persönlichkeit des Einzelnen, das Zusammenle-
> ben der Menschen und die Kultur einer Gesellschaft."
>
> *(Kerres, 2007, S. 6)*

Potenziale mediengestützter Lernangebote

Wie schon in klassischen Lernformen erweist sich die Qualität von Lernangeboten letztlich darin, inwieweit eine bestimmte Lern- oder Bildungsaufgabe effektiv und erfolgreich gelöst werden kann. In Bezug auf die Nutzung digitaler Medien in Lernangeboten für unterschiedlichste Zielgruppen wurden und werden Erwartungen diskutiert, die oft in der Erörterung des so genannten „Mehrwerts digitaler Medien" zusammenfließen (vgl. Ebner/Holzinger, 2009, S. 4).

Die Annahme, dass der Einsatz digitaler Medien bessere Lernleistungen erzielt bzw. hierfür geringere Aufwände notwendig sind, konnte bisher durch die Forschung wenig unterstützt werden. Vielmehr ist davon auszugehen, dass Lernerfolg - im Durchschnitt betrachtet - eher unabhängig ist von den jeweils eingesetzten Medien (Kerres, 2007, S. 3).

Lernerfolg und Medieneinsatz

Die neuen Potenziale digitaler Medien für das Lernen werden in der Forschung vor allem in drei Richtungen aufgezeigt (Ebner/Holzinger, 2009):

Potenziale digitaler Medien

- Es entstehen neue Lernqualitäten und die Unterstützung bisheriger Lehr- und Lernmethoden wird möglich. Insbesondere fördert die Anwendungsorientierung digitaler Medien (durch Bilder, Simulationen etc.) die Anschaulichkeit von Lernangeboten, während die Möglichkeit, Experimente oder Probleme als mediale Lernaufgaben zu stellen, eine Aktivierung des Lernenden unterstützt.

- Neue bzw. andere Möglichkeiten der Lernorganisation werden durch die Nutzung digitaler Medien eröffnet. Zeit- und ortsunabhängiges Lernen, sowie die Ansprache neuer Zielgruppen werden damit möglich. Die globalisierte Möglichkeit des Abrufs bzw. der Bereitstellung von Informationen unterstützt diesen Prozess nachhaltig.
  Darüber hinaus sind nach Ebner/Holzinger Problembehandlungen im Rahmen von Bildungsprozessen durch digitale Kommunikationsformen (E-Mail, Foren, Chats etc.) unkomplizierter, individueller und schneller möglich.

- Kürzere Lernzeiten durch ein individuell angepasstes Lerntempo bei der Mediennutzung erscheinen möglich.

Die Einführung mediengestützter Lernangebote ist somit differenziert zu betrachten:

> *„Die Potenziale neuer Medien entstehen nicht durch den Einsatz der neuen Medien als solches, sondern durch die erfolgreiche Einführung eines „richtigen" didaktischen Konzeptes, das auf einer mediendidaktischen Planung und Analyse aufbaut und einer genauen Kenntnis der Rahmenbedingungen der Lernsituation bedarf."*
>
> *(Kerres, 2007, S. 3)*

Neue Lernkultur

neue Unterrichtsformen notwendig

Vor diesem Hintergrund wird immer wieder die Entwicklung einer „neuen Lernkultur" - vor allem im (Hoch-)Schulbereich - eingefordert. So werden Lehrstrategien zunehmend als unzulänglich erfahren, die Lernen ausschließlich an Übermittlungs- und Instruktionsstrategien binden und dabei die Wechselwirkung von äußeren Lernbedingungen und inneren Strukturen des Lernenden nicht berücksichtigen.

Durch die Bereitstellung bzw. das Vorhandensein und die Nutzung digitaler Medien z. B. in Unterrichtsräumen ist Unterricht in traditioneller, lehrerzentrierter Ausrichtung nicht mehr funktionabel.

> *„Sofern Computer und Internet didaktisch-methodisch zielgerichtet und an den Lernvoraussetzungen der Kinder orientiert genutzt werden sollen, bedarf es ganz zwingend eines veränderten Verständnisses über das Lernen und die Lerninhalte, über die Rolle der Lehrenden und Lernenden im Unterricht, über die Organisation des Unterrichts."*
>
> *(Wilde, 2002)*

8.3 Medieneignung für Lernprozesse

Was ist Multimedia?

Bei der Bewertung der Medieneignung für Lernprozesse werden sowohl die technische Vielfalt der Medien, als auch deren Potenziale für geistige Leistungen zur Informationsverarbeitung berücksichtigt. Deshalb sollte man bei multimedialen Angeboten drei Dimensionen unterscheiden (vgl.: Hasebrook, 2001):

- das technische Medium als Träger der Inhalte

- die Art der Inhaltsdarstellung, (Sprache, Zahlen oder Bilder) und

- den Sinneskanal, mit dem die Inhalte wahrgenommen werden (Hören oder Sehen).

Lernsituation, Lerninhalte und Lernende

Eine Betrachtung der didaktischen Eignung digitaler Medien für Lernprozesse wird immer in einem engen Zusammenhang mit den Lernarrangements stehen: Wichtig sind hierbei die konkrete Lernsituation, die spezifischen Lerninhalte und - nicht zuletzt - die Lernenden selbst, also die Merkmale der jeweiligen Zielgruppe. Damit ist die Auswahl der „richtigen" Medien wichtiger Bestandteil eines didaktischen Designs bei der Entwicklung multimedialer Lernumgebungen. Kerres spricht in diesem Zusammenhang von gestaltungsorientierter Mediendidaktik (Hasebrook, 2001).

Multimedial gestützte Lernprozesse erfordern vom Lernenden und Lehrenden neben einem soliden Maß an Medienkompetenz vor allem das Interesse an und die Fähigkeit zum selbst organisierten Lernen.

Das so genannte „Magische Viereck" nach Kerres benennt die vier Bereiche eines erfolgreichen, mediengestützten Lernprojekts. Wichtig ist hier dem Autor das ausgewogene Verhältnis der vier Bereiche, „...da es z. B. wenig Sinn macht, eine Produktion für neue Medien vorzunehmen, wenn nicht geklärt ist, wo, wie, wann und vor allem von wem dieses genutzt werden könnte." (Ebner/Holzinger, 2009, S. 3)

Magisches Viereck

Ausstattung	Lerninhalte
Infrastruktur	**didaktische Reform**
Dienstleistungen	Lehrmethoden
Personal	Produktion
Entwicklung	**Medien**
Organisation	Distribution

Magisches Viereck mediendidaktischer Innovation (nach Kerres, 2005, S. 152)

Urban-Woldron verweist insbesondere darauf, „...dass Multimedia besonders den aktiven, selbst gesteuerten und selbstverantwortlichen Lerner, ... unterstützt." (Urban-Woldron, 2004, S. 4) Beim Lernen mit digitalen Medien verlagert sich der Schwerpunkt vom passiven zum aktiven Lernen. Bei der Entwicklung von optimalen Lernszenarien oder Lernangeboten sollte dem aktiven Lernen auch mit der Auswahl der Medien Rechnung getragen werden.

vom passiven zum aktiven Lernen

Die Einteilung oder Bewertung der Medieneignung erfolgt unter der Voraussetzung, dass es stets um eine sachgerechte und nicht um eine besonders realistische Darstellung von Informationen oder Wissen geht. Wichtig ist die verständliche Darstellung der Zusammenhänge. So kann zum Beispiel für viele Lernende (in Abhängigkeit vom Lerntyp) eine textliche Beschreibung verständlicher sein als eine animierte technische Zeichnung, wenn in der Animation weder Bestandteile noch die Funktionsweise erklärt werden. Durch das Zusammenwirken beider Präsentationsformen (multimedial) werden mehrfache Lernwege ermöglicht, unterschiedliche Lerntypen angesprochen und Behaltenseffekte verstärkt.

mediale Aufbereitung der Inhalte

Digitale Medien in Lernprozessen

vielfältige Funktionen von Medien

Die Entwicklung digitaler Medien ist bis heute nicht abgeschlossen. Technologische Erneuerungen und bessere Formate erweitern immens die Möglichkeiten multimedialer Lernunterstützung. Hinzu kommt, dass sich die pädagogisch-didaktische Verwertbarkeit einiger digitaler Medien nicht auf den ersten Blick erschließt, wie das z. B. bei Computerspielen, wie Serious Games der Fall ist.

Unterschiedliche Medien können in ihrer Anwendung vielfältige Funktionen bzw. Aufgaben im Rahmen des jeweiligen Lernprozesses übernehmen.

Die Auswahl der Medienformen wird bestimmt durch die jeweiligen Handlungsfelder der Lernangebote (Voraussetzungen der Zielgruppe), die spezifischen Lerninhalte sowie die technisch-organisatorische Struktur des Lernangebots.

8.4 Anforderungen an das Bildungspersonal, die Lernbegleiterinnen und Lernbegleiter

Medienkompetenz

Multimedial gestützte Lernprozesse erfordern vom Lernenden und Lehrenden neben einem soliden Maß an Medienkompetenz vor allem das Interesse an und die Fähigkeit zum selbst organisierten Lernen. Vor diesem Hintergrund kommt dem Lehrenden eine (neue) Rolle zu, die im Kontext der Lernbegleitung von besonderem Interesse ist.

Kompetenzprofil des Lehrenden

Problemlösen und Blended-Learning

In der Bildungsforschung wird davon ausgegangen, dass in Abhängigkeit von (zielgruppenspezifischen) Handlungsfeldern und didaktisch-methodischen Rahmen, in denen sich Individuen (also Lernende) bewegen, bestimmte Lehr-Lern-Situationstypen gebildet werden können. Multimedial gestütztes Lernen findet oft in Mischung mit traditionellen Medien statt (z. B. Blended Learning). In diesem Kontext wird der folgende Lehr-Lern-Situationstyp postuliert: „Unterstützung und Förderung der Bereitschaft und Fähigkeit zum motivierten selbst organisierten Problemlösen (in Gruppen) im Rahmen von Blended Learning." (Hoidn, 2005, S. 15)

Kompetenzbereiche des Lehrenden

Es verwundert daher nicht, dass wie in vielen anderen Lernprozessen auch, die folgenden Kompetenzbereiche für den Lehrenden von hoher Bedeutung sind:

1. Personale Kompetenz

2. Aktivitäts- und Handlungskompetenz

3. Fachlich-methodische Kompetenz

4. Sozial-kommunikative Kompetenz

> Lernangebote mit Unterstützung durch digitale Medien erfordern zum einen die fachliche Begleitung des Lernenden bei der Erarbeitung des spezifischen Lerninhalts. Hinzu kommt, in Abhängigkeit von den individuellen Vorkenntnissen des Lernenden, die Anleitung zur Nutzung digitaler Medien.

Aus der Sicht der Lernbegleitung spielt die fachlich-methodisch Kompetenz des Lehrenden eine besondere Rolle, verfolgen diese doch die Frage: „Wie lernt der Lernende?"

Perspektive des Lernenden

Fachlich-didaktische und sozial-kommunikative Kompetenzen sind vordergründig gefragt, wenn es darum geht, dass die Lernbegleitung bei der Gestaltung multimedial gestützter Lernangebote die Perspektive des Lernenden in besonderer Weise berücksichtigen muss. Die Qualität des Lernens entsteht im Prozess des Lernens selbst und wird maßgeblich durch den Lernenden selbst beeinflusst.

Dabei sind die Qualitätsansprüche an Lernangebote mit digitalen Medien seitens des Lernenden abhängig von bildungsbiografischen Erfahrungen und individuellen Lernkompetenzen (wie auch Medienkompetenz) und betreffen unterschiedliche Qualitätsfelder der Lernangebote. So entsprechen dem Qualitätsfeld „Tutorielle Betreuung" die Qualitätsansprüche Interaktionsorientierung, E-Moderation, das Tutorenverhalten (Lerner- und Inhaltsorientierung), die individualisierte Unterstützung des Lernenden sowie die Entwicklungs- und Lernförderung (Ojstersek, 2008).
Qualitätsansprüche der Lernenden

Viele Lernende haben ein Bedürfnis nach intensiver, lernerorientierter Betreuung in fachlicher und pädagogischer Hinsicht. Auch in multimedial gestützten Lernszenarien ist dieser Betreuungsaufwand notwendig, wobei der vielfältige Medieneinsatz die notwendige Kommunikation zwischen Lehrenden und Lernenden unterstützen kann.
Betreuung der Lernenden

Anforderungen in digital gestützten Lernangeboten

Lernangebote mit Unterstützung durch digitale Medien erfordern die fachliche Begleitung des Lernenden bei der Erarbeitung des spezifischen Lerninhalts. Hinzu kommt, in Abhängigkeit von den individuellen Vorkenntnissen des Lernenden, die Anleitung zur Nutzung digitaler Medien. Erfahrungsgemäß nimmt der hier zu betreibende Aufwand mit fortschreitendem Verlauf des Lernangebotes ab, da die Lernenden sich durch ständiges Agieren mit den Medien und den erforderlichen Arbeitstechniken immer besser auskennen.
zusätzliche Vermittlung von Mediennutzungskompetenzen

Die Motivationsförderung der Lernenden in Bezug auf selbst gesteuertes Lernen und die hiermit verbundene Verantwortung für eigenes aktives Handeln bildet einen weiteren Schwerpunkt der Tätigkeit des Lernbegleiters bzw. des Lehrenden. Auch dieser Betreuungsaufwand kann sich im Verlauf eines Lernangebots reduzieren, wenn die Teilnehmerinnen und Teilnehmer Fähigkeiten zum selbst organisierten Lernen weiter ausbauen.
Förderung der Motivation

Nicht zuletzt wird die Kommunikationsfähigkeit bzw. die Herausbildung von Kommunikationsstrategien durch die Lernenden im Rahmen von multimedial gestützten Lernangeboten gefördert.
Förderung der Kommunikationsfähigkeit

8.5   Lernszenarien unter Einsatz digitaler Medien

Die Nutzung von digitalen Medien in unterschiedlichen Lernszenarien wird zukünftig einen noch größeren Raum einnehmen als bisher. Nicht nur, da immer mehr alltägliche Lebensbereiche mit Medien verknüpft werden, sondern auch, weil durch die rasante Entwicklung der Technologien immer interessantere Angebote entstehen, die viele unterschiedliche Lerntypen ansprechen und multifunktional eingesetzt werden können. Dazu kommt, dass es für Lehrkräfte immer einfacher wird, selbst Lernangebote anzupassen oder eigenständig zu entwickeln.

Lernszenarien kompetent entwickeln und begleiten

Der „Wert" dieser Angebote wird aber nicht allein durch die Technologie und die interaktiven Inhalte bestimmt. Die Auswahl von geeigneten Lernszenarien und die geschickte Begleitung von Lernprozessen unter Nutzung digitaler Medien werden wichtiger denn je.

Wer zum Beispiel im Bereich der frühkindlichen Bildung die Konzentration und Sinneswahrnehmung der Kinder entwickeln und hierbei den Entdecker- und Erfinderdrang der Kinder einbringen möchte, der wird schnell eine geeignete Software finden. Aber wie soll der Lernprozess organisiert werden? Wie viele Lernstationen gibt es und wie werden Kinder eingebunden, die noch keine Medienerfahrung haben? Wie macht man die Ergebnisse des Lernprozesses für alle sichtbar? Dies sind entscheidende Fragen, deren individuelle Beantwortung erst den Erfolg ausmacht.

Beispiel: Ein multimediales Kinderbuch - selbst gemacht!

Kinder lieben Geschichten. Geschichten selber ausdenken und sie in Bildern, Texten und Tönen wiedergeben ist eine faszinierende Tätigkeit. Dabei stellt sich das Arbeiten mit Computer und Software als spannendes Neuland dar.

→ http://www.bibernetz.de

Anschlussfähigkeit sichern

Ebenso wichtig für den Erfolg von Lernangeboten unter Nutzung digitaler Medien, ist die Anknüpfung an die vorhandenen Fähigkeiten im Bereich der Mediennutzung und die Anschlussfähigkeit der Inhalte an das Vorwissen und den Erfahrungshorizont der Teilnehmerinnen und Teilnehmer.

Die Einbindung eines Computerspiels zur Vermittlung von Aspekten des Verhältnisses zwischen Individuum, Politik, Staat und Gesellschaft für Schülerinnen und Schüler in den Unterrichtsfächern Politische Weltkunde liegt fast schon auf der

> „Gegenwärtig werden im medienpädagogischen Diskurs Compu-
> terspiele primär als Medienangebote thematisiert, wobei oftmals
> außer Acht gelassen wird, dass Spielen eine kulturell geprägte, ak-
> tive und soziale Auseinandersetzung mit dem Spiel als Artefakt, Re-
> gelwerk und Geschichte impliziert."
>
> *(Schrammel / Mitgutsch, 2009)*

Hand. Aber welches Computerspiel ist für die Lerngruppe geeignet? Wie können die
Schülerinnen und Schüler mit scheinbar hoher Medienkompetenz ihr Potenzial effektiv einbringen? Wie lässt sich die Auseinandersetzung mit den Inhalten organisieren und eine wahllose Sammlung von Informationen vermeiden? Welche Möglichkeiten der Ergebnisdiskussion unter Nutzung des Computerspiels gibt es? Hier
sind gute Vorbereitung, Kenntnisse über die Lerngruppe, grundlegende eigene Medienkompetenz und pädagogisches „Gespür" notwendig.

Beispiel: Genius - Im Zentrum der Macht: Politiksimulation

Simulationen eignen sich hervorragend für den Transport politischer Bildungs-
inhalte. Auf spielerische Weise werden politische Inhalte in die Zimmer der
„Computer-Kids" getragen und auch bildungsferne Zielgruppen angesprochen.
Vom Bürgermeister in einem bayerischen Dorf bis zum Bundeskanzler können es
die Spieler in „Genius - Im Zentrum der Macht" bringen, wenn sie ihr Hand-
werkszeug klug einsetzen.

→ http://www.cornelsen.de/genius/

Lernexperimente wagen

Der Einsatz von interaktiven Medien bietet aber auch ein Experimentierfeld für
neue, bisher kaum für möglich gehaltene Lernexperimente und Projekte.

So sind bekanntermaßen schwerkranke Personen oft depressiv und wissen wenig
über ihre Krankheit. Bei der Betreuung von Schwerkranken ist es daher notwendig,
eine aktive Haltung zur eigenen Krankheit zu entwickeln und so den Gesundungs-
prozess zu fördern. Ein Beispiel aus den USA zeigt eindrucksvoll, wie schwer krebskranke Patientinnen und Patienten durch Nutzung eines Computerspiels im Prozess der Aktivierung und Entwicklung einer notwendigen positiven Haltung zu
"Bekämpfung" der Krankheit effektiv unterstützt werden. Und dabei verfolgt das
Spiel einzig das Ziel, in bekannter Shooter-Perspektive Krebszellen zu vernichten.

Beispiel: Re-Mission - Kampf den Krebszellen

In bester Ego-Shooter Manier ballern Kinder im Serious Game „Re-Mission" für
eine gute Sache - sie lernen, wie sie ihren Krebs bekämpfen. Die gemeinnützige
Organisation HopeLab hat mit Re-Mission ein Lernspiel einer besonderen Güte-
klasse speziell für krebskranke Jugendliche und junge Erwachsene entwickelt.

→ http://www.hopelab.org

Lernzeiten neu denken

Nicht zuletzt erfordert der Einsatz von digitalen Medien, die Planung und Nutzung von Lernzeiten neu zu konzipieren. Die üblicherweise an die Erfüllung einer (Lern-) Aufgabe fest gebundenen Raum- und Zeitkonzepte lösen sich im digitalen Raum schnell auf.

Die Einführung und Nutzung von eLearning Angeboten im Bereich des Erwerbslebens ist fast schon so selbstverständlich, wie die effektive Gestaltung der Mittagspause. Aber für viele erwachsene Lernende besteht das Problem, dass schon für die „normalen" Tagesaufgaben zu wenig Zeit zur Verfügung steht. Wie kann man sichern, dass zum Beispiel kurze „Leerzeiten" im Tagesablauf für Lernen genutzt werden können? Wie wird gesichert, dass Lernzeiten auch außerhalb des angestammten Arbeitsplatzes anerkannt werden? Wie macht man zeitversetzt erarbeitete Ergebnisse sichtbar und stellt diese einem ausgewählten Personenkreis zur Verfügung? Antworten liegen oftmals in einer Flexibilisierung von Zeitabläufen und einer neuen Anerkennungskultur.

Beispiel: IT Grundwissen für alle - fIT für den Aufschwung

Die Online-Lernplattform der Initiative IT-Fitness von Microsoft Deutschland und Partnern ist ein zentrales, frei zugängliches und kostenfreies Portal, auf dem sich erfahrene Arbeitnehmerinnen und Arbeitnehmer, berufliche Wiedereinsteiger, Schülerinnen und Schüler sowie Berufsanfänger selbstständig IT-Basiskenntnisse aneignen können. Mithilfe individueller kurzer Lerneinheiten für Anfänger und Fortgeschrittene kann man sich zeitlich unabhängig und schnell weiterbilden.

→ http://www.fit-fuer-den-aufschwung.de

Schlussendlich erfordert die Nutzung von digitalen Medien neben neuen Lernkonzepten die Entwicklung neuer Kompetenzen im Bereich der Entwicklung, Durchführung und Begleitung von Lernszenarien. Lernbegleiterinnen und Lernbegleiter mit einem ausgeprägten Erfahrungshorizont im Bereich des multimedialen Lernens und einem „natürlichen" Interesse an zielgruppenorientierten Angeboten können hier nachhaltig Lernprozesse verändern.

Lernen mit Computerspielen

9

9.1 Ein Medium wird erwachsen

Computer- und Videospiele sind en vogue - nicht nur bei Kindern und Jugendlichen, sondern neuerdings auch bei älteren und zunehmend auch bei weiblichen Konsumentengruppen. Konsolen und Spielkonzepte der neuesten Generation öffnen das E-Gaming mit Partygames wie „Singstar" (Sony Computer Entertainment) oder Braingames wie „Dr. Kawashimas Gehirn-Jogging" (Nintendo) neuen Nutzungsformen und -kontexten.

E-Gaming und neue Nutzergruppen

Mit der zunehmenden Verbreitung und Vielfalt digitaler Spiele wächst auch das Interesse an ihren positiven Eigenschaften. Weltweit beschäftigen sich Medien- und Bildungsforscher mit den Potenzialen elektronischer Spiele zur Förderung und Unterstützung von Lernprozessen. Das Interesse der Forscher gilt dabei weniger den explizit zu Lernzwecken gestalteten Lern- und Edutainment-Titeln. Immer häufiger richtet sich ihr Blick auf handelsübliche Unterhaltungssoftware - und das aus gutem Grund:

Potenziale elektronischer Spiele

Um ein Computerspiel erfolgreich durchspielen zu können, so behauptet der amerikanische Linguist und Erziehungswissenschaftler James Paul Gee (Gee, 2003), müssen Spieler einen intrinsisch[1] motivierten, selbst gesteuerten Lernprozess durchlaufen, dessen Komplexität schulische Lernformen in der Regel bei weitem übertrifft. Gleichwohl sind viele Kinder beim Erlernen von Computerspielen effizienter und erfolgreicher als in der Schule. Gee führt das auf die am freien Markt wirksamen Auslesemechanismen zurück: Ein Computerspiel wird nur dann zum Verkaufsschlager, wenn es den Spielerinnen und Spielern echte Herausforderungen bietet und gleichzeitig das Erlernen der dazu notwendigen Fähigkeiten optimal unterstützt, wenn es also weder unter- noch überfordert. Damit sind erfolgreiche Computerspiele Musterbeispiele für die Anwendung wirksamer didaktischer Grundprinzipien.

Erfolgreiche Spiele als Musterbeispiele

Dieser Erkenntnis folgend, beschäftigen sich zahlreiche Untersuchungen mit der Nutzung von Computerspielen in informellen Bildungskontexten. Vor allem im angloamerikanischen Raum wurden zudem verschiedene Modellprojekte (vgl. Sandford, 2006) durchgeführt, mit dem Ziel, die Chancen und Stolperfallen beim Einsatz solcher Unterhaltungsspiele in schulischen und anderen institutionalisierten Lernkontexten ausfindig zu machen.

---

[1] Intrinsisch: <lat.-fr.-engl.>: (Psychol.) von innen her, aus eigenem Antrieb durch Interesse. (Quelle: http://www.duden.de/suche/index.php?suchwort=intrinsisch&suchbereich=mixed [Stand: 25.03.2010])

9.2 Computerspiele als ideale Lernumgebungen

Spielspaß als Lernförderer

Der Kommunikationswissenschaftler Christoph Klimmt definiert Computerspiele als „interaktive Medienangebote, die zum Zweck der Unterhaltung hergestellt und genutzt werden" (Klimmt, 2004, S. 695-716). Spielspaß entsteht dabei laut Klimmt durch drei zusammen wirkende Faktoren:

■ **Das Erleben von Selbstwirksamkeit:** Mit jeder Aktion, jedem Knopfdruck des Spielenden löst dieser eine entsprechende Reaktion innerhalb der Spielwelt aus. Die permanenten Eingabe-Ausgabe-Schleifen bilden die Grundlage des Unterhaltungserlebens, da sie Handlungsfreiheit und -fähigkeit innerhalb der Spielwelt erlebbar machen und ihm so ein aktives und zielgerichtetes Engagement in die Herausforderungen des Spiels ermöglichen.

■ **Zyklen aus Spannung und Lösung:** Jede konkrete Aufgabe, die der Spieler im Spielverlauf zu lösen hat, erzeugt Spannung, da zunächst unklar ist, ob er die Situation erfolgreich bewältigen kann. Gleichzeitig hofft er natürlich, dazu in der Lage zu sein. Diese, aus Ungewissheit und Hoffnung entstehende, angstvolle Spannung wird gemeinhin als unterhaltsam empfunden. Meistert der Spielende die Herausforderung, verwandelt sich die Anspannung in gelöste Euphorie. Er erlebt sich als zunehmend kompetent und erfolgreich, sein Selbstwertgefühl steigt. Umgekehrt bedeutet dies natürlich im Misserfolgsfall eine Minderung des Selbstwertgefühls, die als Ärger, Frustration oder Enttäuschung erlebt wird. Eine begrenzte Zahl von Misserfolgen bei einem wachsenden Schwierigkeitsgrad der zu lösenden Aufgaben ist dabei notwendig, um die Spannung aufrecht zu erhalten; nehmen die Misserfolge jedoch überhand, so besteht die Gefahr, dass das Spiel - je nach individueller Frustrationstoleranz des Spielenden - früher oder später abgebrochen wird.

■ **Identifikation mit einer Handlungsrolle innerhalb der Spielstory:** Abgesehen von einigen, wenigen abstrakten Games, sind die meisten Computerspiele in Rahmenhandlungen und Geschichten eingebettet. Der Spielende schlüpft in eine Handlungsrolle innerhalb des Spielszenarios und agiert fortan als erfolgreiche Managerin, gewiefte Abenteurerin oder mächtiger Feldherr. Dabei hat der Spielende die Möglichkeit zum Probehandeln; gefahrlos kann er unterschiedliche Vorgehensweisen auf ihre Konsequenzen hin prüfen und sich schließlich für die beste Variante entscheiden. Je authentischer und detailreicher die Spielwelt und je glaubwürdiger die Handlungsrolle gestaltet ist, je besser sich also ein Spielender in sie einfühlen kann, desto größer ist der zusätzliche Spielspaß und desto intensiver der Lernprozess, der aus dieser Rollenerfahrung erwächst.

> „Spielen ist eine Grundkategorie der menschlichen Existenz. Der Mensch ist ein Spieler - und ohne seine Lust und Fähigkeit zum Spielen hätten sich ganze Bereiche seiner Kultur nicht entwickelt."
>
> *(Huizinga, 2006, Klappentext)*

Es sind vor allem diese, als unterhaltsam erlebten, Möglichkeiten zur Selbstvergewisserung über die eigenen Fähigkeiten und Kompetenzen sowie zur Erweiterung derselben, die Computerspiele als ideale Lernumgebungen kennzeichnen. Die Medienpsychologin Ute Ritterfeld sieht gerade in der nahezu vollständigen Verschmelzung von Lerninhalten und Unterhaltungselementen, wie sie in marktgängigen Computerspielen vollzogen wird, das größte Potenzial zur Stimulation und Unterstützung intrinsisch motivierter, beiläufiger Lernprozesse. Während traditionelle Edutainment-Software Lern- und Unterhaltungselemente zumeist einfach aneinanderreiht - wobei die Unterhaltung entweder als „Türöffner" für explizite Lerninhalte dient oder als Belohnung für die erfolgreiche Bearbeitung solcher Inhalte zum Einsatz kommt - werden Unterhaltung und Lernen bei kommerziellen Computerspielen zu einem simultanen Erlebnis. Auf diesem Umstand beruht ihre besondere Eignung zur Förderung informeller Lernprozesse. Dabei ist freilich zu bedenken, dass sich nicht jedes Spiel für jeden Lerninhalt und jeden Lerntyp eignet. Die Auswahl des passenden Spiels unter Berücksichtigung der Lernziele und der beim Lernenden vorhandenen Kompetenzen und Vorerfahrungen ist eine zentrale Aufgabe der Lernbegleiterinnen und Lernbegleiter.

Verschmelzung von Lernen und Unterhaltung

9.3 Was kann mit Computerspielen gelernt werden?

Wenn Computerspiele Lernprozesse wirksam unterstützen, so bleibt zu fragen, welche Lernergebnisse dabei erzielt werden, welche Arten von Wissen und Fähigkeiten durch das Spielen von Computerspielen erworben werden? Eine allgemeine Antwort auf diese Frage lautet, dass sich das in Computerspielen erworbene Wissen zumeist deutlich von dem unterscheidet, was Kinder und Jugendliche in der Schule lernen. Das beim digitalen Spielen Gelernte entspricht vielmehr dem, was im Kontext neuer Lernkulturen unter Begriffen wie Kompetenzentwicklung, Selbststeuerung und Metakognition verhandelt wird.

Lernergebnisse

Eine Untersuchung des Instituts für Medienpädagogik in Forschung und Praxis (JFF) (Gebel/Gurt/Wagner, 2005, S. 241-376) kommt zu dem Ergebnis, dass Computerspiele in Abhängigkeit von ihrem spezifischen Anforderungsprofil unterschiedliche Kompetenzdimensionen fördern können:

Kompetenzentwicklung

- **Soziale Kompetenz**, z. B. durch die Anregung zur Auseinandersetzung mit eigenen und gesellschaftlichen Werten und Normen oder die kooperative Lösung von Aufgaben im Team;

- **Medienkompetenz**, z. B. durch den Umgang mit komplexen Menü oder Navigationsstrukturen und der Orientierung in virtuellen 3D-Umgebungen;

■ **Persönlichkeitsbezogene Kompetenz**, z. B. durch die Verarbeitung von Stress und Misserfolgen, die emotionale Selbstkontrolle oder die Auseinandersetzung mit Identitäts- und Rollenaspekten;

■ **Kognitive Kompetenz**, z. B. durch die Nutzung unterschiedlicher, dynamischer Informationsquellen wie etwa Gelände-Karten, Radar-Monitoren, Statistiken, Energie-Vorräten, Chat-Kanälen usw. zur zielgerichteten Lösung von Problemen.

erfahrungsbasierte Handlungsoptimierung

Je nach Spiel und Genre entwickeln und perfektionieren die Spielenden ein spezielles Repertoire an Fähigkeiten und Vorgehensweisen. Dieses Lernen innerhalb des Spiels findet erfahrungsbasiert statt; mit jeder neuartigen Aufgabe wird das vorhandene Handlungs-Repertoire angepasst, verfeinert oder erweitert und so eine immer effektivere Spielstrategie entwickelt. Diese Lernprozesse werden häufig durch Tutorials und andere in die Spielwelt integrierte Lernhilfen unterstützt.

Wissenstransfer

Insofern diese Lernprozesse jedoch informellen und beiläufigen Charakter besitzen, also vorbewusst und vorreflexiv sind, gehen die mit ihnen verbundenen Lernerfahrungen zunächst kaum über die Spielwelt hinaus. Der Spielende lernt also primär, besser und erfolgreicher zu spielen. Erst in der Bewusstwerdung und Reflexion dieser Lernerfahrungen wird ein Transfer des Gelernten in die Alltagszusammenhänge des Lernenden möglich. Aufgabe der Lernbegleitenden muss es also sein, hier Anreize zu setzen und Anknüpfungsmöglichkeiten aufzuzeigen.

spielerisches Lernen einer Fach-Sprache

Eine weitere Lerndimension beschreibt James Paul Gee mit dem Konzept der „Semiotischen Domäne" oder der „Sinnwelt". Jeder Bereich gesellschaftlichen Lebens grenzt sich über eine besondere Sprache, über eigene Symbole, Zeichen und Gepflogenheiten von anderen Bereichen ab. So wird etwa im Bereich der Filmproduktion eine Sprache gesprochen, deren Feinheiten sich nur dem erschließen, der in diesem Bereich sozialisiert wurde.

Durch das Spielen einer Wirtschafts-Simulation wie „The Movies" (Activision), in der die Spielenden in die Rolle eines Filmstudio-Bosses schlüpfen, wird die Spielerin oder der Spieler in die semiotische Domäne der Filmproduktion eingeführt. Ab einem gewissen Punkt eröffnet sich dadurch der Zugang zu verschiedenen „Neigungsgruppen" (Affinity Groups), die sich für die Herstellung von Filmen interessieren, was wiederum Gelegenheiten für einen vertieften Austausch und Wissenserwerb mit sich bringt.

> Die Qualität eines Spiels hängt nicht allein von dessen spezifischen Eigenschaften ab; sie entsteht erst in der Spielsituation selbst, durch die Aktivitäten des Lernenden.

9.4 Soziale Aspekte des Computerspielens

Die vielfältigen, mit Computerspielen verbundenen sozialen Praktiken bilden einen weiteren wichtigen Aspekt des Lernens mit Computerspielen. In der Alltagskultur junger - und zunehmend auch älterer - Menschen haben Computerspiele ihren festen Platz. Sie bieten Gesprächsstoff und forcieren Kontakte im Rahmen gemeinschaftlicher Spielerlebnisse.

Innerhalb der zahlreichen Fan-Communities ist es gang und gäbe, dass erfahrenere Spielerinnen und Spieler Neulinge in unterschiedliche Spiel-Strategien einweisen und ihnen Tipps zur Lösung bestimmter Aufgaben geben. Die aktive Teilnahme an solchen Communities bietet vielfältige Lernerfahrungen.

Teilnahme an Fan-Communities

Noch spannendere Möglichkeiten eröffnen sich, wenn aus Spieler-Communities Lerner-Communities werden, die sich nicht auf die Diskussion von Spiel-Strategien beschränken, sondern ihre spielimmanent erworbenen Lernerfahrungen gemeinsam reflektieren.

Dies erscheint umso sinnvoller, je mehr Spiele Möglichkeiten zu kooperativem oder wettbewerbsorientiertem Gameplay bieten. Sei es, dass Aufgaben gemeinsam oder gar „arbeitsteilig" gelöst werden müssen, wie etwa beim Online-Rollenspiel „World of Warcraft" (Blizzard Entertainment) oder dass der Wettbewerb mit anderen Spielerinnen und Spielern Motivation und Spielspaß steigert - die soziale Dimension des Computerspielens kann individuelle Lernprozesse auf vielfältige Weise bereichern.

Multi-Player-Games

9.5 Steigbügel und Stolpersteine

Die Möglichkeiten und Grenzen des Einsatzes von Computerspielen zu Lernzwecken müssen im Einzelfall je nach didaktischer Situation abgewogen werden. Die Qualität eines Spiels hängt nicht allein von dessen spezifischen Eigenschaften ab; sie entsteht erst in der Spielsituation selbst, durch die Aktivitäten des Lernenden. Vor der Auswahl eines passenden Spiels steht daher immer zuerst die Entscheidung, ob ein Computerspiel für diesen Lernenden überhaupt das passende Medium ist. Je positiver seine Haltung gegenüber Computerspielen, je umfangreicher die vorhandenen Spielerfahrungen, desto eher wird das Lernen gelingen.

Auswahl des richtigen Spiels

Mit Blick auf die Persönlichkeit der Lernenden, ihre individuellen Lernziele und Lernfähigkeiten und die allgemeinen Rahmenbedingungen des Lernkontextes geht es dann um die Auswahl des richtigen Spiels. Dabei sollten folgende Leitfragen beachtet werden:

- Ist das Spiel kulturell angemessen gestaltet? Werden Ethnien und Geschlechter angemessen repräsentiert? Wie ist das Spiel unter ethisch-moralischen Gesichtspunkten zu bewerten? Verfügt es über eine Alterskennzeichnung oder ein Gütezeichen?

- Bietet das Thema oder die Spielstory ausreichenden Bezug zu den Lernzielen des Lernenden? Passen die Handlungsrollen zu seinem Kenntnis- und Entwicklungsstand?

- Wie glaubwürdig, wie konsistent, wie realitätsnah ist die Spielwelt gestaltet? Bietet sie Möglichkeiten zur Exploration, zum Ausprobieren unterschiedlicher Vorgehensweisen und ihrer jeweiligen Konsequenzen?

- Wie steil ist die Lernkurve des Spiels und wie kompliziert sind die Regeln? Ist das Spielziel klar verständlich?

- Wie komplex sind die Anforderungen an den Spielenden und wie hoch ist das Spieltempo? Stehen Anforderungen, Lernhilfen und Handlungsmöglichkeiten des Spielenden in einem ausgewogenen Verhältnis zueinander? Wie entwickelt sich die emotionale Dramaturgie des Spiels?

- Wie vielfältig sind die Problemstellungen und wie abwechslungsreich die Lösungswege? Entwickeln sich die Aufgaben mit einem steigenden Schwierigkeitsgrad? Lässt sich der Schwierigkeitsgrad individuell anpassen? Lassen sich Spielstände problemlos speichern und wieder abrufen?

- Erhält der Lernende angemessene Informationen zu seinem Spielfortschritt? Welche semiotischen Modi werden genutzt, welche Wahrnehmungskanäle angesprochen?

- Erlaubt das Spiel kooperatives oder wettbewerbsorientiertes Gameplay? Existiert Hilfsmaterial oder eine Spieler-Community im Internet?

- Kann der Lernende eigene Spielinhalte erstellen oder vorhandene Inhalte verändern? Fördert das Spiel die Kreativität des Spielenden?

- Wurde das Spiel bereits in (anderen) Lernkontexten verwendet und sind die Erfahrungen dokumentiert?

Spiel-Genres

Eine erste Orientierung über die Eignung eines Spiels bietet das jeweilige Spiel-Genre als komplexe Konfiguration bestimmter Spieleigenschaften. Aufbau-Simulationen, Rollen- oder Strategiespiele werden in der Regel vielfältigere Aufgabenstellungen und mehr Möglichkeiten zur Exploration bieten als Shooter oder Adventure-Games.

> „Der Jugendmedienschutz versucht, Einflüsse der Erwachsenenwelt, die dem Entwicklungsstand von Kindern und Jugendlichen noch nicht entsprechen, möglichst gering zu halten und Kinder und Jugendliche bei ihrer Persönlichkeitsentwicklung zu unterstützen."
>
> *(Kommission für Jugendmedienschutz der Landesmedienanstalten, kjm, 2010)*

Auch soll nicht verschwiegen werden, dass eine ganze Reihe der am Markt erhältlichen Spiele schlichtweg zu trivial, zu kompliziert oder zu wenig unterhaltsam sind, als dass sie sinnvoll in Lernkontexte eingebunden werden könnten.

Als Spiel-Plattform bietet sich aufgrund seiner hohen Verbreitung der PC an, allerdings drohen hier mitunter Komplikationen bei Installation und Betrieb des Spiels. In dieser Hinsicht sind Spielkonsolen oft die einfachere und zuverlässigere Lösung. *Plattform*

Die nötige Spielkompetenz auf Seiten der Lernbegleitenden vorausgesetzt, können Computerspiele ein wirkungsvolles und leistungsfähiges Element formeller wie auch informeller Lernkontexte bilden, das sich durch seine lebensweltliche Verankerung, durch seine Verfügbarkeit und durch die spezifische Verbindung von Spaß und Lernen empfiehlt.

9.6 Jugendmedienschutz

Das Thema Computerspiele in Bildungsprozessen kann niemals unabhängig vom Jugendmedienschutz betrachtet werden. Zu beachten sind neben den gesetzlichen Regelungen, dass Spielezeiten eingehalten und Inhalte sorgfältig ausgewählt und kontrolliert werden. Seit einigen Jahren gibt es umfangreiche Studien im Bereich der Wirkungsforschung. Viele der Autoren warnen vor Problemen der übertriebenen Nutzung und der oftmals einhergehenden Verschlechterung von schulischen Leistungen und Störungen in der Persönlichkeitsentwicklung. Eine Sensibilisierung bei allen Beteiligten ist unumgänglich, um Computerspiele erfolgreich in Bildungsprozessen einzusetzen. *Jugendschutz und Gefahren*

Die folgende Übersicht stellt die wichtigsten Institutionen des Jugendmedienschutzes vor:

- **Unterhaltungssoftware Selbstkontrolle (USK):** Die Alterskennzeichnung von Computerspielen ist eine Aufgabe der Jugendministerien der Länder. Sie bedienen sich der Serviceleistungen der Unterhaltungssoftware Selbstkontrolle als Testeinrichtung. Die Alterskennzeichen findet man auf den Verpackungen sowie auf dem Datenträger. *www.usk.de*

- **Freiwillige Selbstkontrolle Multimedia-Diensteanbieter e.V. (FSM):** Die FSM ist ein Verein, der 1997 von zahlreichen Verbänden und Unternehmen der Online-Wirtschaft gegründet wurde, um die Verbreitung rechtswidriger und jugendgefährdender Inhalte in Online-Diensten zu verhindern. Die FSM betreibt eine Beschwerdestelle, an die sich Eltern direkt wenden können und klärt Internet-Nutzer über einen verantwortungsbewussten Umgang mit Online-Medien auf. *www.fsm.de*

www.bundespruefstelle.de

■ **Bundesprüfstelle für jugendgefährdende Medien (BPjM):** Die BPjM ist eine Bundesoberbehörde. Sie entscheidet auf Antrag bzw. Anregung von Behörden, der KJM und Trägern der freien Jugendhilfe über die Jugendgefährdung von Träger- und Telemedien. Mit dem Eintrag in die Liste der jugendgefährdenden Medien unterliegen diese „indizierten" Medien bestimmten Vertriebs-, Verbreitungs- und Werbebeschränkungen und dürfen nur noch Erwachsenen zugänglich gemacht werden.

www.kjm-online.de

■ **Kommission für Jugendmedienschutz der Landesmedienanstalten:** Die KJM ist die zentrale Aufsichtsstelle für den Jugendschutz im privaten Rundfunk und in den Telemedien (Internet). Sie dient der jeweils zuständigen Landesmedienanstalt als Organ bei der Erfüllung ihrer Aufgaben und sorgt für die Umsetzung des Jugendmedienschutz-Staatsvertrags.

www.sicherheit-macht-schule.de

■ **Sicherheit macht Schule:** Mit der Initiative „Sicherheit macht Schule" unterstützt Microsoft Schulen aktiv bei der Förderung eines starken Bewusstseins von Schülerinnen und Schüler für Sicherheit und Schutz der Privatsphäre bei der Nutzung neuer Medien.

Lebenslang lernen heißt lebenslang spielen

10.1 Ausgangslage und Problembeschreibung

Die Mediennutzung hat sich entscheidend verändert. Digitales Lernen und Spielen rücken zunehmend in den Fokus wissenschaftlicher Studien und werden auf ihre Tauglichkeit für den Einsatz in Unterrichtsszenarien untersucht. Inzwischen sprechen wir auch bei elektronischen Medien von Alltagsmedien, deren kreative Möglichkeiten in Bildungsprozessen unbedingt genutzt werden sollten - sind sie doch den Heranwachsenden nah und für sie mit Leichtigkeit nutzbar.

digitales Lernen und Spielen

Geeignete Edutainment- und Lernsoftware bietet gute Voraussetzungen für ein Lernen ohne Frust und Zwang. Kein Erwachsener kann so viel Zeit und Geduld aufbringen wie ein Computer. Kein Buch ist so flexibel, dass es sich den individuellen Bedürfnissen und Lernfortschritten des Nutzers anpasst. Computerspiele werden zwar häufig mit dem Urteil „stupide Freizeitbeschäftigung" belegt, doch tragen sie diese Bezeichnung zu Unrecht. Mit geeigneten Spielen können unter anderem die Konzentrationsfähigkeit, die Frustrationstoleranz und strategische Kompetenzen von Kindern auf beispiellose Art und Weise gefördert werden (Neuss, 2001, S. 19-23).

gute Lernspiele

Obwohl sich die Anzahl der Jugendlichen, die Computer im Unterricht nutzen, laut PISA Studie 2006 im Vergleich zu 2003 verdoppelt hat, liegt Deutschland im OECD Vergleich immer noch mit 31 Prozent hinter dem Durchschnitt von 56 Prozent (Senkbeil, 2007, S. 154).

Nutzung von Computern im Unterricht

Sicherlich steht der geringere Einsatz von Computern in der Schule auch mit einer eher ablehnenden Grundstimmung gegenüber diesem Medium in Zusammenhang. Für die skeptische Einstellung gegenüber Computern in der Bildung und Erziehung gibt es verschiedene Gründe. Eine wichtige Rolle dürfte dabei die in der Regel negativ besetzte Diskussion um Computerspiele gerade im Hinblick auf Jugendgewalt und exzessiven Medienkonsum spielen. Das Resultat ist in weiten Teilen der Bevölkerung eine unterschwellige Abneigung gegenüber Computerspielen.

Es gibt nur wenige beratende Angebote, die sich mit dem pädagogischen Einsatz von Computerspielen beschäftigen. Häufig weisen sie Defizite auf. Mal sind sie von wirtschaftlichen Interessen dominiert und die Spielempfehlungen damit nur eingeschränkt qualitätsorientiert. Mal sind sie nur Beiwerk eines ausschließlich jugendschutzorientierten Angebotes. Mal sind sie eher wissenschaftlicher Natur und damit schwer zugänglich für den größten Teil der Eltern sowie Pädagoginnen und Pädagogen.

Beratung zum pädagogischen Einsatz von Computerspielen

10.2 Erforschung von Lerneffekten beim Computerspielen

Unter dem Titel „Lebenslang lernen heißt lebenslang spielen" engagiert sich der Förderverein für Jugend und Sozialarbeit (fjs e. V.) mit seinen Einrichtungen Helliwood media & education und BITS 21 seit 2006 mit einer Reihe von Aktivitäten zur Förderung von Medienkompetenz, die sich mit den Chancen des spielerischen Lernens mit elektronischen Medien beschäftigen.

Kategorisierung von Lerneffekten

Ziel ist es, Pädagoginnen und Pädagogen für die kreativen Möglichkeiten und Lernpotenziale von Computerspielen zu sensibilisieren und sie zu motivieren, in unterschiedlichen Bildungsszenarien das Alltagsmedium Computerspiel einzusetzen. Dabei wurde dem didaktischen Ansatz gefolgt: Lebenslang lernen heißt lebenslang spielen. Die Aktivitäten richten sich im Besonderen auf den Versuch der Kategorisierung von Computerspielen mit Blick auf mögliche Lerneffekte und die Durchführung von Case Studies, in denen der Einsatz jeweils eines Computerspiels in Lernszenarien begleitet und dokumentiert wird. Case Studies zum Einsatz des Computerspiels in Bildungsprozessen gehen der Frage nach, wie und was Lernende lernen, wenn sie in ein Computerspiel eintauchen und Pädagoginnen und Pädagogen sie dabei in kreativen Szenarien unterstützen.

Durchführung der Case Studies

Einbezogen werden Pädagoginnen und Pädagogen aus verschiedenen Bildungsinstitutionen wie Kindertagesstätten, Grundschulen und Hort, aus weiterführenden Schulen und der beruflichen Ausbildung sowie aus öffentlichen Institutionen, Unternehmen und Hochschulen.

Interessierte Einrichtungen sowie Pädagoginnen und Pädagogen erhalten für die Umsetzung der Case Studies folgende Unterstützungsangebote:

- individuelle Beratung bei der Auswahl des Mediums/der Methode

- technische Hilfestellung sowie Bereitstellung von Technik und Material

- pädagogische Begleitung während des Projektes

- Material und Hilfe bei der Ergebnissicherung

- Dokumentation und Bereitstellung der Projektergebnisse

> Für die Implementierung der mit den Alltagsmedien vorhandenen interaktiven Spielangebote braucht es eine Kategorisierung nach pädagogischen Gesichtspunkten.

10.3 Tabellen und Kategorien oder: Wie ordnet man Computerspiele zu?

Computer- und Konsolenspiele erhalten durch die Obersten Landesjugendbehörden ein Alterskennzeichen, das für die mögliche Einbindung in Lernszenarien einen ersten Hinweis gibt. Für den Einsatz in den Einrichtungen der frühkindlichen Bildung liegt mit dieser Einteilung der Fokus auf „ohne Altersbeschränkung" freigegebenen Spielen. Für die Gestaltung von Lernszenarien in Grundschulen können - mit Einschränkungen für die ersten Schuljahre - die Spiele der nächsten Gruppe einbezogen werden usw.

Orientierung an der Altersfreigabe

Die Betrachtung der interaktiven Spiele unter dem Kriterium der Altersfreigabe ist aber nicht ausreichend, vielmehr braucht es inhaltliche Anhaltspunkte, die es den Lehrenden ermöglichen, Lernarrangements umfassend vorzubereiten. Für die Implementierung der mit den Alltagsmedien vorhandenen interaktiven Spielangebote braucht es somit eine Kategorisierung nach pädagogischen Gesichtspunkten.

Kategorisierung nach pädagogischen Gesichtspunkten

Daher erscheint eine Einteilung der Computerspiele nach möglichen Lerneffekten auch auf den zweiten Blick funktional für die Gestaltung möglicher Lernarrangements in verschiedenen Altersgruppen und Bildungseinrichtungen.

In der Diskussion mit pädagogischen Fachkräften zeigte sich, dass eine solche Einteilung in der Vorbereitung von Bildungsangeboten hilfreich sein kann. Sie bezieht sich auf mehrere Unterrichtsfächer und Bildungsbereiche und wirkt damit integrierend und ganzheitlich.

Ausschlaggebend ist weniger die Entscheidung für ein konkretes Computerspiel. Vielmehr ist es notwendig, dass das Spielprinzip allseits bekannt und erfolgreich am Markt ist, sodass ein schneller Einstieg gewährleistet ist. Noch wichtiger ist allerdings die Einbettung des Spiels in ein geeignetes Lernszenario. So kann man mithilfe einer entsprechenden pädagogischen Begleitung zum Beispiel in der Umsetzung eines virtuellen Tierparks sehr viel über Tiere und ihre Lebensweise erfahren, was bei der Nutzung desselben Spielkonzepts zu Hause eventuell gar nicht im Vordergrund steht.

Spielkonzept und Lernumgebung

Sechs Kategorien zur Bewertung von Computerspielen

Ein positiver Lerneffekt von Computerspielen entsteht durch Problemlösungen in einem virtuellen Raum. Dabei sind die von modernen Computerspielen gestellten Probleme nicht nur abstrakt sondern von zunehmender Komplexität. Das heißt aber auch, dass mit einzelnen Spielen unterschiedliche Lerneffekte erzielt werden können. Sechs verschiedene Lerneffektkategorien wurden ermittelt:

■ **Lernen und Verstehen**

Das heißt, dass sich über Computerspiele komplexe Zusammenhänge leicht entschlüsseln lassen.

■ **Strategien entwickeln**

Das heißt, sich in Computerspielen neuen Anforderungen zu stellen und Lösungswege für die Bewältigung von oft anspruchsvollen Aufgaben zu finden.

■ **Konzentration fördern**

Das heißt, in Computerspielen audiovisuelle, taktile und auditive Impulse zielgerichtet zu verarbeiten.

■ **Motorik schulen**

Das heißt, in Computerspielen über vielfältige Eingabegeräte mit allen Sinnen erfolgreich den Ablauf zu steuern.

■ **Gestalten lernen**

Das heißt, die Möglichkeiten von Computerspielen kreativ zur Schaffung neuer Welten zu nutzen.

■ **Gemeinsamkeit erfahren**

Das heißt, in Computerspielen gemeinsam im Team, oftmals weltweit verteilt, zum Erfolg zu kommen

Entsprechend der Kategorien wurden für die Lernbereiche Kita, Grundschule, weiterführende Schulen, Erwachsenenbildung und Seniorinnen und Senioren exemplarische Lernszenarien konzipiert, zwischen denen die beteiligten Bildungseinrichtungen wählen konnten.

Ausblick

Die Entwicklung von geeigneten Konzepten zur Nutzung von Computerspielen in unterschiedlichen Lernszenarien bleibt ebenso, wie die Erforschung von Lerneffekten, eines der spannendsten Zukunftsfelder im Bereich des Lernens mit digitalen Medien.

Dabei kommt der exemplarischen Umsetzung und Dokumentation von Praxiserfahrungen eine besondere Bedeutung zu, denn diese bieten eine effektive Hilfestellung für die Umsetzung von konkreten Lernszenarien vor Ort.

Das im Kapitel VI vorgestellte Verfahren „pd[4]" für die Vorbereitung, Organisation und Durchführung eigener Lernkonzepte ermöglicht darüber hinaus die Dokumentation eigener Praxiserfahrungen und ist ein gutes Hilfsmittel, authentisches Ergebnisse und Erfahrungen festzuhalten und mit anderen auszutauschen.

Bewertung von Computerspielen für die Praxis

11.1 Zentrale Aspekte der pädagogischen Bewertung

Die vorangehenden Beiträge machen deutlich: Bei der Unterstützung von (Selbst-) Lernprozessen mit neuen Medien spielen Computerspiele eine nicht wegzudenkende Rolle. Gerade in der Lernbegleitung sollten Computerspiele in die Gestaltung unterschiedlichster Lernszenarien einbezogen werden. Dazu ist es notwendig, dass Lernbegleiterinnen und Lernbegleiter in der Lage sind, den Wert oder Nutzen eines Computerspiels für einen ausgewählten Lernprozess einschätzen zu können.

Beurteilung von Computerspielen

Der folgende Beitrag fasst die diesbezüglichen theoretischen Erkenntnisse zum Lernen mit E-Games zusammen und formuliert didaktische Hinweise bzw. Auswahlkriterien für die Bewertung von Computerspielen. Der Rückgriff auf das Genre und die Alterskennzeichnung von E-Games kann nur eine erste Orientierung sein.

Hinsichtlich der pädagogischen Beurteilung von Computerspielen sind dem momentanen Stand der Computerspieleforschung entsprechend, diverse Leitfragen (siehe Beitrag 9) zu identifizieren. Die Leitfragen werden unter drei zentralen Aspekten kategorisiert, die bei der Auswahl von Computerspielen einbezogen werden können:

- Unterhaltungsaspekt
- Lernaspekt
- Praxisaspekt

Aspekt der Unterhaltung

Der Aspekt Unterhaltung ist eine der zentralen Kategorien zur Bewertung von Computerspielen. Diese Kategorie kann wie folgt unterteilt werden:

- **Selbstwirksamkeit.** Mit Selbstwirksamkeit sind die Möglichkeiten der permanenten Eingabe-Ausgabe-Schleifen gemeint, die die Grundlage des Unterhaltungserlebens beim Spielen eines Computerspiels bilden. Je nach Computerspiel existieren unterschiedliche Grade von Handlungsfreiheit und -fähigkeit, beispielsweise indem eine Spielerin oder ein Spieler eine eher unmittelbare Rückmeldung über den Effekt seiner Eingaben erhält oder eher nicht.

- **Spannung.** Das Unterhaltsame eines Computerspiels liegt auch im Grad seiner Herausforderung an die Spielenden. Die angstvolle Spannung, die jeweiligen Situationen bewältigen und lösen zu können, erzeugt den jeweiligen Spielspaß. Hierbei leistet ein gutes Spiel eine Gratwanderung: Es darf nicht zu leicht sein, um die Spielspaß generierende Spannung zu erzeugen, aber auch nicht zu schwer, um dauerhafte Frustrationen und einen Abbruch zu vermeiden.

■ **Identifikation.** In den meisten Computerspielen nimmt der Spielende eine Handlungsrolle ein, die in eine jeweilige Geschichte bzw. Rahmenhandlung eingebettet ist. Je detailreicher die Spielwelt und je authentischer die darin eingebettete Handlungsrolle, desto größer ist der Unterhaltungswert, aber auch der aus der Rollenerfahrung erwachsende Lernprozess für die Spielerinnen und Spieler.

■ **Rekreation.** Der Spieler erschließt sich das Spiel selbstständig. Die Aufgaben sind leicht zugänglich und lassen Raum für kreative Problemlösungsansätze. Diese können mit Mitspielerinnen und Mitspieler ausgetauscht werden. Durch das aktive Mitwirken am Geschehen und das Einbringen eigener Spielinhalte bleibt der Spielausgang offen. Dieser Freiraum für Kreativität unterstützt den Unterhaltungswert.

Aspekt des Lernens

Der Aspekt Lernen ist eine weitere zentrale Kategorien zur Bewertung von Computerspielen und kann wie folgt unterteilt werden:

■ **Motorik.** Computerspiele können komplexe Leistungsanforderungen wie geschickte Hand-Auge-Koordination, Reaktionsschnelligkeit, Präzision u.v.m. fördern. Der Grad der Intensität variiert von Spiel zu Spiel.

■ **Selbstkompetenz.** Lernen soll Spaß machen und Erfolge bringen. Am besten erreicht man das, wenn das Spielniveau selbstbestimmt gewählt werden kann und die Spielerinnen und Spieler durch Teilerfolge motiviert werden, weiter zu spielen. Sie können mit dem Computerspiel ihre Kompetenzen persönlichkeitsbezogen entwickeln und anwenden.

■ **Sach- u. Methodenkompetenz.** Computerspiele sind kein Spiegel der Realität, sondern Fiktion. Es lassen sich jedoch Handlungsstrukturen von der Realität auf den virtuellen Raum übertragen. Umgekehrt können im Spiel - beispielsweise durch den Umgang mit komplexen Menü- oder Navigationsstrukturen und der Orientierung in virtuellen 3D-Umgebungen - Kompetenzen geschult werden, die wiederum im alltäglichen Leben förderlich sind.

■ **Sozial-kommunikative Kompetenz.** Viele Computerspiele sind in der Lage, die sozial-kommunikativen Kompetenzen der Spieler zu fordern und zu fördern. Zum einen kann dies z. B. durch die Anregung zur Auseinandersetzung mit eigenen und gesellschaftlichen Werten und Normen realisiert werden. Zum anderen können Computerspiele kooperative Lösungen von Aufgaben im Team anregen.

> „Edutainment – so hieß es in den 90ern, wenn Unterricht spielerisch verpackt und auf CD-ROM gepresst wurde. Aus der unterhaltsamen Bildung ist bildende Unterhaltung geworden: Vor allem Simulationsspiele sollen gleichsam von allein komplexes Denken und Problemlösen fördern."
>
> *(Bundeszentrale für politische Bildung, 2010)*

Aspekt der Praxis-Tauglichkeit

Der Aspekt Praxis-Tauglichkeit als dritte Kategorie zur Bewertung von Computerspielen ist wie folgt zu gliedern:

- **Inhaltliche Angemessenheit.** Einige Computerspiele enthalten bedenkliche oder sogar jugendgefährdende Inhalte. Daher ist es wichtig, darauf zu achten, ob die Inhalte zielgruppengerecht präsentiert werden und dem ethisch-moralischen Entwicklungsstand der Zielgruppe entsprechen.

- **Aufwand und Kosten.** Neben der inhaltlichen Angemessenheit sind für die Wahl eines Computerspiels noch weitere Faktoren entscheidend. Bei der Kaufentscheidung ist der Kosten-Nutzen-Faktor zum Beispiel ein wichtiges Kriterium. „Teuer" heißt dabei nicht immer auch „gut". Ein preiswertes Spiel mit einer guten Marktpräsenz, kann für den Lerneinsatz ebenso oder sogar besser geeignet sein als ein sehr teures Spiel.

- **Ausstattung, Service, Support.** Viele Computerspielinhalte erschließen sich für die Spielenden selbstständig. In bestimmten Fällen geraten jedoch auch die erfahrensten und kompetentesten Spielerinnen und Spieler an ihre Grenzen. Um alle Aufgaben lösen zu können, Erfolge zu erzielen und Frustration und Resignation vorzubeugen, gibt es Service-Angebote der Hersteller oder anderer Nutzer. Bedienungsanleitungen, integrierte Lernhilfen aber auch Communities helfen und sichern darüber hinaus Spielspaß und Lernerfolge.

11.2 Aufgabe der Lernbegleiterinnen und Lernbegleiter

Für die Lernbegleiterinnen und Lernbegleiter stellt sich die Aufgabe, das pädagogische Potenzial von Computerspielen nicht nur anhand des Genres und der Alterskennzeichnung zu bewerten. Vielmehr sind Computerspiele unter den drei genannten Aspekten und deren jeweiligen Unterteilungen einzuschätzen, um deren möglichen Einsatz in Bildungsszenarien zu beurteilen.

Hilfreich für die Auswahl von geeigneten Computerspielen ist eine Art Checkliste, die die verschiedenen Kriterien zur Bewertung des Spiels enthält. Diese strukturierte Liste enthält Optionen zur Angabe des Genres, zur Alterskennzeichnung und für eine Kurzbeschreibung des Spiels. Die drei Dimensionen Unterhaltungsaspekt, Lernaspekt und Praxisaspekt werden durch die Ausprägung der beschriebenen Merkmale bewertet.

Die Fortbildung „Fachprofil Lernbegleitung" stellt im dritten Seminar den Teilnehmenden diese Checkliste in Form eines Arbeitsblattes vor und erprobt die praktische Bewertung von Computerspielen.

Darüber hinaus wurde von Helliwood media & education ein interaktives Bewertungssystem für Computerspiele erarbeitet. Diesem Bewertungssystem in Form einer interaktiven Excelanwendung liegen wiederum die drei Dimensionen Unterhaltuungsaspekt, Lernaspekt und Praxisapekt zugrunde. Alle drei Dimensionen sind mit 20 Fragen unterlegt, deren Beantwortung durch Bewertungsskalen die genauere Einschätzung eines Computerspiels unterstützt. Voraussetzung für eine erfolgreiche Nutzung dieses Bewertungstools ist natürlich die praktische Beschäftigung mit dem jeweiligen Spiel, also das Spielen bzw. wenigstens Anspielen eines Titels.

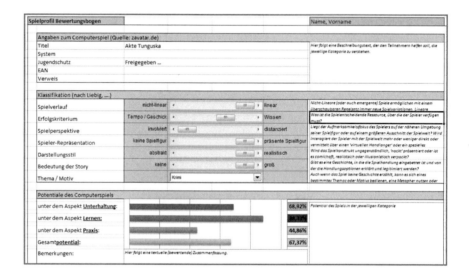

Der Bewertungsbogen kann vom Lernbegleiter auch zur Vorbereitung des Lerninhaltes „Pädagogische Bewertung von Computerspielen" sowie zur individuellen Einschätzung von Computerspielen eingesetzt werden.[1]

Generell ist es bei diesen Formen der Beurteilung für den Lernbegleiter von Bedeutung, die Lerntypen, das Lernarrangement (Lernort, organisatorisch-technische Bedingungen), den Lerninhalt und die Lernziele sowie die Kompetenzen und Vorerfahrungen des Lernenden stets im Blick zu haben.

---

1   Anne Mieseler untersucht in ihrer Magisterarbeit die Wirkungsweise und Handhabung des Bewertungstools für Computerspiele: A. Mieseler: *Familienadressierte Orientierungshilfen für Computerspiele, Probleme und Perspektiven*, Magisterarbeit, Martin-Luther-Universität Halle, 2008

Kapitel IV

Lernprozesse dokumentieren

Informelles Lernen findet im Alltag der Menschen statt. Die Ergebnisse dieser besonderen Lernprozesse zu erkennen und darzustellen, erfordert individuelle Fähigkeiten der Selbstreflexion und Kompetenzfeststellung.

Gelernt wird nicht nur in der Schule, in der Berufsausbildung oder während des Studiums. Menschen lernen auch im Alltag des Berufs, in der Freizeit oder in der Familie. Selbstreflexion in Bezug auf die eigenen Kompetenzen im Rahmen der eigenen Lernbiografie muss jedoch gelernt sein. Gerade Menschen im Umbruch oder in bildungsfernen Lebenssituationen ist diese Fähigkeit oft nicht ausreichend gegeben.

Professionelle Lernbegleitung kann an dieser Stelle eingreifen und bei der individuellen Feststellung eigener Kompetenzen unterstützen. In Kapitel IV werden Instrumente und Verfahren, die die Entwicklung von Selbstreflexion und Kompetenzfeststellung im Lebenslauf unterstützen können, untersucht. Aktuelle Aspekte informellen Lernens, die Diskussion theoretischer Grundlagen von Selbstreflexion und Kompetenzfeststellung sowie die Betrachtung geeigneter Instrumente sind die Schwerpunkte.

Inhalt Kapitel IV

- Informelles Lernen
- Kompetenz - Ein Schlüsselbegriff in Lernkultur und Bildungspraxis
- Selbstreflexion und Verfahren der Kompetenzfeststellung

Inhalt

Hinweis:
Das Fachbuch „Fachprofil Lernbegleitung" wird ergänzt durch eine umfangreiche Sammlung von Arbeitsblättern, Methoden und Kopiervorlagen. Diese erhalten Sie unter der ISBN 978 -3-86718-751-0 im Buchhandel oder per kostengünstiger Direktbestellung im Verlagsshop: www.edumedia.de

Informelles Lernen

12.1 Informelles lebenslanges Lernen

In den letzten ein bis zwei Jahrzehnten hat sich in Deutschland das Verständnis von den Lernmöglichkeiten im Jugend- und Erwachsenenalter erheblich ausdifferenziert. Diese Tendenz gilt gleichermaßen für Bildungspolitik und Erziehungswissenschaft. Vor allem in der anhaltenden Debatte zum lebenslangen Lernen sind unterschiedliche Lernformen (formal, non-formal, informell) „entdeckt" und als bedeutsam erkannt worden (vgl. Brödel, 2007, S. 1-24). Feststellen lässt sich also eine Ausweitung des Lernbegriffs, welche über das organisierte Lernen in Weiterbildungsveranstaltungen hinaus geht. Dadurch ist das informelle Lernen aus seinem bisherigen Randdasein befreit worden und zunehmend in den Mittelpunkt der Diskussion zum lebenslangen Lernen gerückt (vgl. Seidel/Bretschneider/u.a., 2008).

formales, non-formales und informelles Lernen

Informelles Lernen - Begriffsbestimmung

Grob definieren lässt sich informelles Lernen als ein Selbstlernen, welches außerhalb des formalen Bildungswesens erfolgt und von Individuen in Handlungszusammenhängen der Arbeits- und gesamten Lebenspraxis realisiert wird. Informelles Lernen trägt dabei zur Stärkung von Handlungsfähigkeit und Kompetenzentwicklung des Individuums bei.

lernen außerhalb des formalen Bildungswesens

Gegenüber dem formalisierten oder institutionalisierten Lernen unterscheidet es sich vor allem durch den Grad der Organisiertheit. Dem begrifflichen Profil entspricht, dass sich informelles Lernen als anlass- und problembezogener Vorgang, als ein Prozess, darstellt und zudem ungeplant und nicht selten beiläufig erfolgt.

Um aber informelles Lernen gegenüber dem bloßen Faktum des Lebensvollzugs und von Sozialisation abheben zu können, führt es unter Umständen weiter, wenn die Aspekte der Bewusstheit und der Intentionalität als konstitutiv angesehen werden. Insofern kann man auch einem Vorschlag des Kanadiers Livingstone folgen. Danach gilt informelles Lernen als „jede mit dem Streben nach Erkenntnissen, Wissen oder Fähigkeiten verbundene Aktivität außerhalb der Lehrangebote von Einrichtungen, die Bildungsmaßnahmen, Lehrgänge oder Workshops organisieren" (Livingstone, 1999, S. 68). Der Zitierte merkt dazu noch an, „dass die Lernenden selbst ihre Aktivität als signifikanten Wissenserwerb einstufen" (Livingstone, 1999, S. 69). Die beiden Aspekte des Strebens nach Erkenntnis etc. und der Selbsteinstufung als signifikanter Wissenserwerb müssen sich jedoch nicht zwangsläufig ergänzen oder zeitlich eng beieinander liegen. Das wichtigere – empirisch auch zugänglichere – Kriterium stellt der signifikante Wissenserwerb dar, allerdings auf das Ergebnis und nicht die Aktivität selbst bezogen.

Nichtformales und informelles Lernen - Einige wichtige Begriffe	
Dispositionen	Die persönlichen Eigenschaften, deren Entwicklung mit Ende der Pubertät weitgehend abgeschlossen ist, so dass sie relativ unveränderlich sind.
Fertigkeiten	Das senso-motorische individuelle Leistungsvermögen, wie handwerkliches Geschick, den Umgang mit Techniken.
Kompetenz	Ein Ensemble von Fähigkeiten und Dispositionen, das konkret auf alltagspraktische Anforderungen bezogen ist; individuell, selbstorganisiert erlernt; sichtbar erst in der Performanz, d. h. in der Ausführung der Kompetenz in alltagspraktischen Handlungszusammenhängen.
Kompetenzprofil	Unterschiedliche Ausprägungen der Kompetenzen auf dem Niveau von Nominal- oder Ordinalskalen. Stärken werden beschrieben oder in eine Rangfolge gebracht, die aber keinen quantitativen Messkriterien genügt.
Wissen	Die Kenntnisse von Fakten und Regeln, die die kognitiven Möglichkeiten einer Person ausmachen und die sie bei Bedarf abzurufen vermag.
Formales Lernen	Alle Lernprozesse, die zu einem zertifizierten Abschluss führen bzw. darauf vorbereiten. In der Regel findet formales Lernen institutionell organisiert, d. h. in einer Bildungs- oder Ausbildungseinrichtung statt.
Nicht formales Lernen	Bildungsprozesse, die ebenfalls systematisch auf Lernziele, Lerndauer und Lernmittel bezogen sind, aber außerhalb der formalen Bildung und meistens freiwillig statt finden, z. B. im Weiterbildungsbereich, in Volkshochschulen etc.
Informelles Lernen	Lernen, das im Alltag, am Arbeitsplatz, im Familienkreis oder in der Freizeit stattfindet. Es ist in hohem Maße selbstorganisiert und nicht auf das Erreichen eines Abschlusses oder Zertifikats ausgerichtet.

„Sowohl die Debatte um nachhaltige Entwicklung als auch die Diskussion zum informellen Lernen haben in den letzten Jahren eine
beachtliche Prominenz erfahren. Der Blick auf die Bedeutung des
informellen Lernens für eine Bildung für nachhaltige Entwicklung
ist dabei aber mehr als die Zusammenführung zweier Trends."

Quelle: http://www.informelles-lernen.de/blog/?p=152 [Stand: 24.03.2010].

Ganzheitliches Lernverständnis

Die Entdeckung des Informellen als Lernform trägt heute zu einem ganzheitliche- **pädagogische Tradition**
ren Lernverständnis bei. Damit wird mit einer deutschen pädagogischen Tradition
gebrochen, nach der vorwiegend ein Lernen durch Teilnahme an veranstalteter Bildung als pädagogisch wertvoll angesehen wird. Hier handelt es sich um problema-
tische Langzeitwirkungen des auf Wilhelm von Humboldt zurück gehenden neu-
humanistischen Bildungsideals, für welches die Trennung von Bildung und Arbeit
konstitutiv ist.

Die Bedeutung informellen Lernens in der modernen Gesellschaft

Es sind keineswegs bloß Gründe einer Rücknahme der öffentlichen Bildungsförde- **Informations- und**
rung, die zur heutigen Aufwertung des informellen Lernens beitragen. Von minde- **Wissensgesellschaft**
stens ebenso großer Bedeutung sind spezifische Veränderungen in der Arbeitswelt
sowie kulturell übergreifende Entwicklungstendenzen, die mit dem Etikett der „In-
formations- oder Wissensgesellschaft" belegt werden (z. B. Eroberung aller Lebensbereiche durch die neuen Informationstechnologien).

Eine zentrale These lautet deshalb, dass in Anbetracht der Veränderungen in der
Arbeitswelt (Veränderungen der Arbeitsorganisationen, der Arbeitsplätze und eine
heute direktere Berücksichtigung von Marktentwicklungen bzw. Geschäftsbezie-
hungen) das informelle Lernen gegenüber dem Lernen in Bildungs- oder Schu-
lungsveranstaltungen (organisiertes oder formelles Lernen) ein höheres Maß an Be-
darfsgerechtigkeit und Passgenauigkeit gegenüber den prozessual oder
tätigkeitsbedingt benötigten Qualifikationen ermöglicht (vgl. Baethge/Baethge-
Kinsky, 2004).

Auch vor dem angesprochenen Hintergrund des anhaltenden Strukturwandels un- **diskontinuierliche**
serer einstigen industriellen Arbeits- zu einer Wissensgesellschaft sowie tiefgreifen- **Erwerbsarbeitsbiografien**
der Veränderungen des „Normalarbeitsverhältnisses" in Richtung einer diskontinu-
ierlichen Erwerbsarbeitsbiografie, welche der kontinuierlichen Selbstbeobachtung
und individuellen Steuerung bedarf, erfährt das informelle und selbst gesteuerte
Lernen eine Aufwertung.

Dieses Lernen lässt sich – wie Lernen im Erwachsenenalter überhaupt – als ein „An- **Anschlusslernen**
schlusslernen" charakterisieren: Alles neu angeeignete Wissen und jede neue Erfahrung, die gemacht wird, kann nur dann in den bereits existierenden Grundbestand
an Wissen übernommen werden, wenn es „anschlussfähig" ist. Das heißt neues
Wissen und neue Einsichten müssen vom Individuum mit dem bereits existierenden Grundbestand an Wissen, Haltungen und Handlungsvermögen verknüpft oder
vernetzt werden können.

12.2 Informelles Lernen begleiten

Informelles und selbst gesteuertes Lernen

Lernen als aktiver Prozess

Lernen – egal ob „formell" oder „informell" – ist also kein passives Aufnehmen und Abspeichern von Informationen. Es stellt sich vielmehr – wie die konstruktivistische Lehr-Lern-Philosophie lehrt – als ein aktiver Prozess dar, welcher von Individuum zu Individuum unterschiedlich verläuft und welcher auf der Basis der eigenen Wahrnehmung und des bisher Gelernten und Erfahrenen vonstattengeht. Der Einzelne lernt an für ihn bedeutungsvollen Sachverhalten und Kontexten. Neues, das mit dem bisher Erfahrenen und Gelernten nicht übereinstimmt, führt beim Einzelnen zu Irritationen, welche nur dann überwunden werden können, wenn die bisherigen Auffassungen und Sichtweisen verändert (transformiert) werden und die Negativerfahrungen vorgängiger Lernprozesse nicht zu gravierend sind.

Selbst gesteuerten Lernen

Beim selbst gesteuerten Lernen, einem spezifischen Typus informellen Lernens, wird ein hohes Maß an Selbstlernkompetenz vorausgesetzt (vgl. Schiersmann, 2006). Denn kennzeichnend ist, dass ohne die Anwesenheit eines Pädagogen oder einer Pädagogin gelernt wird. Lernen findet vielmehr indirekt über den Kontext statt. Von Bedeutung ist der jeweilige „Lernort" bzw. Handlungskontext unter dem Aspekt seiner Eignung als „Lernumgebung". Letztere lässt sich danach unterscheiden, was gerade in der Arbeitswelt wichtig ist, ob und in wieweit diese zu lernender Eigentätigkeit und Selbststeuerung herausfordert.

Selbstlernkompetenz - Beratung und Begleitung

pädagogische Begleitung selbst gesteuerten Lernens

Es bedarf aber keiner besonderen Betonung, dass das selbst gesteuerte Lernen ein hohes Maß an Selbstlernkompetenz voraussetzt und auf absehbare Zeit beachtliche Gruppen im Jugend- und Erwachsenenalter überfordern dürfte. Deshalb ist hier pädagogische Unterstützung und Begleitung gefragt.

Diesen Aspekt des „Supports" zur Stärkung informellen Lernens durch eine spezifische „Kompetenzentwicklungsberatung" hebt auch Günther Dohmen, der die Diskussion zum informellen Lernen in Deutschland seit den 1990er Jahren voran getrieben hat, hervor:

> *„Im Zusammenhang mit der Förderung eines erweiterten Lernens an den verschiedensten Lernorten muss die notwendige persönliche Kompetenzentwicklungsberatung sich auf ein Netzwerk beziehen können, indem Lernexperten, Lernbegleiter, Bildungsinstitutionen, Arbeitgeber, Arbeitsvermittler und Bürgerinitiativen zusammen wirken. Dann können die Anforderungen im wirtschaftlichen und sozialen*

> „Das informelle Lernen wird zunehmend nicht nur zur
> Kenntnis genommen, sondern auch als Ressource betrach-
> tet, die in hohem Maße bei der Gestaltung von Lernprozes-
> sen genutzt werden soll."
>
> *Quelle: www.informelles-lernen.de,*
> *http://www.informelles-lernen.de/index.php?id=46 [Stand: 25.03.2010].*

Umfeld und die zu ihrer Bewältigung notwendigen Kompetenzen jeweils zielfüh-
rend bezogen werden auf die jeweils persönlich zu mobilisierenden Kompetenzpo-
tenziale und auf jeweils gegebene Möglichkeiten eines dieser Kompetenzen entwik-
kelnden Lernens."

(Dohmen, 2002, S. 13 -14)

Lernen im sozialen Umfeld

Ein bildungs- und gesellschaftspolitisch zunehmend bedeutsames Feld für infor- | gesellschaftlich anerkannte
melles Lernen stellt in Anbetracht des demografischen Wandels das „Lernen im | Handlungsfelder
sozialen Umfeld" und das freie Engagement bzw. das „Bürgerschaftliche Engagement" dar. Der größer werdende Bevölkerungsanteil, welcher nicht (mehr) in das
offiziellen Beschäftigungssystem integriert ist und welcher nicht mehr durch die
Teilnahme an der kollektiv organisierten Erwerbsarbeit seine Identität aufrecht erhalten und entwickeln kann, sucht nach geeigneten gesellschaftlich anerkannten
Handlungsfeldern, die soziale Kontakte und Anerkennung, Kompetenzentwicklung
qua informellem Lernen und auch ein Stück weit Selbstverwirklichung eröffnen.

Anerkennung von informell erworbenen Wissen und Kompetenzen

Von bildungspolitischem wie auch individuellem Interesse ist die Frage, wie infor- | Stellenbewerbung oder
mell erworbene Kompetenzen erfasst und sichtbar gemacht werden können. Hierzu | Anerkennung
gibt es europaweit vielfältige Untersuchungen und Initiativen, die allesamt von der
empirischen Erkenntnis geprägt sind, dass alle Menschen immer länger aufgefordert sind, zu Lernen - dieses Lernen aber zunehmend weniger formalisiert ist.

Dabei nimmt die Anzahl von informell erworbenen Kompetenzen und Wissens-
bausteinen nicht nur in Bezug auf das Lebensalter zu, auch die Veränderung von
Schule, Berufsausbildung und Studium hin zum eigenverantwortlichen Lernen erzeugt ein zusätzliches Moment hinsichtlich der Menge an formalisiert erworbenen
Fähigkeiten, Fertigkeiten und Kompetenzen.

Es entsteht somit der Bedarf an geeigneten Instrumenten, um informell erworbene
Kompetenzen nachzuweisen. Neben vielen kreativen und wissenschaftlich evalu-
ierten Tests zum Nachweis von Kenntnissen kommt im Bereich der Kompetenzen
lebensbegleitenden Methoden zur Dokumentation von informell erworbenen Fähigkeiten und Fertigkeiten eine besondere Bedeutung zu. Mit dem ProfilPASS und
zukünftig dem eProfilPASS, als elektronisches Portfolio, stehen hier umfangreich
erprobte und evaluierte Instrumente zur Verfügung, die diesen Prozess effektiv unterstützen.

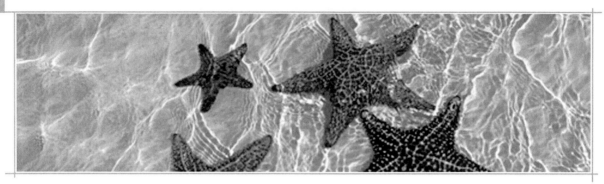

Letztlich besteht die Forderung nach einer neuen Anerkennungskultur, um informell erworbene Kompetenzen z. B. in Bezug auf einkommens- und karrieremäßige Entwicklungen zu berücksichtigen, oder um Teilleistungen im Rahmen von Ausbildungs- oder Weiterbildungsgängen, die mit einem Zertifikat bzw. Zeugnis abschließen, aufzunehmen. Hier ist nicht nur die Politik gefragt, denn schließlich kann jeder Einzelne - insbesondere Lernbegleiterinnen und Lernbegleiter – seinen Anteil zur Anerkennung und Honorierung von informell erworbenen Kompetenzen einbringen.

Kompetenz - Ein Schlüsselbegriff in Lernkultur und Bildungspraxis

In den letzten Jahren erfreut sich der Begriff der Kompetenz großer Beliebtheit in politischen wie in wissenschaftlichen Diskussionen, in Praxiskonzepten und Strategiepapieren zu Bildungs- und Lernprozessen. Gleichwohl gibt es keine allgemein akzeptierte, eindeutige Definition, was genau unter Kompetenz zu verstehen sei, sondern eine Vielzahl an Erläuterungen.

So beabsichtigt dieser Beitrag eine Annäherung an das Verständnis von Kompetenz, indem ausgehend vom Kontext der vielfältigen Verwendung signifikante Merkmale erschlossen und Elemente und Klassifikationen von Kompetenzen beschrieben werden.

13.1 Kompetenz und Performanz

Bereits 1959 führt Robert White, in seinem mittlerweile berühmten Aufsatz (White, 1959, S. 297-333), den Kompetenzbegriff in die Motivationspsychologie ein. In Kritik an Sigmund Freud und Clark L. Hull, die menschliches Handeln unter dem Aspekt der Triebsteuerung und genetischen Bedingtheit betrachten, begreift White individuelles Handeln als intrinsisch bzw. selbstmotiviert und definiert Kompetenz als die „effektive Interaktion (eines Individuums) mit seiner Umgebung" (White, 1959, S. 317). Damit stellt White Kompetenz in den Kontext von situationsbezogenem, selbstorganisiertem und erfolgsorientiertem Handeln eines Einzelnen. Hieraus lässt sich folgern, dass Kompetenz ein Ensemble von Fähigkeiten umfasst, die konkret für alltagspraktische Anforderungen, individuell und selbstorganisiert erlernt werden (Erpenbeck/von Rosenstiel, 2003, und Klieme/Maag-Merki/Hartig, 2007, S. 6).

Kompetenz als effektive Interaktion mit der Umgebung

Eine weitere wichtige Referenz für das Verständnis von Kompetenz ist die Unterscheidung von Kompetenz und Performanz, die Noam Chomsky[1] 1962 in der Sprachwissenschaft trifft: Während Kompetenz hier das Potenzial bezeichnet, mithilfe eines begrenzten Repertoires an Regeln und Grundelementen prinzipiell unendlich viele Sätze generieren und verstehen zu können, ist Performanz die Ausführung der Kompetenz, d. h. hier das Sprachverhalten (Chomsky, 1962, S. 124-58 und vgl. auch Gnahs, 2007, S. 20).

Kompetenz und Performanz

---

1 Noam Chomsky gilt als Begründer der generativen Transformationsgrammatik.

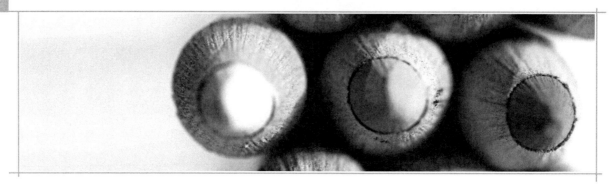

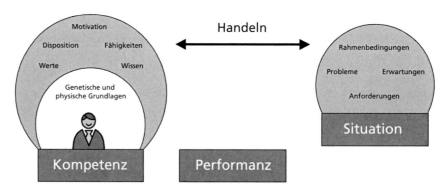

Kompetenz, Performanz, Handeln und Situation, (in Anlehnung an Gnahs, 2007, S. 24)

Zusammenspiel von Kompetenzen

Diese Grafik veranschaulicht das Zusammenspiel von Kompetenz, Performanz, alltagspraktischem Handeln und spezifischer Situation (Gnahs, 2007, S. 24):

- Kompetenz zeigt sich in kompetentem Handeln, das den „Einsatz von Wissen, von kognitiven und praktischen Fähigkeiten genauso ein[schließt] wie soziale und Verhaltenskomponenten (Haltungen, Gefühle, Werte und Motivationen)." (Gnahs, 2007, S. 22)

- Auf diese einzelnen Komponenten von Kompetenz wird im Folgenden noch genauer eingegangen.

- Die „Selbstorganisationsdispositionen" betreffen die inneren Voraussetzungen, d. h. individuelle Anlagen und Entwicklungsresultate zur Regulation des physischen wie des psychischen Handelns (Erpenbeck/von Rosenstiel, 2003).

Merkmale von Kompetenz

Für eine geeignete Arbeitsdefinition, die die grundlegenden Aspekte verschiedener Definitionen des Begriffs vereint (Erpenbeck/von Rosenstiel, 2003, S. 20 ff) , lassen sich folgende signifikante Merkmale von Kompetenz zusammen fassen: Kompetenz ist

- konkret auf alltagspraktische Anforderungen bezogen

- individuell

- selbstorganisiert erlernt

- ein Potenzial: ein Ensemble von Fähigkeiten und Dispositionen

- sichtbar erst in ihrer Performanz, d. h. im Transfer des Potenzials in alltagspraktische Handlungen.

> „Der Kompetenzbegriff hat den betrieblichen wie den privaten Alltag erobert."
>
> *(Erpenbeck/von Rosenstiel, 2003)*

13.2 Komponenten von Kompetenz

Kompetenz setzt sich aus einer Kombination von kognitiven, senso-motorischen, persönlichen, kulturellen und emotionalen Komponenten zusammen, die im Folgenden vor dem Hintergrund des oben dargelegten Zusammenspiels von Kompetenz, Handeln und Situation, betrachtet werden (vgl. zum Folgenden Gnahs, 2007, S. 25 ff).

- **Wissen** beinhaltet die Kenntnisse von Fakten und Regeln, die die kognitiven Möglichkeiten einer Person ausmachen und die sie bei Bedarf abzurufen vermag. Die individuellen Wissensbestände unterliegen einer beständigen Veränderung durch Ergänzen und Hinzufügen neuer Fakten und Regeln, durch Vergessen und Veralten.

- **Fertigkeiten** betreffen das senso-motorische individuelle Leistungsvermögen, wie handwerkliches Geschick oder den Umgang mit Techniken. Fertigkeiten können eingeübt und trainiert werden und verändern sich im Lebensverlauf ähnlich wie die Wissensbestände.

- **Dispositionen** umfassen die persönlichen Eigenschaften, deren Entwicklung mit Ende der Pubertät weitgehend abgeschlossen ist, so dass sie relativ unveränderlich sind. Sie betreffen die emotionale Stabilität, z. B. Stressresistenz, Selbstbewusstsein sowie Offenheit, Verträglichkeit, Gewissenhaftigkeit und intellektuelle Neugier.

- **Werte** bezeichnen die kulturell, politisch oder religiös bedingten Haltungen und Einstellungen einer Person gegenüber Personen, Dingen, Ideen und Verhaltensweisen.

- **Motivationen** beeinflussen als emotionale Antriebskräfte und Interessen das individuelle Handeln, das sie anregen und dessen Intensität und Anstrengung sie mitbestimmen.

13.3 Klassifikationen von Kompetenz

Die Vielfalt der Verwendung des Kompetenzbegriffs findet sich in der Vielfalt seiner Klassifikationen wieder: zum einen gibt es immer neue Kombinationen wie z. B. Demokratiekompetenz oder auch Medienkompetenz, zum anderen gibt es Versuche, den Kompetenzbegriff durch begriffliche Klassifikationen und Hierarchien zu strukturieren und zu präzisieren (Gnahs, 2007, S. 27 ff).

Vielfältigkeit von Kompetenz

121

Fachliche und überfachliche Kompetenzen

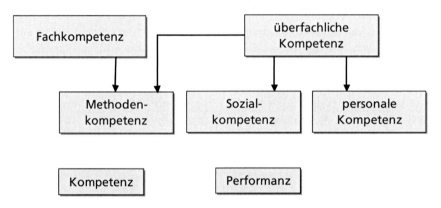

Klassifikationen von Kompetenz (in Anlehnung an Gnahs, 2007, S. 24)

Fachkompetenz

Während Fachkompetenzen sich auf Anforderungen in speziellen Bereichen von Beruf oder Freizeit beziehen, z. B. ein Auto reparieren oder eine Sportart ausüben können, betreffen die überfachlichen Kompetenzen alle Lebensbereiche. Erpenbeck/Rosenstiel führen eine hierarchische Struktur ein, in der die Fachkompetenzen zusammen mit den Methodenkompetenzen die personalen, sozialkommunikativen und motivierenden Kompetenzen dominieren (Erpenbeck/von Rosenstiel, 2003).

- **Sozial-kommunikative Kompetenzen** umfassen Fähigkeiten und Dispositionen, im Miteinander mit anderen Personen selbstorganisiert, kommunikativ und kooperativ handeln zu können (Erpenbeck/von Rosenstiel, 2003). Hierzu zählen z. B. Teamgeist und Konfliktfähigkeit (Gnahs, 2007, S. 28).

- **Methodenkompetenz** kann allgemeine Kompetenzen z. B. in Rhetorik und Moderation bezeichnen, aber auch einen ausgeprägten Fachbezug haben, wie z. B. in der medizinischen Diagnose (Gnahs, 2007, S. 28).

- **Personale Kompetenzen** betreffen die Fähigkeiten einer Person, selbstorganisiert und reflexiv handeln zu können, wie z. B. Organisationsgeschick und Zeitmanagement (Gnahs, 2007, S. 28).

> „Kompetenz ist zu einem Schlüsselbegriff der politischen, wissen-
> schaftlichen und der bildungspraktischen Diskussion geworden. Er
> ist titelgebend für Publikationen, Tagungen und Kongresse, er
> prägt Strategiepapiere und Praxiskonzepte, ist Hoffnungsträger
> und Kristallisationspunkt für zum Teil heftig geführte Auseinander-
> setzungen."
>
> *(Gnahs, 2007, S. 11)*

Schlüsselkompetenzen

Eine weitere Klassifikation ergibt sich aus der Zusammenstellung eines Kanons von Schlüsselkompetenzen, wie sie das Europäische Parlament und der Rat der Europäischen Union in ihrer Empfehlung vom 18. Dezember 2006 vornehmen: „Schlüsselkompetenzen sind diejenigen Kompetenzen, die alle Menschen für ihre persönliche Entfaltung, soziale Integration, Bürgersinn und Beschäftigung benötigen." (Europäisches Parlament und Rat, 2006) Hierzu zählen:

- Muttersprachliche Kompetenz

- Fremdsprachliche Kompetenz

- Mathematische Kompetenz und grundlegende naturwissenschaftlich-technische Kompetenz

- Computerkompetenz

- Lernkompetenz

- Soziale Kompetenz und Bürgerkompetenz

- Eigeninitiative und unternehmerische Kompetenz

- Kulturbewusstsein und kulturelle Ausdrucksfähigkeit

Die Auflistung impliziert keine Hierarchie. Alle Schlüsselkompetenzen gelten als gleichbedeutend für das „erfolgreiche(...) Leben in einer Wissensgesellschaft" (Europäisches Parlament und Rat, 2006, Anhang). Diese Einschätzung wird vor dem Hintergrund von Globalisierung, gesellschaftlichem Wandel und Vernetzung getroffen. Damit ist das Konzept der Schlüsselkompetenzen in den Kontext der aktuellen Lernkultur eingebunden und ihre Entwicklung wird explizit als „Teil der lebensbegleitenden Lernstrategien" (Europäisches Parlament und Rat, 2006) begriffen.

lebensbegleitende Lernstrategien

13.4 Kompetenzentwicklung durch lebenslanges und informelles Lernen

Die beschriebenen Eigenschaften und Unterscheidungen kennzeichnen das Verständnis von Kompetenz auch im aktuellen wissenschaftlichen und bildungspolitischen Diskurs sowie in der Bildungspraxis, die seit den 90er Jahren zunehmend an der einzelnen Person mit ihren Stärken und Fähigkeiten ausgerichtet ist. Während noch in den 80er Jahren Maßnahmetypen für spezifische Zielgruppen entwickelt wurden, zielt die Bildungspolitik und -praxis heute auf die individuelle Förderung ab. „Ein Paradigmenwechsel wurde eingeleitet: von der Maßnahmeorientierung hin zur verstärkten Orientierung an der Person." (Druckrey, 2007, S. 6)

Stärken und Fähigkeiten

lebenslanges Lernen

Selbstorganisiertes und lebenslanges Lernen ist vom Einzelnen gefordert angesichts gesellschaftlicher Veränderungen wie Globalisierung, Differenzierung und Flexibilisierung der Arbeitsmärkte und einer rasch fortschreitenden technologischen Entwicklung. Lernen wird zum Prozess lebenslangen Lernens, der mit der Elementarbildung nicht abgeschlossen ist, sondern sich durch die Phasen aktiver Erwerbsarbeit hindurch als eine beständige Herausforderung und Chance stellt. Es entwickelt sich eine neue Lernkultur, die vorwiegend selbstverantwortlich und zunehmend informell organisiert ist. Individuelle Lernarrangements mit Beratung, Begleitung oder partnerschaftlichem („peer-to-peer") Lernen ergänzen oder ersetzen die traditionellen, institutionellen, formalen und hierarchischen Vermittlungsformen. „Die neue Lernkultur misst dem informellen Lernen außerhalb von Weiterbildungseinrichtungen und vorgegebenen Zertifizierungen einen hohen Stellenwert zu. Sie geht von der dominierenden Rolle des selbstorganisierten Lernens [...] aus." (Erpenbeck/von Rosenstiel, 2003)

Kompetenzentwicklung

Ziel dieser selbstorganisierten Lernprozesse ist die Kompetenzentwicklung, die den Erwerb von Qualifikationen zwar nicht gänzlich ablöst, aber dynamisch, flexibel und alltagspraktisch ergänzt. Qualifikationen, die einen definierten Kanon an Wissensbeständen und Fähigkeiten umfassen, die in organisierten, formalen Lernprozessen vermittelt und durch Prüfungen evaluiert und zertifiziert werden, erweisen sich angesichts der gesellschaftlichen Entwicklungen als nicht mehr ausreichend, zumal sie den erfolgreichen Transfer des Gelernten in konkrete Handlungszusammenhänge nicht zwingend einschließen (Gnahs, 2007, S. 22).

Die Kompetenzentwicklung zielt indes direkt auf (1) Fähigkeiten ab, die „zur erfolgreichen Bewältigung komplexer Anforderungen in spezifischen Situationen" (Gnahs, 2007, S. 22)[1] beitragen und (2) „Selbstorganisationsdispositionen" (Erpenbeck/von Rosenstiel, 2003, S. 365) umfassen. Der Bezug auf konkrete Handlungszusammenhänge ist hierbei grundlegend: Erst in ihrer Realisierung durch aktuelles Handeln - in ihrer Performanz - werden Kompetenzen sichtbar bzw. lassen sie sich „aus der Performanz rückblickend erschließen." (Erpenbeck/von Rosenstiel, 2003, S. 365)

---

1   Gnahs folgt hier der Definition von Kompetenz des OECD- Projekts (OECD- Projekt, 2003)

Selbstreflexion und Verfahren der Kompetenzfeststellung

14

Die Aneignung in vorrangig informellen Lernprozessen, der Bezug auf den Einzelnen, auf seine inneren Selbstorganisationsdispositionen und auf sein alltagspraktisches Handeln - alles das sind Merkmale von Kompetenzen, die die Frage aufwerfen, wie Kompetenzen sichtbar gemacht werden können. Denn Prüfverfahren wie bei Qualifikationen oder auch die direkte Beobachtung sind zur Feststellung von Kompetenzen ausgeschlossen. Zugleich erfordert der hohe Stellenwert von Kompetenzen in der aktuellen Lernkultur und für die Teilhabe an wichtigen gesellschaftlichen Prozessen berechtigterweise Verfahren zum Nachweis von Kompetenzen.

Kompetenzen sichtbar machen

Etabliert und bewährt haben sich hierbei Vorgehensweisen, die zur Selbstreflexion motivieren, um von dieser Basis aus biografie- und subjektzentrierte Selbsteinschätzungen vorzunehmen, die zu persönlichen Kompetenzprofilen führen.

14.1 Selbstreflexion

Die Lernkultur lebenslangen Lernens verlangt von der einzelnen Person, immer wieder über den Stand der eigenen Kompetenzen nachzudenken, um den Bedarf wie auch den Erfolg der persönlichen informellen Lernprozesse einzuschätzen und für andere sichtbar zu machen. Den entscheidenden Ansatz hierzu bietet der Rückschluss von der Performanz, die situationsbezogen, erfolgsorientiert und zumindest in ihren Ergebnissen beobachtbar ist, auf die Kompetenz.

Performanz

Beim Sichtbarmachen von Kompetenzen geht es um Verfahren und Standards des kontrollierten und nachvollziehbaren Rekurses von der Performanz, den Situationen und Handlungen auf die ihnen zugrunde liegenden Kompetenzen einer Person.

Zusammengefasst lässt sich der Zusammenhang von beobachtbarem Handeln in einer bestimmten Situation und des Rückschlusses von dieser Performanz - in Selbst-oder Fremdeinschätzung - auf die Kompetenz so verdeutlichen:

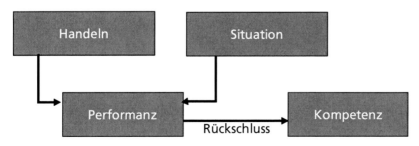

Rückschluss Performanz - Kompetenz

kritische Selbstreflexion

In diesem Zusammenhang kommt für die einzelne Person zu den kognitiven Lernstrategien, d. h. den verhaltensbezogenen Vorgehensweisen zum Zweck des Kompetenzerwerbs, wie Wiederholungs-, Organisations-, Elaborationsstrategien (Behrendt, 2006, S. 5), die metakognitive Strategie hinzu, das selbstorganisierte Lernen zu hinterfragen und dabei insbesondere die informellen Lernprozesse in ihrer Wirkung einzuschätzen. Sowohl in der persönlichen Lebenswelt als auch auf einem globalisierten Arbeitsmarkt ist es notwendig, seine Kompetenzen durch kritische Selbstreflexion zu erkennen und sichtbar zu machen.

Lernbegleitung und Beratung zur Selbstreflexion

Oftmals mangelt es gerade Personen in schwierigen Orientierungsphasen, z. B. Jugendlichen beim Übergang von Schule zu Beruf oder Erwachsenen bei längerer Arbeitslosigkeit, an der Bereitschaft, sich auf eine Selbstreflexion der eigenen Alltagspraktiken, wichtigen Lebensstationen und Interessen einzulassen. Die Motivation zur Selbstreflexion kann von Lernbegleiterinnen und Lernbegleitern oder durch Beratungsangebote nur im Dialog mit der einzelnen Person geweckt werden. Widerstände betreffen dabei insbesondere die schriftliche Form, in der die kritische Auseinandersetzung mit dem eigenen Handeln und Lernen festgehalten werden sollte, da sie oft ungewohnt ist und als zu zeitaufwändig gilt (Franz, 2008b, S. 2).

Motivation durch Dialog

Das Verfahren der Selbstreflexion muss den einzelnen Personen verständlich erklärt werden und sie sollten als Experten in eigener Sache angesprochen werden, damit ihnen die Selbstreflexion in ihrer Nützlichkeit für die eigene persönliche wie berufliche Entwicklung einsichtig wird. Freiwilligkeit und Vertraulichkeit sowie Ehrlichkeit und Ernsthaftigkeit müssen von beiden Dialogpartnern garantiert werden.

Methoden für eine Selbstreflexion

Als anregend für die Selbstreflexion hat sich „die (Wieder-) Aneignung von Aspekten der eigenen Lebensgeschichte" (Gudjons/Pieper/Wagener, 1996, S. 57-70) erwiesen, indem Fragen nach Tätigkeiten im Leben insgesamt oder in eingegrenzten Bereichen und Handlungsfeldern nachgegangen wird. Die Fragen können offen gestellt werden oder mit Antwortvorgaben gestützt werden.

> Beim Sichtbarmachen von Kompetenzen geht es um Verfahren
> und Standards des kontrollierten und nachvollziehbaren Rekurses
> von der Performanz, den Situationen und Handlungen auf die ih-
> nen zugrunde liegenden Kompetenzen einer Person.

- **Beispiel:** Offene Fragen zum Handlungsfeld „Ein Tag in meinem Leben":
  „Was ist an diesem Tag für Dich besonders gut gelaufen? Was hat Dir besonders
  Spaß gemacht?" (ProfilPASS für junge Menschen, 2007, S. 11)

- **Beispiel:** Durch Ordinalskala gestützte Fragen zu „Meine Eigenschaften":
  „Überlege, welche dieser Eigenschaften Du hast. Kreuze an, wie sehr sie auf dich
  zutreffen: Stimmt genau / stimmt etwas / stimmt nicht so sehr / stimmt gar
  nicht." (ProfilPASS für junge Menschen, 2007, S. 41)

Entscheidend ist, dass die Selbstreflexion auf diese Weise in ihrem Ablauf strukturiert wird, aber ergebnisoffen bleibt. Die Fragen erlauben eine strukturierte Beobachtung und Selbsteinschätzung von Situationen und eigenem Handeln, das als Performanz bestimmter Kompetenzen interpretiert werden kann. Hieraus folgt, dass der Blick dem Erkennen der eigenen Stärken gilt und weniger dem Aufdecken von Defiziten. Die so sichtbar gewordenen Kompetenzen können mit Hinweis auf die Tätigkeiten erläutert und nicht nur behauptet werden: So kann z. B. die Kompetenz „Ich bin teamfähig" konkret als die Fähigkeit beschrieben werden, im Sportverein erfolgreich in einer Mannschaft mitzuspielen.

Kompetenzen konkret sichtbar machen

Ein anderer Ansatz ist, mit kreativen Techniken zur Selbstreflexion anzuregen. Alltagsmedien, Computerspiele, aber auch klassische Spielmaterialien wie z. B. Legobausteine bieten den Anschluss an kreative Alltagspraktiken. Insbesondere Jugendliche können durch Aufgaben zur Selbstreflexion motiviert werden, in denen sie mit Alltagsmedien wie z. B. mit ihrem Mobiltelefon wichtige Tätigkeiten aus ihrem Alltag im Foto festhalten, wechselseitig Interviews zur eigenen Person führen und in Präsentationen oder Weblogs vorstellen.[1] Das Konzept „Lego Serious Play", das David Gauntlett in Projekten vorwiegend mit Arbeitslosen aber auch mit Studenten und Managern umgesetzt hat, motiviert Erwachsene über ihre Identität nachzudenken, indem sie sie in einer Skulptur aus Legosteinen bauen (Gauntlett, 2007, S. 128 ff).[2]

Alltagsmedien kreativ einsetzen

---

1   Entsprechende Erfahrungen wurden aktuell in den Projekten „Look ahead" und „Chancenreich" gemacht, die im Rahmen des XENOS-Sonderprogramms von Helliwood media & education durchgeführt wurde.

2   Weitere Informationen zum Projekt, zur Methode und den Resultaten:
    http://www.theory.org.uk/david/book8.htm [01.08.2008]

14.2 Kompetenzprofil

Die in der Selbstreflexion sichtbar gewordenen und selbst eingeschätzten Kompetenzen bilden die Basis für individuelle Bildungsbiografien und Kompetenzprofile, in denen die Kompetenzen als Ergebnisse des lebenslangen Lernprozesses kontinuierlich erfasst und dokumentiert werden.

Skalen von Kompetenzausprägungen

Profile bilden unterschiedliche Ausprägungen der Kompetenzen auf dem Niveau von Nominal- oder Ordinalskalen ab. Stärken werden beschrieben oder in eine Rangfolge gebracht, die aber keinen quantitativen Messkriterien genügt.

Abstufende Klassifizierungen wie z. B. „Kann ich sehr gut" bis „Kann ich gar nicht" bewegen sich auf dem Niveau von Ordinalskalen. Die Ergebnisse können in eine Rangfolge gebracht werden, die aber keine mathematischen Operationen erlauben, weil die Abstände zwischen den Rangwerten nicht eindeutig definiert sind. Es handelt sich daher im strengen Sinn nicht um eine Messung, sondern um die Einschätzung und komparative Beschreibung von Kompetenzen (Gnahs/Deutsches Institut für Erwachsenenbildung (DIE), 2007, S. 54f und Erpenbeck/von Rosenstiel, 2003).

Auf einen längeren Zeitraum bezogen bzw. im Verlauf einer persönlichen Bildungsbiografie lassen sich anhand des Profils Verschiebungen und Entwicklungen in den Kompetenzen feststellen. Durch das Auflisten von Interessen und Zielen kann auch die geplante zukünftige Weiterentwicklung der Kompetenzen mit in das Profil aufgenommen werden.

Fremdeinschätzung

Um ihre Aussagekraft und Validität zu erhöhen, sollten Selbsteinschätzungen mit Fremdeinschätzungen kombiniert und von einer fachlichen Beratung begleitet werden (Gnahs/Deutsches Institut für Erwachsenenbildung (DIE), 2007, S. 59). Die Beurteilungen durch Lernbegleiterinnen und Lernbegleiter oder Vorgesetzte im Arbeitsprozess genügen jedoch ebenfalls nicht den strengen Kriterien einer Messung und erreichen nur eine bedingte Objektivität. Denn auf die Beobachtung von Arbeitspraktiken und -resultaten ausgerichtet, ist der Fremdeinschätzung nur die Performanz, nicht aber die Kompetenz selbst zugängig. Der erforderliche Rekurs auf die zugrundeliegende Kompetenz kann daher Fehleinschätzungen unterliegen. Ihnen kann durch die Erfahrung und Qualifizierung der Beobachtenden, die Transparenz der verwendeten Kriterien und durch die Vielzahl der Einschätzungen aus unterschiedlichen Perspektiven entgegengewirkt werden (Bretschneider, 2007).

Kompetenzen bewegen sich im Spannungsfeld persönlicher Veran-
lagung bzw. Fähigkeit und ihrer konkreten Umsetzung mit sichtba-
rem Handlungserfolg. Je unterschiedlicher die Situationen sind, in
denen eine Kompetenz erfolgreich eingesetzt wird, umso souverä-
ner und sicherer wird die Kompetenz beherrscht.

14.3 Verfahren der Kompetenzfeststellung

Im Folgenden werden einige Werkzeuge vorgestellt, die sich für aussagekräftige Profile und Dokumentationen von Kompetenzen bewährt haben.

Portfolio

Das Wort „Portfolio" setzt sich zusammen aus „portare" (tragen) und „foglio"
(Blatt) und bezeichnete seit der Renaissance die Mappe mit Arbeitsblättern, die
Künstler mit sich trugen, um jederzeit anderen die Qualität und Entwicklung ihrer
Arbeit sowie Skizzen und Entwürfe zu aktuellen Arbeitsprozessen vorzeigen zu kön-
nen (Häcker, 2008, S. 27).

Sammelmappe mit Arbeitsnachweisen

Analogien zu dieser ursprünglichen Form finden sich durchaus in den Konzepten
wieder, die zunächst in den 80er Jahren in den USA und seit Anfang der 90er Jahre
in Deutschland das Portfolio im Kontext der neuen Lernkultur einsetzen: Ein Portfolio dient der Sammlung ausgewählter Arbeiten einer Person, um anderen ihre
Lernwege, Entwicklungen und Kompetenzen sichtbar zu machen und jeweils auf
dem aktuellen Stand zu dokumentieren. Die Einzigartigkeit der Person, ihre Stärken
und Talente stehen dabei im Vordergrund (Brunner, 2008, S. 73). Für die Zusammenstellung eines Portfolios ist nicht nur „deklaratives, sondern auch prozedurales
und metakognitives Wissen" (Gläser-Zikuda/Hascher, 2007, S. 12) notwendig.
Denn die Lernwege und -ergebnisse müssen erkannt und reflektiert werden, um
eine aussagekräftige Auswahl für das Portfolio treffen zu können.

Die einzelnen Arbeiten sollen mit einem reflexiven Text eingeführt und in ihrer
Bedeutung für den Lernprozess bewertet werden, um dann mit der Aussicht auf die
nächsten Lernschritte abzuschließen (Brunner, 2008, S. 76). Entscheidend ist, dass
die Arbeitsprodukte selbst, und nicht nur Dokumente über sie, im Portfolio enthalten sind.

reflexive Erläuterung der Arbeitsproben

Portfolios sind primär Instrumente zur Selbstreflexion und Präsentation der Ergebnisse von Arbeits- und Lernprozessen. Sie laden aber zu einer „offenen Feedback-
Kultur" (Winter, 2007, S. 117) ein, weil sie in der Absicht einer Außenwirkung und
einer entsprechenden Fremdbeurteilung angelegt sind.

Lerntagebücher

Selbstreflexion im Dialog

Lerntagebücher greifen, wie das Portfolio auf ein schon bekanntes Format zurück, das im privaten Bereich genutzt wurde, bevor es seit Mitte der 90er Jahre im Bildungsbereich Verwendung findet (Badr-Goetz / Ruf, 2007). Die Reflexionen der eigenen Lernerfahrungen können jeweils als ein Dialog begriffen werden: Ein Dialog mit der Sache, mit sich selbst, den eigenen Zielen und angewandten Methoden (Winter, 2007, S. 113). Das Lerntagebuch dient dazu, den Dialog mit Lernbegleiter/-innen und die kommunikative Validierung der Selbsteinschätzungen vorzubereiten.

Bildungspass

standardisierter Kompetenznachweis

Bildungspässe dienen ähnlich wie das Portfolio der Sammlung von Arbeitsergebnissen und Dokumenten, die erworbene Kompetenzen sichtbar machen. Sie sind aber in der Form standardisierter und weniger individuell gestaltbar. Neben Vorlagen zur biografisch orientierten Selbstreflexion bieten Pässe eine Bilanzierung der eigenen Kompetenzen auf Nominal- oder Ordinalskalenniveau, Anregungen für Zukunftsperspektiven, Berufswahl und konkrete Zielerreichung sowie zur Dokumentation von Qualifikationen, Bewerbungsunterlagen etc.[1] Bildungspässe sind zur alleinigen Verfügbarkeit der einzelnen Personen gedacht. Die Arbeit mit ihnen erfordert aber eine begleitende Beratung, in die die Pässe freiwillig mit eingebracht werden können.

Kompetenzraster

Kompetenzraster geben eine Matrix vor, in denen Kompetenzen in ihrer Ausprägung erfasst werden können. Es gibt nur Erfüllungsstufen, d. h. keine Defizite, sondern (mehr oder weniger) positive Indikatoren. In der Lernbegleitung können solche Raster im Dialog mit den Lernenden entwickelt werden und können somit die Grundlage für die nächsten Lernschritte bilden (Franz, 2008b, S. 6).

---

1   z. B. ProfilPASS und Berufswahlpass

Kapitel V

Lernende beraten

Manchmal scheinen ausgewählte Bildungsangebote, ihre Inhalte oder Methoden, nicht zum Lernenden zu passen. Der Lernerfolg stellt sich nicht ein, die Unlust wächst und wirkt letztlich demotivierend.

Lernberatung konzentriert sich auf Details von Lernprozessen, um Probleme auszuräumen bzw. die Effizienz des Lernens zu erhöhen. Sie findet häufig im Kontext von Bildungsveranstaltungen statt. Grundsätzlich lässt sich die spezifische Lernberatung, bei der es um die Aneignung des jeweiligen Lerngegenstands geht, von der allgemeinen Lernberatung unterscheiden, bei der eher übergreifende Fragen von Lernstrategien behandelt werden.

Kapitel V setzt Lernberatung in den Kontext von Lernbegleitung und bearbeitet sowohl theoretische Hintergründe als auch methodische Ansätze von Lernberatung in Abgrenzung von Bildungsberatung.

Inahlt Kapitel V

■ Theoretische Grundlagen der Lern- und Bildungsberatung

■ Individuelle, klientenbezogene Lern- und Bildungsberatung

■ Unterstützung von Lernprozessen

Inhalt

Hinweis:
Das Fachbuch „Fachprofil Lernbegleitung" wird ergänzt durch eine umfangreiche Sammlung von Arbeitsblättern, Methoden und Kopiervorlagen. Diese erhalten Sie unter der ISBN 978 -3-86718-751-0 im Buchhandel oder per kostengünstiger Direktbestellung im Verlagsshop: www.edumedia.de

Theoretische Grundlagen der Lern- und Bildungsberatung

15

Der Begriff „Bildungsberatung" wurde in den 1960er Jahren zunächst für die Beratung von Schülerinnen und Schülern über (Aus-) Bildungs- und Berufsmöglichkeiten geprägt. Heute werden auch die Studienberatung, die Berufsberatung und die Weiterbildungsberatung zur Bildungsberatung gezählt. Während es bei der Bildungsberatung in diesem weiteren Sinn um mögliche Bildungsangebote und Bildungswege geht, wird von „Lernberatung" gesprochen, wenn bereits ein bestimmter Bildungsweg eingeschlagen worden ist und dabei Beratungsbedarf entsteht. Bildungsberatung findet also eher vorher, Lernberatung eher während bestimmter Bildungsphasen bzw. -angebote statt. Dies ist natürlich eine grobe Unterscheidung. In vielen Fällen lässt sich damit aber gut arbeiten. Wenn sich jemand z. B. beruflich verändern möchte und nach entsprechenden Bildungsmöglichkeiten sucht, kann eine Bildungsberatung sinnvoll sein. Nimmt er bereits an einem Bildungsangebot teil und sucht Lösungen oder Entwicklungsmöglichkeiten für sein Lernen, wird er ggf. eine Lernberatung in Anspruch nehmen.

Bildungsberatung

15.1 Was ist Beratung?

Für einen genauen Blick auf Bildungs- und Lernberatung ist es sinnvoll, sich vor Augen zu führen, was „Beratung" eigentlich ausmacht. Beratung ist zunächst einmal eine Grundform menschlicher Kommunikation. Auch in lange zurück liegenden Zeiten wurden Menschen vermutlich schon von anderen beraten, wurde der Rat von Älteren, Erfahrenen oder besonders Kundigen gesucht. Beratung ist in diesem allgemeinen Sinn eine universelle Form menschlichen Kommunizierens. Sie ist asymmetrisch, d. h. wie beim Erzählen, Berichten, Belehren kommuniziert eine Seite ganz anders als die andere. Hier ist der Ratgebende, dort der Ratsuchende oder, bei ungebetenen Ratschlägen, zumindest der Empfänger von Ratschlägen. Bei symmetrischer Kommunikation wie dem Gespräch, der Diskussion oder auch dem Beratschlagen sind die Aufgaben dagegen gleichmäßig verteilt, alle habe etwas beizutragen. Beratung setzt ein Gefälle zwischen Ratgebenden und Ratnehmenden voraus. Dieses Gefälle kann auf einem Mehr an Wissen, an Erfahrung oder auch an Fertigkeiten beruhen. Es kann tatsächlich bestehen, aber auch nur in der Einbildung eines selbst ernannten Ratgebenden existieren.

Beratung ist asymmetrische Kommunikation

Beratung impliziert immer Freiwilligkeit. Der Ratgebende verordnet nicht und befiehlt nicht, er berät und seinem Gegenüber ist es grundsätzlich freigestellt, den Rat zu beherzigen, ihn in den Wind zu schlagen oder zusätzlich anderen Rat einzuholen. Schon aus diesem Grund ist der weitere Fortgang ungewiss. So wie Zielen nicht gleich Treffen ist, ist Beraten nicht das Gleiche wie Entscheiden oder Handeln.

Beraten soll zum Entscheiden und Handeln beitragen

Allerdings soll Beraten zum Entscheiden und Handeln beitragen. Es ist daher immer mehr als die bloße Weitergabe oder das Einholen von Informationen. Wenn wir Rat suchen, wollen wir uns nicht nur erkundigen, nicht nur Informationen sammeln, sondern auch Hinweise bekommen, wie wir letztlich zu Entscheidungen und Handlungen kommen können.

Ratgeben kann Entscheidungen und Handlungen eines Einzelnen betreffen, es kann sich aber auch auf Gruppen, Organisationen oder gar ganze Gesellschaften beziehen. Es kann als unmittelbare Kommunikation zwischen Ratgeber und -empfänger stattfinden, aber auch medial vermittelt werden, indem etwa Briefe geschrieben werden.

neue Formen der Beratung

Das Beraten als allgemein menschliches und alltägliches Phänomen verschwindet auch in modernen Gesellschaften nicht, aber es entwickeln sich zusätzlich neue Anlässe, Ziele und Formen des Beratens und es entstehen immer mehr Berufsgruppen, zu deren Hauptaufgaben das Beraten zählt. Für die Ausweitung des berufsmäßigen und institutionalisierten Beratens gibt es mehrere Ursachen:

- ◼ Moderne Gesellschaften sind komplexe und enorm verästelte Gebilde, daher benötigt man häufiger als früher Navigationshilfen und Experten, die die nötigen Informationen ausreichend reduziert und verständlich vermitteln können, weil sie nicht nur ihr Fachgebiet, sondern auch die Voraussetzungen der Ratsuchenden im Blick haben.

- ◼ Außerdem entspricht es der Logik fortschreitender Arbeitsteilung, dass sich in einzelnen Bereichen Berufsgruppen und Institutionen entwickeln, deren Kernaufgabe vor allem in der Beratung liegt.

- ◼ Moderne Gesellschaften sind offen und pluralistisch. Das sichert dem Einzelnen größere Freiheiten, verlangt aber auch mehr Entscheidungen und trägt so zu stärkerer Nachfrage nach Beratung bei.

All dies macht alltägliches und nicht-berufliches Beraten nicht überflüssig, sondern ergänzt es eher. Dabei bleiben auch beim professionellen Beraten die erläuterten Wesensmerkmale erhalten: Es handelt sich um eine asymmetrische Konstellation von Beratendem und Ratsuchendem, es geht um die Unterstützung von Entscheidung und Handeln, also um mehr als nur die Vermittlung von Informationen, und der Ratsuchende kann den Rat annehmen, muss dies aber nicht.

> Bildungsberatung ist eine asymmetrische Konstellation von Beratendem und Ratsuchendem, es geht um die Unterstützung von Entscheidung und Handeln, also um mehr als nur die Vermittlung von Informationen, und der Ratsuchende kann den Rat annehmen, muss dies aber nicht.

15.2 Was ist Bildungsberatung?

Bildungsberatung ist Beratung über Bildungsmöglichkeiten, die sich an Einzelne, aber auch an Organisationen, Betriebe etc. richtet. Die individuelle Bildungsberatung überschneidet sich mit verschiedenen Varianten der Lebensberatung sowie mit der Berufs- und Karriereberatung. Die organisationsbezogene Bildungsberatung hat Berührungspunkte mit der Organisationsberatung und -entwicklung.

Im Unterschied zur reinen Bildungsinformation, die beispielsweise über Weiterbildungsdatenbanken oder andere Informationsquellen erfolgt, geht es bei der Bildungsberatung um an den Einzelfall des ratsuchenden Individuums oder der Organisation angepasste Entscheidungs- und Handlungshilfe. In den meisten Fällen bezieht sich Bildungsberatung auf Übergänge. Dies können beispielsweise Übergänge von einem Bildungsbereich in den anderen sein. Zu diesen zählt der Übergang vom Kindergarten in die Schule, der Übergang von der Grundschule zur weiterführenden Schule, von dort in die Berufsausbildung oder in die Hochschule oder auch, mittlerweile recht verbreitet, der Übergang von der Berufsausbildung in die Hochschule. Übergänge vom Bildungsbereich in den Arbeitsmarkt, aber auch umgekehrt Übergänge von der Berufstätigkeit in unterschiedliche Bereiche des Bildungssystems sind ebenfalls Anlässe von Bildungsberatung. Berufliche und/oder betriebliche Wechsel wie auch Ein- und Austritte in die Erwerbstätigkeit, die mit Arbeitslosigkeit, Erziehungszeiten oder Renteneintritt verbunden sind, stellen Anlässe für Bildungsberatung dar.

Entscheidungs- und Handlungstiefe

15.3 Was ist Lernberatung?

Während bei der Bildungsberatung größere Zusammenhänge und Verläufe im Mittelpunkt stehen, konzentriert sich die Lernberatung auf Details von Lernprozessen, um Probleme auszuräumen bzw. die Effizienz zu erhöhen. Lernberatung findet häufig im Kontext von Bildungsveranstaltungen statt. Die Frage nach Lernkompetenzen bzw. -defiziten spielt natürlich auch bei der Bildungsberatung eine gewisse Rolle. Grundsätzlich lässt sich die spezifische Lernberatung, bei der es um die Aneignung des jeweiligen Lerngegenstands geht, von der allgemeinen Lernberatung unterscheiden, bei der eher übergreifende Fragen von Lernstrategien etc. behandelt werden.

Details von Lernprozessen

Individuelle, klientenbezogene Lern- und Bildungsberatung

16

16.1 Methoden der Kommunikation und Gesprächsführung

Der Beratungsprozess lässt sich im Groben in drei Abschnitte unterteilen, die dem medizinischen Dreischritt ähneln: Er beginnt mit der Anamnese, also der Klärung von Beratungsanlass, Ausgangsbedingungen und Zielvorstellungen, geht dann über zur Diagnose, bei der Situation und Bildungsmöglichkeiten präzise bestimmt werden, und endet gewissermaßen mit Therapieempfehlungen, also Entscheidungs- und Handlungsplänen, die der Klient anschließend realisiert. Der Weg, der dabei gegangen wird, die Methoden (von griech. methodos - der Weg), die eingesetzt werden, können sehr unterschiedlich sein. Dies lässt sich an vier verbreiteten Konzepten demonstrieren:

Beratungsprozess im Dreischritt

- **Klientenzentrierte Beratung:**
  Der ratsuchende Klient soll nach diesem Ansatz, der vor allem auf den 1987 verstorbenen Psychologen Carl R. Rogers zurückgeht (Rogers, 1972), in einer angenehmen Atmosphäre zur Selbstklärung und Entscheidungsfindung hin begleitet werden. Der Beratende hält sich selbst stark zurück, er versucht durch entsprechende nonverbale und verbale Verstärker den Klienten zum Sprechen zu animieren, er paraphrasiert („spiegelt") das Gesagte und er thematisiert die Gefühle, die er im Gesagten erkennt bzw. beim Klienten beobachtet. So soll die Aufmerksamkeit auf zentrale Aspekte und auf Emotionen gelenkt werden, um dem Klienten eine an seine Lebenssituation, sein Berufs- bzw. Lebenskonzept angepasste Entscheidung zu ermöglichen. Auch die Suche nach den jeweils passenden Bildungsinformationen wird, so weit es geht, in die Hände des Klienten gelegt. Bei der Auswahl und Bewertung dieser Informationen achtet der Berater nicht nur auf den sachlichen Gehalt, sondern auch hier auf die emotionale Tönung. Klientenzentrierte Beratung ist insgesamt also ausgesprochen non-direktiv, also nicht vorschreibend bzw. verschreibend.

- **Behavioristische Beratung:**
  Dieser Ansatz (Spiegler/Guevremont, 1993) ist deutlich direktiver, wobei natürlich auch hier die Freiwilligkeit des Ratsuchenden außer Frage steht und die Beratung insgesamt in einer angenehmen Atmosphäre stattfinden soll. Die Grundannahme besteht darin, dass die Klienten erlerntes Verhalten (behavior) mitbringen und dass es beim Übergang, der Anlass für die Beratung ist, darum geht, dieses Verhalten zu verändern und Neues zu lernen. Auf der Grundlage einer sorgfältigen Diagnose konzipiert der Beratende einen Änderungsplan der kleinen Schritte, die dann mit dem Klienten vereinbart werden und ihn sukzessive zum neuen Gesamtzustand führen. Diagnose und Diagnoseinstrumente spielen hier eine wichtige Rolle ebenso wie vertragsähnliche Vereinbarungen zwischen Beratendem und Klient („Was ist als Nächste zu tun?") am Ende von Beratungssequenzen.

■ **Lösungsorientierte Kurzzeitberatung:**

Bei diesem Ansatz (de Shazer, 1999) sollen in relativ kurzer Zeit praktikable Lösungen für Probleme erreicht werden. Dabei wird in mehreren Schritten vorgegangen. Zunächst wird geklärt, ob der Klient nicht nur einen Beratungsanlass hat, sondern auch über Änderungshoffnung und -bereitschaft verfügt. Nur wenn der Klient bereit und in der Lage ist, Ausgangslage und Anlass zu bestimmen, und eine Lösung zu entwickeln und zu realisieren, wird er als „Kunde" der Lösungsorientierten Kurzzeitberatung betrachtet. Im nächsten Schritt werden genaue und nachprüfbare Ziele ausgehandelt, auf die dann im dritten Schritt vereinbarte Entscheidungen und Handlungen des Klienten orientiert sein sollen. Nach einer Zwischenevaluation, bei der sich der Beratende mit dem bisherigen Verlauf und weiteren Perspektiven auseinandersetzt, hilft er dem Klienten in der abschließenden fünften Phase weitere Veränderungen festzulegen und anzugehen.

■ **Informationsstrukturelle Methodik:**

Bei diesem Ansatz (Ertelt/Schulz, 1997) wird der Prozess der Informationsverarbeitung und Entscheidung durch den Klienten im Hinblick auf die Einwirkungsmöglichkeiten des Beratenden in den Mittelpunkt gestellt. Er wirkt hier sowohl durch direktive als auch durch non-direktive Techniken ein. Die Klienten benötigen, so die Annahme, faktische Informationen, sie benötigen daneben wertende Informationen, mit deren Hilfe sie beispielsweise zu Auswahl- und Entscheidungskriterien kommen. Und sie benötigen so genannte präskriptive Informationen, die ihnen zeigen, wie sie Fakten und Entscheidungskriterien zu Entscheidungen verbinden. Auf dem Weg vom Beratungsanlass zur (vorläufig) abschließenden Entscheidung übernimmt der Beratende unterschiedliche Aufgaben. Als Vermittler von faktischen Informationen soll er die Aufnahme- und Verarbeitungskapazitäten des Klienten berücksichtigen, ihn also nicht überlasten. Er soll ihm helfen, Entscheidungsgründe zu klären und diese auf die in Frage kommenden Varianten zu beziehen. Dabei setzt er sowohl non-direktive als auch direktive Techniken ein, d. h. er ermuntert zum Sprechen, paraphrasiert das Gesagte, lenkt die Aufmerksamkeit auf Gefühle, aber konfrontiert den Klienten auch mit Informationen, Befunden oder Eindrücken.

Funktionen des Beratenden

Der Beratende übernimmt in diesen vier Ansätzen unterschiedliche Funktionen: Während er beispielsweise beim klientenzentrierten Ansatz eher unterstützender Zuhörer ist und beim informationsstrukturellen Ansatz dazu beitragen soll, Entscheidungen angemessen und rational zu treffen, greift er beim behavioristischen wie beim lösungsorientierten Ansatz strukturierend und auch steuernd ein. Vorzüge und Nachteile des jeweiligen Vorgehens lassen sich nicht abstrakt, sondern nur unter Berücksichtigung von Beratungsanlass, Voraussetzungen und Ziele des Klienten etc. bestimmen.

> Die beste Zeit, einen Baum zu pflanzen, war vor zwanzig Jahren. Die nächstbeste Zeit ist jetzt.
>
> *(Ugandisches Sprichwort).*

16.2 Individuelle Besonderheiten

Die individuellen Besonderheiten des einzelnen Beratungsklienten ergeben sich bereits in der ersten (Anamnese-) Phase. Unmittelbar beratungsrelevante Merkmale wie sprachliche Ausdrucksfähigkeit, analytische Kompetenzen oder Extrovertiertheit bzw. Introvertiertheit des Klienten lassen sich meist schon recht früh erkennen und abschätzen. Dies ist für das angemessene Vorgehen von zentraler Bedeutung. So wird ein eher extrovertierter Klient weniger Aufwärmzeit benötigen, um zu ggf. entscheidungsrelevanten Fragen persönlicher Lebensplanung zu kommen als ein eher introvertierter. Bei sprachlicher Gewandtheit und ausgeprägter analytischer Kompetenz ist in der Regel ein eher non-direktives Vorgehen angezeigt, wenn beides schwächer entwickelt scheint, ist ggf. eine stärkere Strukturierungshilfe und ein insgesamt direktiveres Vorgehen sinnvoll.

beratungsrelevante Merkmale

Zur Klärung der individuellen Besonderheiten gehört daneben selbstverständlich die Betrachtung der Ausgangssituation bzw. des Beratungsanlasses. Eine zentrale Frage ist dabei: Wie komplex ist das Problem, um dessen Lösung es in der Beratung geht? Geht es im Wesentlichen um die Beschaffung geeigneter Informationen oder müssen komplexe und von widerstreitenden Gefühlen begleitete Entscheidungen vorbereitet werden?

Betrachtung der Ausgangssituation

Wir haben im Beitrag 14 gesehen, dass meist Übergänge Anlässe für Bildungsberatung sind. Die Frage danach, um welchen Übergang es jeweils geht, ob beispielsweise über Bildung ein Weg aus der Arbeitslosigkeit gesucht wird oder jemand nach der Familienphase zurück in den Beruf möchte, gehört zur Klärung der individuellen Besonderheiten.

Das Alter ist eine weitere wichtige Dimension, wobei weniger das genaue biologische Alter als die Lebensphase von Bedeutung ist, in der sich der Einzelne befindet. Im Hinblick auf Ausbildung und Berufstätigkeit werden meist folgende Phasen unterschieden: Nach dem Abschluss der Kindheit und frühe Jugend umfassenden Wachstumsphase spricht man von der Erkundungs- oder Explorationsphase, während der Berufs- und Lebenswege geklärt werden. Darauf folgt die Etablierungsphase, die durch Karrierebestrebungen im einmal gewählten Beruf gekennzeichnet ist. Hieran schließt sich die Erhaltungsphase an, die eher durch Festhalten an einmal erreichten Positionen als durch weit reichende Ambitionen gekennzeichnet ist. Die Einstellung kann hier ein „Gefühl der Vollendung" aber auch „resignative Berufszufriedenheit" sein. Je näher der Ruhestand rückt, desto stärker macht sich die Verlangsamungsphase bemerkbar die neben nachlassender Leistungsfähigkeit eine wachsende Distanz zum Beruf mit sich bringt. In dieser Phase beginnt die Auseinandersetzung mit dem bevorstehenden Berufsaustritt. Die Ruhestandsphase wird durch den Austritt aus dem Beruf eingeleitet.

Lebensphase

Das frühe Erwachsenenalter ist also das der Exploration und Etablierung, das mittlere das von Erhaltung und beginnender Verlangsamung, das späte Erwachsenenalter das von Verlangsamung und Ruhestand.

Phasenmodell

Dieses Phasenmodell kann als Bezugssystem dienen, um die Situation des Klienten näher zu bestimmen. Selbstverständlich variiert das Alter erheblich, in dem die einzelnen Phasen erreicht werden. So ist der Bildungsweg in hoch qualifizierte Berufe deutlich länger, die Etablierungsphase beginnt daher wesentlich später und dauert meist länger als bei gering qualifizierten Beschäftigungen. Zudem können Veränderungen wie Berufswechsel oder Familiengründung die Abfolge der Phasen völlig verändern.

Unterstützung von Lernprozessen

17

Die Unterstützung von Lernprozessen ist sowohl in der Bildungs- als auch in der Lernberatung von zentraler Bedeutung. Die Diagnose von Lernprozessen, Lernstrategien und Lernstilen, die im Folgenden näher betrachtet wird, wird bei intensiver Lernberatung selbstverständlich detaillierter und aufwändiger ausfallen, als bei der Bildungsberatung.

17.1 Diagnose von Lernprozessen

Bei der Beratung in konkreten Lernsituationen stehen die Lernstrategien im Mittelpunkt. Lernstrategien werden in der Regel in drei Hauptgruppen unterteilt, für die neben den hier verwendeten Begriffen auch andere im Umlauf sind:

Lernstrategien

1) Mit kognitiven Strategien werden die unmittelbar auf den Lerngegenstand gerichteten Anstrengungen bezeichnet. Wiederum dreifach unterteilt lassen sich hier Wiederholung, Organisation und Elaboration unterscheiden. Wiederholen bzw. Üben ggf. bis hin zur virtuosen Beherrschung des Geübten stellt in vielen Bereichen eine elementare Grundlage für komplexere Leistungen dar. Um der mit dem Üben verbundenen Langeweile zu entgehen, werden verbreitet Übungsvariationen eingesetzt oder wird das Üben spielerisch verkleidet. Unter der Bezeichnung „Organisationsstrategien" werden diejenigen Aktivitäten zusammengefasst, mit denen der Lernstoff vom Lernenden aufbereitet, abgelegt und verfügbar gehalten wird. Typische Varianten solcher Organisationsstrategien sind beispielsweise Eselsbrücken oder synästhetische Aufladungen (Zahlen als Tiere, ein Vortrag als Gang durch verschiedene Räume etc.). Sie sollen die Behaltensleistung erhöhen, indem sie dem Lerngegenstand einen ihm zunächst nicht eigenen „Sinn" geben. Mit „Elaboration" schließlich werden diejenigen Strategien bezeichnet, mit denen der Lernstoff in seinen Einzelheiten und in seiner systematischen Einbettung erarbeitet wird.

2) Metakognitive Strategien werden diejenigen Vorgehensweisen genannt, mit denen der Lernende seinen Lernprozess plant, überwacht und auswertet.

3) Unter Ressourcen werden diejenigen Einflussgrößen zusammengefasst, die nicht im strengen Sinne als „Strategien" oder Vorgehensweisen gesehen werden können. Hier wird zwischen internen Ressourcen, zu denen die Lernmotivation und -volition, also die Fähigkeit Lernanstrengungen dauerhaft auf Ziele hin zu orientieren, Zeitplanung und ähnliches gehört, und äußeren Ressourcen unterschieden, die den Arbeits- bzw. Lernplatz, die eingesetzten Mittel, Helfer, das soziale Lernumfeld und ähnliches umfassen.

Zusammenwirken mehrerer Strategien

Sollen komplexe Lernziele erreicht werden, ist erfolgreiches Lernen nur durch Zusammenwirken der verschiedenen Strategien zu erreichen. Erfolgreich Lernende, so die Grundannahme dieser Systematik, verfügen über geeignete kognitive Strategien, können metakognitiv beurteilen, welche Strategie wann sinnvoll eingesetzt werden kann, und können sich in ihren Lernprozessen auf innere (motivationale, volitionale etc.) wie äußere Ressourcen stützen. In der Lernberatung gilt es zunächst einmal, Kompetenzen und Defizite in den verschiedenen Strategiebereichen zu identifizieren. Wo liegen die Stärken, wo die Schwächen des Lerners? Wo kann er trainierend und reflektierend Verbesserungen erreichen, wo kann er zusätzliche Ressourcen mobilisieren?

17.2 Lernberatung und Lernstile

Lerntypenmodelle

Wenn Lernen organisiert wird, stellt sich recht schnell die Frage, welche Unterschiede zwischen den Lernenden bestehen. Häufig werden dann Modelle von Lernertypen entwickelt. Einfache Modelle unterscheiden nach Lerngeschwindigkeit (schneller, mittlerer, langsamer Lerner) oder nach Lernvorlieben (visueller, auditiver etc. Lerner).

Weit verbreitet und anerkannt ist das Modell der Lernstile von Kolb (Kolb, 1976). Kolb fragt danach, wie Erfahrungen gesammelt und wie sie verarbeitet werden. Er unterscheidet vier Lernstile[1]:

- **Divergieren:**
  Hier sind Vorstellungskraft, konkrete Erfahrung und reflektiertes Beobachten von zentraler Bedeutung. Lerner, die zum Divergieren neigen, haben Interesse an Menschen und im kulturellen Bereich und sind häufig künstlerisch aktiv.

- **Assimilieren:**
  Reflektiertes Beobachten und abstrakte Begriffs- bzw. Modellbildung stehen hier im Mittelpunkt. Soziale Interessen sind geringer als beim Divergieren. Lernen findet beim Assimilieren induktiv als Sammeln von Fakten und darauf aufbauend als Entwicklung von Begriffen und Konzepten statt.

- **Akkomodieren:**
  Aktives Experimentieren und konkrete Erfahrung prägen hier die Lernvorgänge. Lösungen für Probleme werden gern intuitiv gesucht, das Interesse an der Entwicklung von Konzepten ist gering, das an anderen Menschen aber ausgeprägt.

---

1 Ein Lernstiltest zum Download (als Word-Datei) findet sich unter
http://www.gwdg.de/~hhaller/KOLB.doc [Stand: 24.03.2010]

> „Verschiedene Lernende erzielen bei gleicher Lernumgebung unterschiedliche Erfolge. Dies wird unter anderem auf abweichende Vorkenntnisse, Motivation und grundsätzliche intellektuelle Fähigkeiten der individuellen Lerner zurückgeführt."
>
> *(Blumstengel, 1998)*

■ **Konvergieren:**

Wie beim Assimilieren ist hier abstrakte Begriffsbildung wichtig, sie geht aber mit aktivem Experimentieren einher, genauer gesagt: sie folgt ihm, d. h. Lernen erfolgt eher hypothetisch-deduktiv. Soziale Interessen sind eher schwach, Interessen für Dinge oder Theorien stark ausgeprägt.

Probleme beim Lernen können ggf. daraus entstehen, dass Stärken bzw. Schwerpunkte vom Lernenden nicht richtig erkannt werden, er gewissermaßen versucht, am eigenen Lernstil vorbei zu lernen. In der Bildungsberatung kann das Konzept der Lernstile ggf. im Zusammenhang mit Varianten der Eignungsdiagnostik eingesetzt werden. Hier stellt sich beispielsweise die Frage: Passt der im in Frage kommenden Bildungsweg vorherrschende Lernmodus zur Lernstilausprägung des Klienten?

Kapitel VI

Fachprofil Lernbegleitung

Neue Formen des Lernens stellen an Lernende und Lehrende gleichermaßen die Herausforderung, sich im Gefüge einer neuen Lernkultur zu orientieren und entsprechende Kompetenzen zu erwerben. In diesem Prozess müssen sich Lehrende zunehmend mit einer neuen bzw. sich verändernden Rolle auseinandersetzen. Neben der (klassischen) Wissensvermittlung ist mit dem Lehren vor allem die Entwicklung und Förderung von Kompetenzen des Lernenden verbunden.

Die individuelle Gestaltung von Lernwegen, die Fähigkeit, selbst Lernziele zu formulieren, passende Lernwege und Lernformen zu finden, das Lernen zu Lernen - diese Kompetenzen stehen zunehmend im Fokus der Tätigkeit eines Lehrenden. So ermöglicht und fördert eine professionelle Lernbegleitung das Lernen unabhängig von sozialen, geografischen, psychologischen und sonstigen Hindernissen.

Kapitel VI beschreibt das Konzept des „Fachprofil Lernbegleitung", einer berufsbegleitenden Qualifizierung, die vom Belehren und Dozieren wegführt und die notwendigen Kompetenzen vermittelt, um jungen und erwachsenen Menschen immer wieder den Zugang zum Lernen zu öffnen, ihnen Vertrauen in die eigene Lernkompetenz zu geben und die Lust am lebenslangen Lernen zu fördern.

Inhalt Kapitel VI

- Fachprofil Lernbegleitung - Konzeption und Ablauf
- Fachprofil Lernbegleitung - Praxisphase und Dokumentation

Inhalt

Hinweis:

Das Fachbuch „Fachprofil Lernbegleitung" wird ergänzt durch eine umfangreiche Sammlung von Arbeitsblättern, Methoden und Kopiervorlagen. Diese erhalten Sie unter der ISBN 978 -3-86718-751-0 im Buchhandel oder per kostengünstiger Direktbestellung im Verlagsshop: www.edumedia.de

Fachprofil Lernbegleitung

Konzeption und Ablauf

18

18.1 Eine berufsbegleitende Fortbildung

Mit dem Fortbildungsangebot „Fachprofil Lernbegleitung" liegt ein Qualifizierungskonzept vor, das die in den vorangehenden Kapiteln beschriebenen inhaltlichen und methodischen Ansätze einer modernen Lernbegleitung aufnimmt, in nachhaltigen Kursen erprobt und weiterentwickelt.[1]

moderne Lernbegleitung

Zielgruppe

Konzipiert ist die modulare Qualifizierung für Personen mit pädagogischen Vorkenntnissen, die eine kompetente Begleitung von Lernprozessen für ihre berufliche Tätigkeit als wichtig erachten, unabhängig davon, an welchen Lernorten sie selbst aktiv sind bzw. mit welchen Zielgruppen sie arbeiten. Ob Lernangebote in der Kita, in der Schule, in der Berufsbildung, an der Universität, im Lernzentrum, in Unternehmen oder im Seniorenklub umgesetzt werden: Die Fortbildung unterstützt die Entwicklung einer kompetenten Lernbegleitung als besondere Form der Förderung des Lernens im Lebenslauf.

modulare Qualifizierung

Berufsbegleitende Qualifizierung

Berufsbegleitend angelegt, bietet die Fortbildung den Teilnehmerinnen und Teilnehmern die attraktive Möglichkeit, aktuell erworbenes Wissen in der eigenen Praxis zu erproben bzw. in den Seminaren die eigenen Erfahrungen zu diskutieren. Unterstützend wirkt hier zusätzlich der Austausch der Teilnehmenden untereinander. Ihre unterschiedlichen Arbeits- und Erfahrungswelten werden im Rahmen der Fortbildung, insbesondere in den Präsenzveranstaltungen, mit verschiedenen Methoden einbezogen. Die gewählte Zeitstruktur der Präsenzveranstaltungen ermöglicht die berufsbegleitende Teilnahme an der Qualifizierung, ohne die eigene berufliche Tätigkeit zu beeinträchtigen: Die vier 1,5-tägigen Seminare finden jeweils von Freitag bis Sonnabend statt.

Austausch von Wissen und Erfahrung

---

1 Das „Fachprofil Lernbegleitung" wurde entwickelt von Helliwood media & education im fsj e.V. und dem Bildungszentrum der Stadt Nürnberg und ist entstanden als Entwicklungsvorhaben im Rahmen des Programms „Lernende Regionen - Förderung von Netzwerken", gefördert durch das Bundesministerium für Bildung und Forschung und den Europäischen Sozialfonds.

Blended Learning Konzept und Module

Fach- und Methodenwissen

Basierend auf einem Blended Learning Konzept ist die Fortbildung modular aufgebaut: Insgesamt fünf Module halten ein breites, vor allem praktisch nutzbares Fach- und Methodenwissen bereit. Die Module für Lernbegleitung vermitteln Aktuelles und Methodisches zu den Themen:

- **Lernen verstehen**
  Lern- und Gehirnforschung, Diversitymanagement, interkulturelle Lernformen und intergenerative Aspekte

- **Selbstlernprozesse unterstützen**
  Eigenverantwortliches Arbeiten, Lehr- und Lernkultur, Bildungsferne, Lernarrangements, Lerntechniken, Lerntypen und neue Lernräume

- **Medien nutzen**
  Multimediales Lernen, mediale Unterstützung von Lernprozessen, E-Learning, Blended Learning, Lernen mit E-Games

- **Lernprozesse dokumentieren**
  Informelles Lernen, Selbstreflexion, Kompetenzfeststellung, Instrumente der Dokumentation informellen Lernens

- **Lernende beraten**
  Theoretische Grundlagen der Lernberatung, individuelle Lern- und Bildungsberatung und Unterstützung von Lernprozessen

Präsenzseminare und Praxisphasen

Die Grundmodule werden in Präsenzseminaren und den dazwischen liegenden Praxisphasen im eigenen Arbeitskontext umgesetzt. Eine Online-Lernplattform unterstützt die Teilnehmerinnen und Teilnehmer bei der individuellen Aneignung der Fortbildungsinhalte, fördert ihren fachlichen Austausch und dokumentiert die Ergebnisse aus den Praxisphasen.

> „Die von Helliwood media & education Berlin und dem Bildungszentrum Nürnberg entwickelte und realisierte berufsbegleitende Qualifizierung „Fachprofil Lernbegleitung" setzt an den Anforderungen der Lernberatung und -begleitung in den unterschiedlichen institutionellen Kontexten an, wobei der Schwerpunkt auf Lernzentren liegt."
>
> *(Prof. Dr. Richard Stang)*

18.2 Ablauf, Methoden und Materialien

Im Rahmen der Qualifizierung „Fachprofil Lernbegleitung" durchlaufen die Teilnehmerinnen und Teilnehmer ein kompaktes Curriculum, das ihnen viele neue Methoden und Materialien rund um das Thema Lernbegleitung bietet. In diesem Kontext erbringen sie eigenständige Leistungen, die ihnen einen erfolgreichen Abschluss der Fortbildung sichern.

Curriculum und Verlauf

Im Rahmen der als Blended Learning Konzept angebotenen Qualifizierung wird mit den Teilnehmerinnen und Teilnehmern ein Curriculum in fünf inhaltlichen Schwerpunkten (Modulen) umgesetzt. Die inhaltlich aufeinander aufbauenden Module enthalten ein ausgewogenes Verhältnis aus fachlich-wissenschaftlichen Einführungen und eigener methodischpraktischer Tätigkeit.

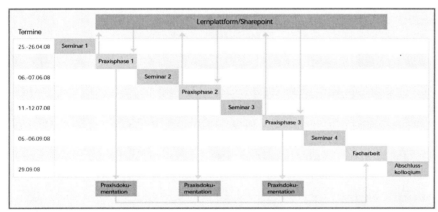

Zeitplanung des Fachprofils am Beispiel des Modellkollegs 2008 in Berlin

Jeweils zu Beginn der Präsenzseminare werden die fachlichen Module vorgestellt und in der Folge mit unterschiedlichen Methoden vertieft. Zwischen den Präsenzseminaren liegen Praxisphasen. In dieser Zeit können die Teilnehmenden durch Selbstlernen das neu gewonnene Wissen vertiefen bzw. erweitern. Außerdem erhalten sie besondere Praxisaufgaben, die an das Gelernte aus den Seminaren inhaltlich anknüpfen und Spielraum für die Umsetzung im eigenen Arbeitskontext geben.

Praxisaufgaben

Arbeitsordner

individuelle Lernförderung

Den Teilnehmerinnen und Teilnehmern des Fachprofils stehen während der Fortbildung unterschiedliche Methoden und Materialien zur Verfügung, die ihr individuelles Lernen fördern. Alle erlebten und erprobten Methoden sowie die zur Verfügung gestellten Lernmaterialien können für die spätere Tätigkeit als Lernbegleitung verwendet werden.

Die in diesem Fachbuch vorliegenden Inhalte sowie weiterführende Materialien wie Arbeits- und Methodenblätter werden den Teilnehmerinnen und Teilnehmern zur Verfügung gestellt, können in einem persönlichen Arbeitsordner zusammengefügt und für die eigene Arbeit genutzt werden.

Lernplattform

Sharepoint

Zusätzlich finden sich die kompletten Lernmaterialien, ergänzt durch weiterführende Informationen, auf der Lernplattform des „Fachprofils Lernbegleitung" wieder. Diese Lernplattform auf SharePoint- oder Moodle-Basis unterstützt Selbstlernprozesse sowie den Austausch der Teilnehmerinnen und Teilnehmer.

Praxisdokumentation

Dokumentation

Die Teilnehmerinnen und Teilnehmer sind aufgefordert, Lösung, Verlauf und Ergebnisse ihrer Praxisaufgaben schriftlich zu dokumentieren und auf der Lernplattform zu präsentieren. Sie erhalten zur methodischen Unterstützung ein Dokumentationsinstrument (pd^4), das die einheitliche und strukturierte Darstellung der Praxisaufgaben ermöglicht.

Facharbeiten

Wahl spezifischer Praxisaufgaben

Ein weiterer wesentlicher Bestandteil der Qualifizierung „Fachprofil Lernbegleitung" ist die Erstellung einer theoretischen Facharbeit. Bereits mit der Auswahl der Praxisaufgaben und ihrer Umsetzung im eigenen Arbeitskontext entscheiden sich die Teilnehmenden für spezifische Aspekte des Themas Lernbegleitung. Auf diese Weise dienen die persönlichen Praxisdokumentationen als Grundlage der zu erarbeitenden Facharbeiten.

Ziel ist es, die eigene praktische Arbeit fachlich-theoretisch bzw. methodisch-didaktisch einzuordnen und zu begründen.

„Mit dieser Fortbildung wird dem erhöhten Bedarf nach qualifiziertem Personal für Lernberatung und -begleitung Rechnung getragen. Gerade für neue Angebotsstrukturen z. B. in „One-Stop Shop"-Bildungszentren, erscheint eine qualifizierte Fortbildung von Lernbegleiterinnen und Lernbegleitern ein wichtiges Projekt."

(Prof. Dr. Richard Stang)

Abschlusskolloquium und Zertifikat

Die Qualifizierung „Fachprofil Lernbegleitung" wird mit einem Abschlusskolloquium beendet. Die Teilnehmerinnen und Teilnehmer präsentieren und diskutieren die Ergebnisse ihrer Facharbeiten unter besonderer Berücksichtigung des Themas Lernbegleitung. Im Anschluss erfolgt die Übergabe der Zertifikate.

Präsentation und Diskussion

18.3 Die Lernplattform des Fachprofils Lernbegleitung

Die Fortbildung „Fachprofil Lernbegleitung" ist als Blended Learning Angebot konzipiert, um den Lernprozess über die Präsenzseminare hinaus fortzusetzen und hierfür ortsunabhängiges Lernen zu ermöglichen. Somit können zeitliche Ressourcen entsprechend dem individuellen Lernprozess gestaltet werden. Wie bereits die Materialien für einen individuellen Arbeitsordner, hat auch die Lernplattform eine doppelte Funktion: Sie ist virtueller Lernort für die Seminarteilnehmerinnen und -teilnehmer und enthält vielfältige Materialien, Informationen und Interaktionsmöglichkeiten. Darüber hinaus eignen sich die Lernenden vielfältige Kenntnisse und praktische Erfahrungen im Umgang mit Lernplattformen an, die ihnen in ihrer Tätigkeit als zukünftige Lernbegleiterinnen/Lernbegleiter nützlich sein können.

virtueller Lernort

Lernoberfläche mit Benutzerprofilen

Die Lernplattform „Fachprofil Lernbegleitung" kann sowohl auf Sharepoint-Technologie, als auch auf Moodle-Plattformen umgesetzt werden. Sie erfordert keine zusätzlichen Anwendungen und ist leicht über das Internet abrufbar. Alle Teilnehmenden erhalten mit Beginn der Fortbildung persönliche Zugangsdaten, mit denen sie sich an jedem Computer mit Internetzugang einloggen können.

Benutzerprofile

persönliche Profile

Die Benutzerprofile auf der Startseite der Lernplattform unterstützen den Prozess des Kennenlernens über die Präsenzseminare hinaus. Die persönlichen Profile enthalten neben dem Foto und dem Namen, Informationen zur Tätigkeit und zum Arbeitsort sowie ein kurzes persönliches Statement zum Fortbildungsthema Lernbegleitung. Ein direkter Mailkontakt ist hier ebenfalls möglich.

Seminare

Lernmaterialien

Der Seminarbereich der Lernplattform ist entsprechend der Präsenzseminare gegliedert und enthält alle Lernmaterialien, die für die Umsetzung des Seminars notwendig sind. Lehrbriefe und Arbeitsblätter, Literaturhinweise und Linklisten stehen im PDF-Format zur Verfügung. Hinzu kommen Materialien, die den Selbstlernprozess außerhalb der Präsenzseminare unterstützen und nicht im Arbeitsordner enthalten sind.

Darüber hinaus finden sich in jedem Seminarbereich allgemeine Informationen zum konkreten Ablauf des Seminars sowie zu den Dozentinnen und Dozenten oder Lernbegleiterinnen und Lernbegleitern.

Praxisaufgaben und Ergebnisse

Dokumentationsinstrument

Ein wichtiger Bestandteil der Fortbildung sind die Praxisphasen zwischen den Präsenzseminaren. Auf der Lernplattform finden die Teilnehmerinnen und Teilnehmer die ihnen persönlich zugewiesenen Praxisaufgaben sowie die Formulare des Dokumentationsinstruments pd[4]. Nach der Umsetzung jeweils einer Aufgabe je Praxisphase dokumentieren sie ihre Ergebnisse mithilfe dieser Vorlage und stellen ihre Dokumentationen auf der Lernplattform vor. Die Präsentation der praktischen Ergebnisse und Erfahrungen unterstützt wiederum das gemeinsame Lernen und den gegenseitigen Austausch.

„Das Kolleg hat einen großen Beitrag zu meiner Professionalisierung geleistet und mein Verständnis für meine Tätigkeit geschärft."

(O-Ton Teilnehmer des Modellkollegs Fachprofil Lernbegleitung 2008)

Fachdiskussion

Der Bereich Fachdiskussion bietet den Lehrenden und Lernenden zusätzlich eine interaktive Möglichkeit, den Lernprozess aus den Präsenzseminaren fortzusetzen und in den Fachaustausch zu treten. So können Themen, die im Seminar aus zeitlichen oder inhaltlichen Gründen nur kurz angesprochen wurden, hier fortgesetzt und diskutiert werden. Dabei können sowohl die Dozentin/der Dozent als auch die Lernenden fachliche Fragen stellen oder beantworten, Erfahrungen austauschen und so den individuellen und gemeinsamen Lernprozess fördern.

individuelle Lernprozesse durch Fachaustausch fördern

Management

Über diese vor allem fachlichen und den Lernprozess unterstützenden Bestandteile hinaus, stellt die Lernplattform weitere Informationen zur Verfügung. So befinden sich im Bereich "Neuigkeiten" aktuelle Hinweise zum Verlauf der Fortbildung oder zur Nutzung der Lernplattform. Im "Kalender" findet man alle wichtigen Termine der Fortbildung auf einen Blick, während im Bereich "Bilder" sowohl Seminarimpressionen, als auch Dokumentationen des Seminargeschehens zu finden sind.

Fachprofil Lernbegleitung

Praxisphase und Dokumentation

19

Die zwischen den Präsenzseminaren liegenden Praxisphasen dienen in der berufsbegleitenden Fortbildung „Fachprofil Lernbegleitung" der Erprobung bzw. Festigung des in den Seminaren Gelernten. Anknüpfend an die jeweiligen Seminarinhalte erhalten die Teilnehmerinnen und Teilnehmer mehrere Praxisaufgaben. Entsprechend des eigenen beruflichen Umfeldes, der individuellen Möglichkeiten und Interessen, entscheiden sich die Lernenden für eine Aufgabenstellung pro Praxisphase, die sie dann in ihrem Tätigkeitsfeld umsetzen.

Die Realisierung der Praxisaufgaben wird von den Teilnehmerinnen und Teilnehmern in allen Phasen dokumentiert. Die so entstehenden Dokumentationen werden auf der begleitenden Lernplattform publiziert, sind außerdem Bestandteil oder Grundlage der abschließenden theoretischen Facharbeit und somit eine Voraussetzung für den erfolgreichen Abschluss der Fortbildung zum Lernbegleiter.

transparente Darstellung der Lernschritte auf der Lernplattform

19.1 pd^4 - reflexives Projektmanagement

Für die Dokumentation der Praxisaufgaben wird den Teilnehmerinnen und Teilnehmern ein Instrument an die Hand gegeben, das die strukturierte Planung, Durchführung und Auswertung von (Bildungs-)Projekten unterstützt.

Selbstevaluation

pd^4 wurde aufbauend auf dem ADAPT-Modell zum Management von Innovationsprojekten[1] von Helliwood media & education und BITS 21 im fjs e.V., basierend auf langjährigen Erfahrungen und Ergebnissen der Selbstevaluation entwickelt.

Die Dokumentationsmaterialien helfen den Lernbegleiterinnen und Lernbegleitern, Bildungsprozesse oder Lernszenarien in unterschiedlichen Projekten besser zu planen, vorzubereiten und umzusetzen, da bereits in der Planungsphase die Dokumentation einbezogen wird. Das Instrument eignet sich daher besonders für Projekte, deren Dokumentationen exemplarisch in der Weiterbildung i.w.S. eingesetzt werden sollen (z. B. Projektbegleitung und Coaching, Fortbildungen mit Theorie- und Praxisphasen). Die Praxisaufgaben des „Fachprofils Lernbegleitung" werden in diesem Sinne als Projekte in Bildungsprozessen betrachtet.

---

1   Leitfaden ADAPT siehe unter: http://www.lernende-regionen.info/dlr/download/ 03_Inno-Leitfaden.pdf

reflexives Projektmanagement

pd^4 umfasst als Verfahren zum reflexiven Projektmanagement vier Phasen [patent pending] eines Bildungs- oder Lernprozesses. Für jede Phase stehen vorstrukturierte Vorlagen (Stammblätter) zur Verfügung, deren Fragestellungen die Projektarbeit und ihre Dokumentation unterstützen. Sie sollten deshalb bereits in die Vorbereitung und Planung von zielgerichteten Lernprozessen einbezogen werden.

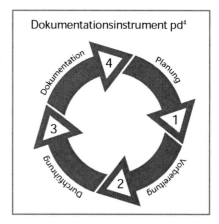

Dokumentationsinstrument pd^4

pd^4 [pɛtifuʀ] | define | Planung

Analyse der Ausgangssituation

Diese Phase umfasst die gedankliche Analyse der Ausgangssituation und die Identifikation möglicher Projektzusammenhänge. Die Rahmenbedingungen eines Projekts stehen im Fokus dieser Vorbereitungs- und Dokumentationsphase: Neben der Formulierung oder Benennung des Projekts bzw. der Praxisaufgabe erfolgt die Vorstellung des Projektverantwortlichen und der (Bildungs-)Einrichtung. Weiterhin gehört dazu eine Beschreibung der Zielgruppe, die in dem Projekt, in dem Lernszenario arbeiten/ lernen wird. Diese Darstellung der Lerngruppe sollte vordergründig im Kontext des durchzuführenden Lernprojekts bzw. der Praxisaufgabe vorgenommen werden.

Für die Dokumentation dieser Phase stehen zwei Stammblätter mit den entsprechenden Fragestellungen zur Verfügung (define 1: Kurzprofil des/der Projektleitenden, define 2: Kurzprofil der eigenen Einrichtung & Lerngruppe). (Die Stammblätter finden Sie in der Arbeitsblatt-Sammlung.)

pd^4 [pɛtifuʀ] | design | Vorbereitung

konkrete Ziele und Projektablauf

Aufbauend auf der Betrachtung der Ausgangssituation werden nun konkrete Ziele und Projektabläufe geplant. Die Formulierung der Idee in Form einer kurzen inhaltlichen Beschreibung und deren Einordnung in das Profil oder Programm der eigenen Einrichtung gehören in diese Phase. Die konkrete Benennung der (Lern-)Ziele sowie die Aufstellung eines Zeitplanes sind weitere Schritte. Darüber hinaus können weitere am Projekt Beteiligte und ihre Funktion im Lernprozess benannt werden. In diese Planungsphase gehört außerdem, die erwarteten Ergebnisse und ihre Präsentation zu beschreiben sowie evtl. mögliche Umsetzungsschwierigkeiten, Störungen zu formulieren.

Dieser Teil der Dokumentation enthält das Stammblatt zur Projektbeschreibung (design: Stammblatt Praxisaufgabe), mit entsprechenden Fragen zur Vorbereitung, den Voraussetzungen und der Zielsetzung.

> Die Dokumentationsmaterialien unterstützen die Lernbe-
> gleiterinnen und Lernbegleiter, Bildungsprozesse oder
> Lernszenarien in unterschiedlichen Projekten besser zu pla-
> nen, vorzubereiten und umzusetzen, da bereits in der Pla-
> nungsphase die Dokumentation einbezogen wird.

pd⁴ [pɛtifuʀ] | deploy | Durchführung

In der dritten Phase geht es um den Kern eines Projektes oder eines Lernszenarios: Die konkreten Planungs- und Vorbereitungsaktivitäten werden beschrieben, die Realisierung in ihren zeitlichen und inhaltlichen Strukturen wird dokumentiert, Schritte der Ergebnissicherung, Auswertung und Präsentation dargestellt.

Planungs- und Vorbereitungsaktivitäten

Darüber hinaus können besondere Projektmaterialien bzw. -Ergebnisse aufbereitet und dokumentiert werden. So machen beispielsweise O-Töne von Teilnehmerinnen und Teilnehmern aus Interviews oder Projektabläufen, Bildmaterial aus verschiedenen Abschnitten des Projekts oder Materialien von Abschlusspräsentationen die Dokumentation interessanter. Zusätzliche Dokumente und Materialien, wie Fragebögen, Interviewleitfäden oder PowerPoint Präsentationen sollten diesen Teil der Dokumentation ergänzen.

Zwei strukturierte Stammblätter (deploy 1: Verlauf, deploy 2: Materialien) unterstützen diesen Teil der Dokumentation. (Die Arbeitsblätter für die Dokumentation finden Sie unter „Kopiervorlagen" im Band 2.)

pd⁴ [pɛtifuʀ] | describe | Dokumentation

Nach Abschluss des Projekts bzw. der Praxisaufgabe sollte noch einmal der gesamte Verlauf zusammenfassend betrachtet werden. Die hierzu verwendete schriftliche Form unterstützt die Reflexionstätigkeit des Projektleitenden.

Reflexion

Die abschließende Betrachtung des Projekts bzw. der Praxisaufgabe stellt sicher, dass Ziele und Ergebnisse in Beziehung gesetzt und Schlussfolgerungen für die eigene Arbeit gezogen werden können. Für die Fortführung der (Lern-)Prozesse ist es wichtig, Gelungenes zu erkennen, Probleme und evtl. Lösungswege zu beschreiben.

Für diesen Teil des pd⁴ Verfahrens wird ein weiteres Stammblatt (describe: Dokumentation) zur Verfügung gestellt.

19.2 Praxisaufgaben

Zu den Themenschwerpunkten, die im Rahmen der modularen Fortbildung „Fachprofil Lernbegleitung" in den einzelnen Präsenzveranstaltungen (Seminaren) umgesetzt werden, sind jeweils drei Fragestellungen, für die sich anschließenden Praxisphasen entwickelt worden. Die Anzahl der Praxisphasen und ihre Inhalte sind abhängig von der konkreten Fortbildungsstruktur und den umgesetzten Modulen.

Fragestellungen für Praxisphasen

Die Aufgaben der Praxisphase zum Modul „Lernen verstehen" orientieren sich an Fragestellungen der Lern- und Gehirnforschung, fordern zur Gestaltung eigener Lernarrangements auf bzw. beleuchten die Vielfalt (Diversity) in Lernprozessen. In der Praxisphase zum Modul „Selbstlernprozesse unterstützen" werden vor allem

Methoden praktisch erprobt, die das selbstbestimmte Lernen unterschiedlicher Zielgruppen fördern. Im Mittelpunkt der Praxisphase zum Modul „Medien nutzen" stehen die Entwicklung von Konzepten medial gestützter Lernszenarien sowie die Bewertung von Computerspielen für die Nutzung in Bildungsprozessen. In der Praxisphase zum Modul „Lernprozesse dokumentieren" werden unterschiedliche Instrumente der Dokumentation informellen Lernens zur Anwendung gebracht und zum Modul „Lernende beraten" sollen in der Praxisphase beispielhafte Szenarien für Lernberatung in der Lernbegleitung entwickelt werden.

Die Teilnehmerinnen und Teilnehmer der Fortbildung „Fachprofil Lernbegleitung" wählen sich eine Fragestellung als Praxisaufgabe aus und setzen diese dann in den Selbstlernphasen zwischen den Präsenzveranstaltungen um. Sie dokumentieren Verlauf und Ergebnisse mit dem Instrument pd[4] und veröffentlichen ihre Dokumentationen der Praxisaufgaben auf der Lernplattform.

Beispielhaft werden an dieser Stelle erfolgreich realisierte Praxisaufgaben vorgestellt, die in drei Praxisphasen von Teilnehmerinnen und Teilnehmern des Modellkollegs „Fachprofil Lernbegleitung" 2008 erarbeitet worden sind.

Praxisbeispiel Modul „Lernen verstehen"

Stärkung der sozialen Kompetenz: Selbstsicherheitstraining

Frau Beyer leitete zum Zeitpunkt des Modellkollegs 2008 unterschiedliche Qualifizierungs- und Vermittlungsmaßnahmen vor allem für junge Menschen zwischen 17 und 21 Jahren. Sie entwickelte im Rahmen der Praxisphase ein besonderes Lernszenario.

Jugendliche im Alter von 17 bis 21 Jahren

Institution und Zielgruppe: Das Praxisprojekt „Selbstsicherheitstraining" wurde mit einer Gruppe Jugendlicher im Alter von 17 - 21 Jahren im Rahmen eines berufsvorbereitenden Lehrganges durchgeführt. Dieser Lehrgang ist eines der vielfältigen Angebote des Vereins „Lernen fördern e.V." in Steinfurt, der Kinder auf ihrem Weg ins Leben fördert bzw. Jugendliche und Erwachsene auf ihrem Berufsweg unterstützt.

Förderung von Selbstsicherheit

Ziele und Methoden: Ziel des Projekts war die Förderung der Selbstsicherheit von Jugendlichen im Rahmen eines berufsvorbereitenden Lehrgangs. Sich der eigenen Stärken und Schwächen bewusst zu werden, Vertrauen zu sich selbst und zu den eigenen Fähigkeiten zu entwickeln, stand dabei im Fokus. Durchgeführt wurde ein begleitender Workshop mit vielfältigen aktivierenden Methoden der Selbsteinschätzung und Selbstdarstellung wie Partnerinterviews, moderierte Diskussionen (Kartenabfragen), Präsentationsübungen vor der Gruppe und gemeinsame Auswertungen der Übungen.

regelmäßiges Feedback fördert die positiven Wertschätzung

Ergebnis: Bei der Durchführung des Projektes ist es gelungen, die Jugendlichen an ein für sie eher ungewohntes Thema heranzuführen. Sie haben sich auf die unterschiedlichsten Übungen eingelassen, sich bei den Feedbackrunden interessiert beteiligt, und gelernt, Regeln einzuhalten.

Ein Metaebenenkonzept soll Training und Lernerfahrung ermöglichen. Zudem werden Theorie und Methodik-Didaktik mit Bezug auf den eigenen Praxiskontext als Lernbegleiterin oder Lernbegleiter bereitgestellt und reflektierbar gemacht.

„Am Anfang hat mir das Thema Selbstsicherheit Angst gemacht, weil ich mich vor der Gruppe nicht blamieren wollte. Die Übungen fand ich aber gut, weil sie nicht zu lang waren und man sich immer vorbereiten durfte."

(O-Ton Teilnehmer aus dem Seminar)

Besonders wichtig waren die Feedbacks nach jeder Übung. Positive Rückmeldungen wie Lob, Lächeln oder Nicken der Gruppe waren unterstützend, aufwertend und motivierend. Bei Verbesserungsvorschlägen hatten sie die Chance, über ihr Verhalten nachzudenken oder es zu verändern. Durch die positive Wertschätzung in der Gruppe, bedingt auch durch die Feedbackregeln, herrschte ein offenes Gesprächsklima.

Interviews zum Lerngrundgefühl

Praxisbeispiel Modul „Lernen verstehen"

Herr Habekost führte im Zeitraum des Modellkollegs 2008 an unterschiedlichen sozialen Einrichtungen in Bremen und im Land Niedersachsen Seminare Workshops mit Langzeitarbeitslosen und Menschen mit Migrationshintergrund durch. Für die Praxisaufgabe führte er eine empirische Untersuchung zum Lernverhalten durch.

Institution und Zielgruppe: Am Praxisprojekt beteiligt waren Seminarteilnehmerinnen und -teilnehmer - insbesondere Langzeitarbeitslose mit Migrationshintergrund - einer anerkannten Bildungsmaßnahme von Herrn Habekost, eigens für einen Beschäftigungsträger in Osterholz-Tenever entwickelt. Es sollten schwerpunktmäßig individuelle Potenziale freigesetzt und genutzt werden, um Menschen neue Perspektiven aufzuzeigen und in Arbeit zu bringen.

Langzeitarbeitslose mit Migrationshintergrund

Ziele und Methoden: Ziel des Praxisprojekts war die Schaffung eines besseren Lern-Zugangs sowie die Herausbildung eines besseren Lern-Verständnisses schon vor dem Start des eigentlichen Seminarinhaltes. Von besonderem Interesse waren hier die geäußerten Gefühle und die zu entwickelnde Empathie zwischen Lernbegleitenden und Befragten. Als Methoden kamen fragebogengestützte Gruppen- und Einzelinterviews zum Einsatz.

Förderung des Lernverständnisses

Ergebnis: Die Studie macht deutlich, dass jeder Befragte tatsächlich seine ganz individuelle Lernerfahrung besitzt und, dass die persönliche Lernerfahrung (verbunden mit dem prägenden Gefühl) veränderlich ist. Das in der Befragung ermittelte Lerngrundgefühl ist in 60 Prozent der Fälle negativ und in 40 Prozent der 8 Fälle positiv. Eindeutig war in der Lerngruppe die Tatsache: Wenn das Lerngrundgefühl bei den Befragten negativ geprägt ist, so steht es im unmittelbaren Zusammenhang mit der eigenen Schulzeit. Ist das Lerngrundgefühl positiv, dann hängt die positive Erfahrung interessanterweise in hohem Maße mit späteren, für den Lernenden signifikanten Erlebnissen zusammen und ist nicht (mehr) mit der Schulzeit ver-

individuelle Lernprozesse ermöglichen

knüpft. In erster Linie wurde dann die Ausbildungszeit, eine Weiterbildung oder eine andere prägende Erfahrung, die z. B. den persönlichen Nutzen des Lernens zum Thema hatte, genannt. Diese Erfahrungen ließen alte Gefühle in den Hintergrund treten.

Der Fragebogen ist eine gute Methode, sich auf die Gefühlswelt der Lernenden einzulassen. Hierdurch gelingt es, den inneren Zustand und die Befindlichkeit des Lernenden aufzuspüren, zu erfahren und zu verstehen. Die Befragten sollen in dem Interview und der nachfolgenden Projektarbeit mit ihren Gefühlen ernst genommen werden, so dass sie sich respektiert, geachtet und wertgeschätzt fühlen. Aus diesem Verständnis heraus bietet es die Möglichkeit, eine individuelle Lernsituation herzustellen um so jedem Einzelnen einen erfolgreichen Lernprozess zu ermöglichen.

Praxisbeispiel Modul „Selbstlernprozesse unterstützen"

Lernförderung durch Lerntypentest unter Mitwirkung von Eltern

Frau Lohaus leitete zum Zeitpunkt des Modellkollegs 2008 die offene Ganztags- und Mittagsbetreuung in einer Schule und entschied sich in der Praxisphase für die Anwendung eines Lerntypentests mit Grundschülern.

Grundschüler

Institution und Zielgruppe: Der Lerntypentest wurde mit Grundschülern der OGGS-Josefgrundschule und ihren Eltern durchgeführt. Diese Schule ist eine der ersten Ganztagsschulen in Emsdetten, deren offener Ganztag vom Kreisel e.V. betreut wird.

Lernkompetenz und -motivation steigern

Ziele und Methoden: Mit dem Lerntypentest sollte erreicht werden, die Lernkompetenz der Kinder zu steigern und ihre Lernmotivation zu erhöhen. Ein weiteres Ziel war die bessere Förderung des selbstständigen Lernens und eine optimale Förderung der Grundschülerinnen und -schüler bis hin zur Prävention von Lernschwierigkeiten.

Der Lerntypentest wurde in der dritten Klasse durchgeführt, da die Kinder anschließend noch ein Jahr an der Schule verbleiben und in dieser Zeit auf Grundlage der Testergebnisse gefördert werden können. Verwendet wurde der „Lerntypentest für Kinder"[1] von youngworld Institut für Begabungsanalyse. Auch die Eltern erhielten zunächst einen Fragebogen zur Einordnung ihres Kindes: „Welcher Lerntyp ist ihr Kind?". Nach dem Test wurden gemeinsame Auswertungen zur Einordnung des Typs der Kinder und zu den Fördermöglichkeiten ihres Lernstils durchgeführt.

Ergebnis: Insgesamt wurde der Test von den Eltern sehr positiv aufgenommen. Sie wertschätzten die Möglichkeit, das Lernverhalten ihrer Kinder zu verstehen und zu verbessern. Für die Eltern gab es viele „Aha"-Effekte. Für sie war es interessant, die Erkenntnisse aus dem Test ihres Kindes mit ihren eigenen Lernerfahrungen zu vergleichen. Die Kinder konnten aus den gewonnenen Ergebnissen viel für ihr eigenes Lernverhalten mitnehmen, um sich ihren entsprechenden Lernstilen anzupassen.

---

1 Der youngworld-Lerntypentest wurde nach wissenschaftlichen Qualitätskriterien entwickelt. Internet: http://www.youngworld.de/index.jsp?id=6 [Stand: 24.03.2010]

Die Evaluationsergebnisse machen deutlich, dass Konzept, Inhalte und Umsetzung des „Fachprofils Lernbegleitung" sowohl dem gesellschaftlichen Bedarf an innovativer Fortbildung als auch dem individuellen Interesse der Teilnehmenden entgegen kommen.

Entwicklung eines Lernarrangements für Lernferne

Frau Schmid ist zum Zeitpunkt des Modellkollegs 2008 Leiterin des Projekts „Lernen ab 50" und entwickelte ein Lernarrangement für Lernferne.

Praxisbeispiel Modul „Selbstlernprozesse unterstützen"

Institution und Zielgruppe: Das Lernarrangement wurde von der Autorin entwickelt und in Kooperation mit der Volkshochschule im Städtedreieck durchgeführt. Als Zielgruppe galten Personen ab 50 Jahren, die längere Zeit nicht beruflich tätig sind, sich für eine ehrenamtliche Tätigkeit interessieren oder bereits ehrenamtlich arbeiten. Sie sind wenig medienerfahren, haben entsprechende Berührungsängste und sehen für sich nur noch wenig Lernbedarf.

Menschen ab 50 Jahren

Ziele und Methoden: Inhalt des Praxisprojekts war die Bereitstellung eines Lernarrangements für Lernferne ab 50 Jahren mit dem Ziel, sie für Aktivitäten zum lebenslangen Lernen zu motivieren. Sie sollen Neues lernen, ihre vorhandenen Kompetenzen einbringen, ausbauen und in ehrenamtlichen Tätigkeitsfeldern sinnvoll nutzen. Mithilfe der modernen Medien, speziell dem Internet, können sie sich das Wissen über ehrenamtliches Engagement, vorhandene Einrichtungen, Fachstellen, relevante Downloads und mögliche Tätigkeitsfelder in ihrer Kommune selbst erarbeiten. Dazu wurde ein Lernarrangement mit verschiedenen Lehrmethoden und Sozialformen entwickelt, dass die (Selbst-)Lernkompetenzen fördert und eigenverantwortliches Arbeiten und Lernen ermöglicht.

Motivation zum lebenslangen Lernen

Ergebnis: Das Lernarrangement wurde im Rahmen von zwei Workshops realisiert. Deutlich wurden die sehr unterschiedlichen Voraussetzungen der Teilnehmerinnen und Teilnehmer. Viele hatten noch nie einen Computer benutzt, während einige schon Erfahrungen im Umgang mit dem Computer und dem Internet gesammelt hatten. Im Verlauf des Kurses wurden die Teilnehmerinnen und Teilnehmer immer sicherer. Da neben dem Referenten auch die Lernbegleiterin anwesend war, konnten viele Fragen sehr individuell beantwortet werden. Um noch mehr Sicherheit zu bekommen, wünschten sich alle Teilnehmenden eine Fortführung des Kurses und Möglichkeiten zum Üben. Diesem Wunsch wurde mit einem weiteren Workshop, verlängert um eine Übungszeit, entsprochen. Die Kenntnisse im Bereich Internetnutzung wurden vertieft und gemeinsam an Problemlösungen gearbeitet. Der Vorschlag der Projektleiterin, bei Interesse in der VHS ab September einen offenen Computertreff anzubieten, wurde mit großem Interesse aufgenommen.

Vermittlung von Sicherheit

Praxisbeispiel Modul „Medien nutzen"

Konzept „Prince of Persia" - Das Erlebnis

Zum Zeitpunkt des Modellkollegs „Fachprofil Lernbegleitung" 2008 organisierte Tobias Kill als Bildungsberater Qualifizierungskurse für die Arbeitsagentur und das Jobcenter. In seiner Praxisaufgabe konzipiert er eine außergewöhnliche Anwendung von Computerspielen.

Jugendliche und junge Erwachsene

Institution und Zielgruppe: Das Konzept „Prince of Persia" wurde für Jugendliche und junge Erwachsene entwickelt und richtet sich an Bildungseinrichtungen wie Schulen, Oberstufenzentren, aber auch Jugendfreizeiteinrichtungen.

Computerspiel und Realität

Ziele und Methoden: Ziel des Praxisprojekts war die Erarbeitung eines Konzepts zur Nutzung eines bekannten Computerspiels bei der (sportlichen) Aktivierung von jugendlichen Teilnehmerinnen und Teilnehmern. Es sollen gleichzeitig Erfahrungen ermöglicht werden, die einen Vergleich zwischen dem Computerspiel und der eigenen Realität vermitteln. Dies geschieht durch die Übertragung einzelner Elemente des Spiels „Prince of Persia" in die Realität.

Ergebnis: Das Konzept des Stationslaufs „Prince of Persia" umfasst einen kompletten Projektplan, vom Einsatz der Methoden bis zum Aufbau der Stationen.

sportliche Aktivitäten

Im Computerspiel besteht die Hauptaufgabe darin, den heimkehrenden Prinzen durch eine Stadt zu navigieren. Dieser bewegt sich zu Fuß durch die Ebenen der Stadt und muss springen, klettern, hangeln und an den Wänden hoch laufen. Diese körperliche Betätigung soll mithilfe von verschiedenen Sportgeräten und in einem Parcour (Stationslauf) erlebbar gemacht werden. Für die Umsetzung bietet sich im Idealfall eine Turnhalle an, die viele Sportgeräte zur Verwendung bietet. Alternativ kann auch ein der Gruppenstärke angemessener großer Raum genutzt werden. Ähnlich einem Zirkeltraining wird ein Parcour aufgebaut, in dem die Fortbewegungsformen „Laufen/Purzelbaum", „Schwingen", „Steigen", „Hangeln", „Ausweichen" und „Klettern" abgebildet werden.

Den Jugendlichen wird der Ablauf des Parcours und die jeweilige Aufgabe an den Stationen in einem Durchlauf vorgeführt und erklärt. Am Ende des Parcours können die Teilnehmerinnen und Teilnehmer ein Level des Spiels an der Wii-Konsole durchspielen.

„Ich habe durch das Kolleg die Bedeutung für die Reflexion von Lernen im Prozess der Bildungsberatung erst richtig erkannt."

(O-Ton Teilnehmer des Modellkollegs Fachprofil Lernbegleitung 2008)

Erstellung einer „Lerner-CD"

Im Zeitrahmen des Modellkollegs 2008 war Ursula Reinholz Dozentin mit dem Schwerpunkt der Vermittlung von fremdsprachlichen Kenntnissen. In ihrer Praxisaufgabe erarbeitete sie mit Lernenden eine mediale Lernhilfe.

Institution und Zielgruppe: Zielgruppe des Praxisprojekts waren Teilnehmerinnen und Teilnehmer eines berufsbezogenen Deutschkurses mit Migrationshintergrund. Im Rahmen des INISS-Projekts „50-Plus" war die Verbesserung der Vermittlungschancen auf dem Arbeitsmarkt ein Hauptziel dieses Sprachkurses.

Ziele und Methoden: Hauptschwerpunkt des Projekts war die Erarbeitung einer „Lerner-CD", hauptsächlich für das Selbstlernen der deutschen Sprache auf der Grundlage der „Birkenbihl-Methode".

Die Teilnehmerinnen und Teilnehmer des Sprachlehrganges sollen befähigt werden, zunehmend selbstständiger und effektiver die deutsche Sprache zu erwerben und anzuwenden. Dabei ist von Vorteil, dass die „Lerner-CD" beliebig oft und einfach zu verwenden ist, kein Lernen einzelner Vokabeln, sondern ganzer Dialoge bzw. Monologe erfolgt, sowie eine bessere Aussprache gefördert wird.

Ergebnis: Es hatte sich in allen Phasen der Erarbeitung und Anwendung der „Birkenbihl-Methode"[1] gezeigt, dass die Teilnehmenden diese Methode positiv aufnahmen. Besonders die Einbeziehung der russischen Sprache (Muttersprache) in den Sprachlernprozess verschaffte den meisten ein großes Stück Sicherheit und Erleichterung. Beim herkömmlichen Unterricht wird nur mit und an der Zielsprache Deutsch gearbeitet.

Die Anwendung dieser Methode im Sprachkurs war möglich, da alle die gleiche Muttersprache hatten. In gemischten Kursen mit Menschen aus verschiedenen Ländern und Ausgangssprachen gestaltet sich die Umsetzung als eher schwierig. Weiterhin wurde beobachtet, dass bei Teilnehmenden mit geringen Vorkenntnissen ein Wissenszuwachs (Sprechvermögen in Deutsch als Fremdsprache) in einem kürzeren Zeitraum zu verzeichnen war. Das spricht für die Effizienz der Methode. Außerdem wurde begrüßt, dass auf das lästig empfundene Vokabellernen verzichtet und trotzdem etwas gelernt wurde - bei genügender Wiederholung fast automatisch.

Praxisbeispiele Modul „Medien nutzen"

Deutschkurs für Menschen mit Migrationshintergrund

Erstellung einer Selbstlern-CD

Wissenszuwachs

---

1   Weitere Informationen im Internet unter: http://www.birkenbihl.de

Anhang
Literatur und Bildquellen

Literatur

Antz, E.-M./Franz, J./Frieters, N./Scheunpflug, A.: *Generationen lernen gemeinsam - Methoden für die intergenerationelle Bildungsarbeit*, wbv, Bielefeld 2009

Antz et. al., 2009

Arnold, R.: *Identität und Emotion als Faktoren - Erkenntnisse aus der Lernwiderstandsforschung*, In: *DIE II/2000*, Deutsches Institut für Erwachsenenbildung (DIE), Bonn 2000

Arnold, 2000

Arnold, R./Schüssler, I. (Hg.): *Ermöglichungsdidaktik. Erwachsenenpädagogische Grundlagen und Erfahrungen*, Schneider Verlag GmbH, Baltmannsweiler 2003

Arnold/Schüssler, 2003

Auernheimer, G.: *Einführung in die Interkulturelle Pädagogik*, Wissenschaftliche Buchgesellschaft, Darmstadt 2007

Auernheimer, 2007

Autorengruppe Bildungsberichterstattung: *Bildung in Deutschland 2008: Ein indikatorengestützter Bericht mit einer Analyse zu Übergängen im Anschluss an den Sekundarbereich I, im Auftrag der Ständigen Konferenz der Kultusminister der Länder in der Bundesrepublik Deutschland und des Bundesministeriums für Bildung und Forschung*, Bertelsmann, Bielefeld 2008

Autorengruppe Bildungsberichterstattung, 2008

Baethge, M./Baethge-Kinsky, V.: *Der ungleiche Kampf um das lebenslange Lernen*, Waxmann, Münster und New York 2004

Baethge/Baethge-Kinsky, 2004

Badr-Goetz, N./ Ruf, U.: *Das Lernjournal im dialogisch konzipierten Unterricht*, In: Gläser-Zikuda, M./Hascher, T. (Hg.): *Lernprozesse dokumentieren, reflektieren und beurteilen. Lerntagebuch & Portfolio in Bildungsforschung und Bildungspraxis*, Julius Klinkhardt, Bad Heilbrunn 2007; Powerpointpräsentation Folie 43-51

Badr-Goetz/Ruf, 2007

Baumann, M.: *Macht Hirnforschung Schule? schön wär's!*, In: Gehirn & Geist, 12/08, Spektrum der Wissenschaft Verlagsgesellschaft mbh, Heidelberg, 15.02.2008

Baumann, 2008

Beck, U.: *Ohne Ich kein Wir. Die Demokratie braucht Querköpfe. Plädoyer für eine Sozialmoral des "eigenen Lebens"*, In: *Die ZEIT, Nr. 35*, Hamburg, 13.09.1996

Beck, 1996

Beck, U.: *Eigenes Leben. Skizzen zu einer biographischen Gesellschaftsanalyse*, In: Beck, U./Vossenkuhl, W./ Erdmann Ziegler, U.//Rautert, T./Bayerischen Rückversicherung Aktiengesellschaft (Hg.): *Eigenes Leben. Ausflüge in die unbekannte Gesellschaft, in der wir leben*, C. H. Beck, München (1995)

Beck, 1995

Beck, U.: *Risikogesellschaft. Auf dem Weg in eine andere Moderne*, Suhrkamp Verlag, Frankfurt/ Main 1986

Beck, 1986

Behrendt, B.: *Lernwege und Metakognition*, In: Berendt, B. u.a. (Hg.): *Neues Handbuch Hochschullehre*, Raabe Fachverlag für Wissenschaftsinformation, Berlin 2006 http://warhol.wiwi.hu-berlin.de/~berendt/Papers/berendt_NHHL06_final.pdf, S. 5 [Stand 01.08.2008]

Behrendt, 2006

Benbrahim, 2009 | Benbrahim, K.: *Diversity ist eine Herausforderung für pädagogische Institutionen,*
http://www.migration-boell.de/web/diversity/48_1578.asp [Stand 04.12.2009]

Blossfeld, 2008 | Blossfeld, H.-P.: *Globalisierung,*
In: Aktionsrat Bildung (Hg.): *Bildungsrisiken und -chancen im Globalisierungsprozess. Jahresgutachten 2008,* Vs Verlag, Wiesbaden 2008

Blumstengel, 1998 | Blumstengel, A.: *Entwicklung hypermedialer Lernsysteme,*
http://dsor-fs.upb.de/~blumstengel/Individuelle-Lernstile.html [Stand: 23.03.2010]

Bonifer-Dörr, 2005 | Bonifer-Dörr, G.: *Qualifikationsanforderungen an Lernbegleiter/innen in Fortbildungsmaßnahmen des Blended-Learning.; Masterarbeit zur Erlangung des Grades MASTER OF ARTS an der Universität Duisburg-Essen,* Münster 2005

Brainmonster Studios GmbH, 2008 | Brainmonster Studios GmbH (Hg.): *Lernen Trainieren Spielen!*
Cornelsen, München 2008

Brater/Dahlem/Maurus, 2004 | Brater, M./Dahlem, H./Maurus, A.: *Lernen am eigenen Problem. Berufliche Weiterbildung durch Lernbegleitung,* In: *BIPP/BWP 5,* W. Bertelsmann Verlag, Bielefeld, 2004

Bretschneider, 2007 | Bretschneider, M.: *Kompetenzentwicklung aus der Perspektive der Weiterbildung,*
Deutsches Institut für Erwachsenenbildung, Bonn 29.05.2007,
http://www.die-bonn.de/doks/bretschneider0601.pdf [Stand 01.08.2008]

Brödel, R./Kreimeyer, 2004 | Brödel, R./Kreimeyer, J. (Hg.): *Lebensbegleitendes Lernen als Kompetenzentwicklung,*
Bertelsmann, Bielefeld 2004

Brödel, 2007 | Brödel, R.: *Lebenslanges Lernen – Erwachsenenpädagogische Verschränkungen mit einem 'nachhaltigen' Diskurs,*
In: Künzel, K. (Hg.): *Internationales Jahrbuch der Erwachsenenbildung – International Yearbook of Adult Education, Band 33/34 „Bildung durch das ganze Leben – Europäische Beiträge zur Pädagogik der Lebensspanne",* Universität zu Köln, Humanwissenschaftliche Fakultät, Köln 2007

Brödel, 2005 | Brödel, R.: *Neue Lernkulturen intermediär gestalten,*
In: QUEMBulletin, 2/2005, Arbeitsgemeinschaft Betriebliche Weiterbildungsforschung e.V., Berlin 2005

Brunner, 2008 | Brunner, I.: *Stärken suchen und Talente fördern. Pädagogische Elemente einer neuen Lernkultur mit Portfolio,*
In: Brunner, I./Häcker, T./Winter, F. (Hg.): *Das Handbuch Portfolioarbeit, Konzepte. Anregungen, Erfahrungen aus Schule und Lehrerbildung,* 2. Auflage, Klett/Kallmeyer, Stuttgart 2008

Buiskool, B.-J./u.a., 2005 | Buiskool, B.-J./u.a.: *Developing local learning centres and learning partnerships as a part of the Member States targets for reaching the Lisbon goals in the field of education and training. A study of the current situation (unveröffentlichte interne Studie),* Leiden 2005

Bund-Länder-Kommission für Bildungsplanung und Forschungsförderung (BLK), 2004 | Bund-Länder-Kommission für Bildungsplanung und Forschungsförderung (BLK): *Strategie für lebenslanges Lernen in der Bundesrepublik Deutschland (Materialien für Bildungsplanung und Forschungsförderung 124),* Bonn, 2004

Bundesministerium für Bildung und Forschung (BMBF), 2010 | Bundeszentrale für Politische Bildung (bpb): *Dossier Computerspiele: Gehirn: Aus Spielen lernen,* bpb, Bonn 2010
http://www.bpb.de/themen/0VFQLL,0,0,Gehirn%3A_Aus_Spielen_lernen.html [Stand: 24.03.2010]

Bundesministerium für Bildung und Forschung (BMBF), 2008 | Bundesministerium für Bildung und Forschung (BMBF): *Empfehlungen des Innovationskreises Weiterbildung für eine Strategie zur Gestaltung des Lernens im Lebenslauf,* Bundesministerium für Bildung und Forschung (BMBF), Bonn 2008

Bundesministerium für Bildung und Forschung (BMBF) : *Berichtssystem Weiterbildung IX, Inte-grierter Gesambericht zur Weiterbildungssituation in Deutschland,*
Bundesministerium für Bildung und Forschung (BMBF), Berlin, 2006
http://www.bmbf.de/pub/berichtssystem_weiterbildung_neun.pdf [Stand 31.08.2009]

Bundesministerium für Bildung und Forschung (BMBF), 2006

Chomsky, N.: *A transformational approach to syntax,*
In: Hill, A. A. (1962): *The third Texas conference on problems of linguistic analysis in English,*
University of Texas Press, Austin 1962

Chomsky, 1962

Dehnbostel, P./Gonon, P. (Hg.): *Informell erworbene Kompetenzen in der Arbeit – Grundlegungen und Forschungsansätze,* Bertelsmann, Bielefeld 2004

Dehnbostel/Gonon, 2004

de Shazer, S.: *Wege der erfolgreichen Kurztherapie,* Klett-Cotta Stuttgart 1999

de Shazer, 1999

Deutsches PISA-Konsortium (Hg.): *PISA 2003. Basiskompetenzen von Schülerinnen und Schülern im internationalen Vergleich,* Waxmann, Münster 2004

Deutsches PISA-Konsortium, 2004

Deutsches PISA-Konsortium (Hg.): *PISA 2000. Basiskompetenzen von Schülerinnen und Schülern im internationalen Vergleich,* Leske + Budrich Verlag, Opladen 2001

Deutsches PISA-Konsortium, 2001

Deutscher Volkshochschul-Verband e.V. (dvv), Bonn 2009
http://dvv.vhs-bildungsnetz.de/servlet/is/42228/ [Stand 28.08.2009]

Deutscher Volkshochschul-Verband e.V. (dvv), 2009

Dewey, J./Dewey, E.: *Schools Of Tomorrow,* E. P. Dutton and Co., New York 1915

Dewey/Dewey, 1915

Dietrich, S./Herr, M. (Hg.): *Support für Neue Lehr- und Lernkulturen,* Bertelsmann, Bielefeld 2005

Dietrich/Herr, 2005

Dohmen, G.: *Die Förderung informellen Lernens. Aktuelle Herausforderungen und internationale Entwicklungen,* Pilus, Tübingen 2002

Dohmen, 2002

Dohmen, G.: *Das informelle Lernen,* Bonn/Berlin 2001
http://www.bmbf.de/pub/das_informelle_lernen.pdf [Stand 30.08.2009]

Dohmen, 2001

Druckrey, P.: *Qualitätsstandards für Verfahren zur Kompetenzfeststellung im Übergang schule - Be-ruf,* Bundesinstitut für Berufsbildung (BIBB), Bonn und Moers 2007

Druckrey, 2007

Ebner, M./Holzinger, A.: *eLearning - Multimediales Lernen des 21. Jahrhunderts,*
Medizinische Universität Graz, Graz 2009
http://user.meduni-graz.at/andreas.holzinger/holzinger%20de/papers%20de/Tagungsband_leoben.pdf [Stand: 03.05.2010]

Ebner/Holzinger, 2009

Emminghaus, C./Tippelt, R. (Hg.): *Lebenslanges Lernen in regionalen Netzwerken verwirklichen. Abschließende Ergebnisse zum Programm "Lernende Regionen - Förderung von Netzwerken",* Bertelsmann Bielefeld 2009

EbEmminghaus/Tippelt, 2009

Elger C. E. / et. al.: *Das Manifest. Elf führende Neurowissenschaftler über Gegenwart und Zukunft der Hirnforschung,*
In: *Gehirn & Geist,* 6/2004, Spektrum der Wissenschaft, Mannheim2004

Elger / et. al., 2004

Ertelt, B. J./Schulz, W. E.: *Beratung in Bildung und Beruf. Ein anwendungsorientiertes Lehrbuch.* Rosenberger Fachverlag, Leonberg 1997

Ertelt, 1997

Erpenbeck, J./von Rosenstiel, L. (Hg.): *Handbuch Kompetenzmessung,*
Schäfer-Pöschel, Stuttgart 2003

Erpenbeck/von Rosenstiel, 2003

Europaparlament: *Empfehlung des Europäischen Parlaments und des Rates vom 18. Dezember 2006 zu Schlüsselkompetenzen für lebensbegleitendes Lernen, (2006/962/EG),*
In: Amtsblatt der Europäischen Union, L 394/10, Brüssel, 2006
http://www.na-bibb.de/uploads/grundtvig/eu_empfehlung_schluesselkompetenzen.pdf
[Stand 01.08.2008]

Europäisches Parlament und Rat, 2006

Fager, 2008	Fager, S.: *Diversity - Was ist das eigentlich? Ein Überblick über Definitionen und Umsetzungsbeispiele* Heinrich Böll Stiftung, 2008 http://www.migration-boell.de/web/diversity/48_462.asp [Stand 04.12.2009]
Franz, 2010	Franz, J.: *Intergenerationelles Lernen ermöglichen - Orientierung zum Lernen der Generationen in der Erwachsenenbildung*, wbv, Bielefeld, 2010
Franz et. al., 2009	Franz, J./Frieters, N./Scheunpflug, A./Tolksdorf, M./Antz, E.-M.: *Generationen lernen gemeinsam - Theorie und Praxis intergenerationeller Bildung*, wbv, Bielefeld, 2009
Franz/Scheunpflug, 2009	Franz, J./Scheunpflug, A.: *Zwischen Seniorität und Alterität - Eine empirische Rekonstruktion intergenerationellen Lernens*, In: *Zeitschrift für Erziehungswissenschaft*, Heft 3, S. 437-456
Franz, 2008a	Franz, J.: *Umgang mit Bildungsfernen*, unveröffentlichtes Manuskript, angefertigt für das zweite Produktlabor des Bildungszentrums in Nürnberg, Mai 2008
Franz, 2008b	Franz, J.: *Forschungsergebnisse zur Reflexion und Evaluation von Lernprozessen*, unveröffentlichtes Manuskript, angefertigt für das vierte Praxislabor des Bildungszentrums Nürnberg, Juni 2008
Gauntlett, 2007	Gauntlett, D.: *Creative Explorations: New approaches to identities and audiences*, Routledge, London 2007
Gebel/Gurt/Wagner, 2005	Gebel, C./Gurt, M./Wagner, U.: *Kompetenzförderliche Potenziale populärer Computerspiele*, In: QUEM-Report, Heft 92 (2005): E-Lernen: Hybride Lernformen, Online Communities, Spiele, Arbeitsgemeinschaft Betriebliche Weiterbildungsforschung e.V. (Hg.), Berlin 2005
Gee, 2003	Gee, J. P.: *What videogames have to teach us about learning and literacy*, Palgrave Macmillan, London 2003
Gläser-Zikuda/Hascher, 2007	Gläser-Zikuda, M./Hascher, T.: *Zum Potenzial von Lerntagebuch und Portfolio*, In: Gläser-Zikuda, M./Hascher, T. (Hg.): *Lernprozesse dokumentieren, reflektieren und beurteilen. Lerntagebuch & Portfolio in Bildungsforschung und Bildungspraxis*, Julius Klinkhardt, Bad Heilbrunn 2007
Glumpler, 2000	Glumpler, E.: *Kulturenvielfalt und Mehrsprachigkeit als Herausforderung für das Handlungsfeld der Schulleitung*, In: *Schulleiter-Handbuch Band 93*, Westermann, Braunschweig, München 2000
Gnahs/Deutsches Institut für Erwachsenenbildung (DIE), 2007	Gnahs, D./Deutsches Institut für Erwachsenenbildung (DIE) (Hg.): *Kompetenzen - Erwerb, Erfassung, Instrumente*, Bertelsmann, Bielefeld 2007
Gudjons/Pieper/Wagener, 1996	Gudjons, H./Pieper, Marianne/Wagener, B.: *Auf meinen Spuren: das Entdecken der eigenen Lebensgeschichte; Vorschläge und Übungen für pädagogische Arbeit und Selbsterfahrung*, 2. überarbeitete Auflage, Klinkhardt, Wiesbaden 1996
Häcker, 2008	Häcker, T.: *Wurzeln der Portfolioarbeit. Woraus das Konzept erwachsen ist*, In: Brunner, Ilse / Häcker, Thomas / Winter, Felix (Hg.): *Das Handbuch Portfolioarbeit, Konzepte. Anregungen, Erfahrungen aus Schule und Lehrerbildung*, 2. Auflage , Klett/Kallmeyer, Stuttgart 2008
Hasebrook, 2001	Hasebrook, J.: *Medienkompetenz oder alle Sinne für sinnvolles Lernen*, In: Deutsches Institut für Erwachsenenbildung idw (Hrsg.): *Lehrbrief: Lehren und Lernen mit neuen Bildungsmedien*, Zentrum für Fernstudien und Universitäre Weiterbildung (ZfUW), Kaiserslautern 2001
Hellpap, 2007	Hellpap, D.: *Diversitätsbewusste Bildung als Schlüssel zur Steigerung von Schulqualität. Strukturelle und organisatorische Rahmenbedingungen schulischer Praxis aus interkultureller Perspektive*, IKO, Frankfurt/Main; London 2007

Herrmann: *Denkstilanalyse mit dem Herrman Dominanz Instrument*,   Herrmann, 2010
Herrmann International Deutschland GmbH & Co KG, Weilheim 2010
http://www.hid.de/hdi_download/h.d.i.-
hbdi_denkstilanalyse_mit_dem_herrmann_dominanz_instrument.pdf [Stand 14.01.10]

Herrmann, U.: *Lernen - vom Gehirn aus betrachtet*,   Herrmann, 2008
In: Gehirn & Geist, 12/2008, Spektrum der Wissenschaft Verlagsgesellschaft mbH,
Heidelberg 2008

Hille, K.: *Wie lernt das Gehirn? Neurobiologische Grundlagen des Lernens. INTERNATIONALER*   Hille, 2007
KONGRESS FRÜHKINDLICHE MEHRSPRACHIGKEIT, SAARBRÜCKEN · 17./18. SEPTEMBER
2007,
http://www.fruehkindliche-mehrsprachigkeit.de/downloads/abstractkathrinhille.pdf
[29.04.2010]

Hoffmann-Nowotny, H.-J.: Gesamtgesellschaftliche Determinanten des Individualisierungs-   Hoffmann-Nowotny, 1988
prozesses.
In: *Zeitschrift für Sozialreform, 11/12*, S. 659 - 670, Zeitschrift für Sozialreform, Bremen, 1988

Hoidn, S.: *Selbst organisiertes Lernen mit neuen Medien - (neue) Anforderungen an die Kompetenzen*   Hoidn, 2005
des Bildungspersonals,
In: Berufsbildung in Wissenschaft und Praxis, 6/2005,
BiBB - Bundesinstitut für Berufsbildung (Hg.), Bonn 2005
http://www2.bibb.de:8080/bwp/pdf/artikel/BWP-2005-H6-15ff.pdf [Stand 31.08.2009]

Höpflinger, F.: *Generationenfrage: Konzepte und theoretische Ansätze.*   Höpflinger, 2009
hoepflinger.com, 2009
http://www.hoepflinger.com/fhtop/fhgenerat1C.html [Stand 04.12.2009]

Huizinga, J.: *Homo Ludens: Vom Ursprung der Kultur im Spiel*,   Huizinga, 2006
Rowohlt Taschenbuch Verlag, Reinbek bei Hamburg 2006

Iltis GmbH (Hg.): *Arbeiten und Lernen im Fachbereich - Die Lernbegleitung Aufgaben und Rollen*,   Iltis GmbH, 2004
Iltis GmbH, Rottenburg 2004

Kahl, R.: *Hast du heute schon einen Fehler gemacht?*,   Kahl, 2005
Beitrag für arte TV, 09.09.2005
http://www.arte.tv/de/suche/972546.html [Stand: 03.05.2010]

Kaiser, A.: *Metakognition und selbstreguliertes Lernen: Vermittlung metakognitiver Kompetenzen an*   Kaiser, 2002
Kursleitende,
In: Dewe, B,/Wiesner, G./Wittpoth, J. (Hg.): *Professionswissen und Erwachsenenpädagogisches*
Handeln, wbv, Bielefeld 2002

Kerres, M.: *Mediendidaktik.*   Kerres, 2007
In: Sander, U. (Hg.)/von Gross, F. (Hg.)/ Hugger, K.-U. (Hg.): *Handbuch Medienpädagogik*,
VS Verlag, Wiesbaden 2007

Kerres, M.: *Strategieentwicklung für die nachhaltige Implementation neuer Medien in der Hoch-*   Kerres, 2005
schule,
In: Pfeffer (Hg.) / et. al.: *Handbuch Organisationsentwicklung: Neue Medien in der Lehre - Dimen-*
sionen, Instrumente, Positionen, Waxmann, Münster 2005

Klein, R./Reutter, G.: *Lernberatung als Form einer Ermöglichungsdidaktik*,   Klein/Reutter, 2003
In: Arnold, R./Schüssler, I. (Hg.): *Ermöglichungsdidaktik. Erwachsenenpädagogische Grundlagen*
und Erfahrungen, Schneider Verlag GmbH, Baltmannsweiler 2003

Kemper, M./Klein, R.: *Vom Lehren zur Lernberatung*,   Kemper/Klein, 1999
In: Schlutz, E. (Hg.): *Lernkulturen. Innovationen, Preise, Perspektiven*,
Deutschen Institut für Erwachsenenbildung (DIE), Frankfurt/M. 1999

Kirchhöfer, 2004	Kirchhöfer, D.: *Entgrenzung des Lernens – das soziale Umfeld als neues Lernfeld.* In: Brödel, R./Kreimeyer, J. (Hg.): *Lebensbegleitendes Lernen als Kompetenzentwicklung,* Bertelsmann, Bielefeld 2004
kjm, 2010	Kommission für Jugendmedienschutz der Landesmedienanstalten (kjm), Internet: http://www.kjm-online.de/de/pub/die_kjm/aufgaben.cfm [Stand: 24.03.2010]
Klein/Kemper 2000	Klein, R./Kemper, M.: *Nicht-Teilnahme als Verweigerung,* In: Deutsches Institut für Erwachsenenbildung e.V. (Hg.): DIE Zeitschrift für Erwachsenenbildung, Heft 2 2000, W. Bertelsmann Verlag GmbH&Co. KG, Bielefeld 2000
Klieme/Maag-Merki/Hartig, 2007	Klieme, E./Maag-Merki, K./Hartig, J: *Kompetenzbegriff und Bedeutung von Kompetenzen im Bildungswesen,* In: Hartig, J./Klieme, E. (Hg.): *Möglichkeiten und Voraussetzungen technologiebasierter Kompetenzdiagnostik,* Expertise im Auftrag des Bundesministeriums für Bildung und Forschung, Bonn/Berlin 2007
Klimmt, 2004	Klimmt, C.: *Computer- und Videospiele,* In: Mangold, R./Vorderer, P. /Bente, G. (Hg.): *Lehrbuch der Medienpsychologie,* Hogrefe, Göttingen 2004
Klingowsky, 2004	Klingowsky, U.: *Professionalisierung und multimediale Selbstlernarchitekturen. Erste Ergebnisse einer empirischen Untersuchung. Deutsches Institut für Erwachsenenbildung,* Deutsches Institut für Erwachsenenbildung, Bonn, 2004 http://www.die-bonn.de/esprid/dokumente/doc-2004/klingovsky04_01.pdf [Stand: 03.05.2010]
Klippert, 2008	Klippert, H.: *Planspiele,* Beltz Verlag, Weinheim und Basel 2008
Klippert, 2004	Klippert, H.: *Lehrerbildung, Unterrichtsentwicklung und der Aufbau neuer Routinen,* Beltz Verlag, Weinheim und Basel 2004
Klippert, 2001	Klippert, H.: *Eigenverantwortliches Arbeiten und Lernen,* Beltz Verlag, Weinheim und Basel 2001
Klippert/Müller, 2003	Klippert, H/Müller, F.: *Methodenlernen in der Grundschule. Bausteine für den Unterricht,* Beltz Verlag, Weinheim und Basel 2003
Kolb, 1985	Kolb, D. A.: *The Learning Style Inventory. Technical Manual,* Mcber & Company, Boston und Mass 1976
Kolb, 1984	Kolb, D. A.: *Experiential Learning, Experience as the Source of Learning and Development,* Prentice Hall, Upper Saddle River, New Jersey 1984
Köller, 2005	Köller, O.: *Die Bedeutung schulischer Kompetenzen für Erwerbsverläufe,* In: Frederking, V./Heller, H./Scheunpflug, A. (Hg.): *Nach PISA. Konsequenzen für Schule und Lehrerbildung nach zwei Studien,* VS, Wiesbaden 2005
Kommission der Europäischen Gemeinschaften, 2006	Kommission der Europäischen Gemeinschaften: *Mitteilung der Kommission der Europäischen Gemeinschaften - Erwachsenenbildung: Man lernt nie aus - vom 23. 10.2006* Kommission der Europäischen Gemeinschaften, Brüssel, 2006
Kommission der Europäischen Gemeinschaften, 2000	Kommission der Europäischen Gemeinschaften: *Memorandum über Lebenslanges Lernen,* ARBEITSDOKUMENT DER KOMMISSIONSDIENSTSTELLEN, Brüssel 2000 http://www.die-frankfurt.de/esprid/dokumente/doc-2000/EU00_01.pdf [Stand 30.08.2009[
Kramer, 2007	Kramer, Esther: *Mobile Bildungsberatung in Berlin und Brandenburg,* In: inform - Das Netzwerk-Magazin für Lernende Regionen, *Heft 3/2007,* Projektträger im Deutschen Zentrum für Luft- und Raumfahrt für das Bundesministerium für Bildung und Forschung (Hrsg.), Bonn2007

Leiprecht, R.: *Interkulturelle Kompetenzen und Kompetenzen zur Unterstützung interkulturellen Lernens,*
In: ILTIS-Projektpartner (Hg.): *Sprachen lernen - Interkulturelles Lernen in Schülerbegegnungen. Module zur Aus- und Fortbildung von Fremdsprachenlehrkräften,* Goethe-Institut, München 2002

Leiprecht, 2002

Le Monde diplomatique: *Atlas der Globalisierung,* Taz, Berlin 2003

Le Monde diplomatique, 2003

Lernen neu denken: *Lernzentren in den Lernenden Regionen. Herausgegeben vom Themennetz "Neue Lernwelten" im Rahmen des Programms Lernende Regionen,* Saarbrücken 2008

Lernen neu denken, 2008

Livingstone, D. W.: *Informelles Lernen in der Wissensgesellschaft,*
In: QUEM-report, *Schriften zur beruflichen Weiterbildung, Heft 60*
Arbeitsgemeinschaft Betriebliche Weiterbildungsforschung e. V (Hg.), Berlin, 1999

Livingstone, 1999

Looss, M.: *Man lernt, was Schmerz ist - Kritische Anmerkungen zu Frederic Vesters Lerntypentheorie,*
In: Päd Forum, Februar 1997, Schneider Verlag, Hohengehren, 1997

Looss, 1997

Ludwig, J.: *Anforderungen an Lernberatung in Online-Foren,*
In: Dewe, B./Wiesner, G./Wittpoth, J. (Hg.): *Professionswissen und erwachsenenpädagogisches Handeln. Beiheft zum Literatur- und Forschungsreport Weiterbildung,* wbv, Bielefeld 2002

Ludwig, 2002

Lyotard, J.-F.: *Das postmoderne Wissen: Ein Bericht.,* Passagen Verlag, Wien 1999,
6. veränderte Auflage, 2009

Lyotard, 1999

Meese, A.: *Lernen im Austausch der Generationen.*
In: *DIE-Magazin, II/2005,* Deutsches Institut für Erwachsenenbildung, Bonn, 2005

Meese, 2005

Mörth, M./Söller, I.: *Handbuch für die Berufs- und Laufbahnberatung,*
Vandenhoeck & Ruprecht, Göttingen 2005

Mörth/Söller, 2005

Munz, C./unter Mitarbeit von Rainer, M./Portz-Schmitt, E.: *Berufsbiografie selbst gestalten – Wie sich Kompetenzen für die Berufslaufbahn entwickeln lassen,* Bertelsmann, Bielefeld 2005

Munz, 2005

Neuss, W.: *Computereinsatz in Kindertagesstätten. Erfahrungen und Praxisvorschläge,*
In: medien praktisch, Nr. 2/2001,
Gemeinschaftswerk der Evangelischen Publizistik, Frankfurt am Main 2001
http://www.mediaculture-online.de/fileadmin/bibliothek/neuss_computereinsatz/neuss_computereinsatz.html [Stand 11.06.2008]

Neuss, 2001

Niedlich, F. u.a./Bundesministerium für Bildung und Forschung (BMBF) (Hg.): *Bestandsaufnahme in der Bildungs-, Berufs- und Beschäftigungsberatung und Entwicklung grundlegender Qualitätsstandards. Abschlussbericht Mai 2007,* Bonn 2007

Niedlich, F./u.a. 2007

Niemeyer, B.: *Informelles Lernen als Chance auf soziale Teilhabe,*
In: Dehnbostel, P./Gonon, P. (Hg.): *Informell erworbene Kompetenzen in der Arbeit – Grundlegungen und Forschungsansätze,* Bertelsmann, Bielefeld 2004

Niemeyer, 2004

Nuissl, E./Dobischat, R./Hagen, K./Tippelt, R. (Hg.): *Regionale Bildungsnetze. Ergebnisse zur Halbzeit des Programms "Lernende Regionen - Förderung von Netzwerken,*
Deutsches Institut für Erwachsenenbildung, Bielefeld 2006

Nuissl/Dobischat/Hagen/Tippelt, 2006

OECD- Projekt: *Defining and Selecting Key Compentencies (DeSeCo),* Paris 2003
http://www.oecd.org/dataoecd/47/61/35070367.pdf [Stand 01.08.2008]

OECD- Projekt, 2003

Ojstersek, N.: *E-Learning-Qualität aus der Lernendenperspektive,*
In: Online Tutoring Journal, 1/2008,
http://www.online-tutoring-journal.de/ausgabejanuar08/OTJ_Qualiaet_Ojstersek.pdf
[Stand 31.08.2009]

Ojstersek, 2008

Opitz, 2004   Opitz, B.: *Wie wir lernen und erinnern - Spurensuche im Gehirn,*
                            In: magazin forschung, 1/2004, Universität des Saarlandes, 2004

Overwien, 2007   Overwien, B.: *Informelles Lernen,*
                            In: Göhlich, M./Wulf, C./Zirfas, J. (Hg.): *Pädagogische Theorien des Lernens,*
                            Beltz, Weinheim 2007

Padrós/Ruíz, 2006   Padrós, Maria/Ruíz, Laura: *Dialog als bürgerschaftsorientiertes Konzept. Learning Centres in Spa-
                            nien,*
                            In: Stang, Richard/Hesse, Claudia (Hrsg.): *Learning Centres. Neue Organisationskonzepte zum le-
                            benslangen Lernen in Europa,* Bertelsmann, Bielefeld 2006

ProfilPass, 2007   Deutsches Institut f. Erwachsenenbildung (DIE), Deutsches Institut f. Internationale Pädago-
                            gische Forschung (DIPF), und Institut f. Entwicklungsplanung u. Strukturforschung (IES) (Hg.)
                            ProfilPass für junge Menschen, 2. Auflage, W. Bertelsmann, Bielefeld 2007

PT-DLR, 2008a   Projektträger im Deutschen Zentrum für Luft und Raumfahrt (PT-DLR) (Hg.) - 2008a:
                            Referenzmodelle für Lernzentren,
                            In: *inform extra - Sonderausgabe zur Transferkonferenz,*
                            Projektträger im Deutschen Zentrum für Luft- und Raumfahrt für das Bundesministerium für
                            Bildung und Forschung (Hrsg.), Bonn 2008
                            http://www.lernende-regionen.info/dlr/download/Inform_LV_Lernzentren_final.pdf
                            [Stand 30.08.2009[

PT-DLR, 2008b   Projektträger im Deutschen Zentrum für Luft und Raumfahrt (PT-DLR) (Hg.) - 2008b:
                            Bildungsberatung im Dialog,
                            In: inform extra - Sonderausgabe zur Transferkonferenz.
                            Projektträger im Deutschen Zentrum für Luft- und Raumfahrt für das Bundesministerium für
                            Bildung und Forschung (Hrsg.), Bonn 2008
                            http://www.lernende-regionen.info/dlr/download/Inform_LV_Bildungsberatung_final.pdf
                            [Stand 30.08.2009]

PT-DLR, 2008c   Projektträger im Deutschen Zentrum für Luft und Raumfahrt (PT-DLR) (Hg.) - 2008c:
                            Professionalisierung der regionalen Bildungsberatung in Deutschland,
                            In: *inform extra - Sonderausgabe zur Transferkonferenz,*
                            Projektträger im Deutschen Zentrum für Luft- und Raumfahrt für das Bundesministerium für
                            Bildung und Forschung (Hrsg.), Bonn 2008
                            http://www.lernende-regionen.info/dlr/download/Inform_EV_Bildungsberatung_final.pdf
                            [Stand 30.08.2009]

PT-DLR, 2008d   Projektträger im Deutschen Zentrum für Luft und Raumfahrt (PT-DLR) (Hg.) - 2008d:
                            Lernen kompetent begleiten,
                            In: *inform extra - Sonderausgabe zur Transferkonferenz,*
                            Projektträger im Deutschen Zentrum für Luft- und Raumfahrt für das Bundesministerium für
                            Bildung und Forschung (Hrsg.), Bonn 2008
                            Online verfügbar unter: http://www.lernende-regionen.info/dlr/download/
                            Inform_EV_Lernzentern_final.pdf (Zugriff: 30.08.2009)

Reich, 2007   Reich, K. (Hg.): *Methodenpool,*
                            Universität Köln, Köln 2007
                            http://methodenpool.uni-koeln.de/stationenlernen/frameset_stationenlernen.html
                            [Stand 09.11.2009]

Rogers, 1972   Rogers, C. L.: *Die nicht direktive Beratung,* Kindler, München 1972

Roth, 2003   Roth, G.: *Fühlen, Denken, Handeln: Wie das Gehirn unser Verhalten steuert,*
                            Suhrkamp, Berlin 2003

Sandford, 2006   Sandford, R./ et al.: *Teaching with games. Using Commercial off-the-shelf computer games in formal
                            education,*2006
                            http://www.futurelab.org.uk/projects/teaching_with_games [Stand 15.06.2008]

Scheunpflug, A.: *Lernen als biologische Notwendigkeit. Schulkindheit aus der Sicht von naturwissen-schaftlicher Anthropologie und evolutionärer Pädagogik*,
In: Duncker, L./Scheunpflug, A./Schultheis, K: *Schulkindheit. Zur Anthropologie des Lernens im Schulalter*, Kohlhammer, Stuttgart 2004

Scheunpflug, 2004

Scheunpflug, A.: *Biologische Grundlagen des Lernens*, Cornelsen Scriptor, Berlin 2001

Scheunpflug, 2001

Schiersmann, C.: *Beratung im Kontext lebenslangen Lernens*,
In: Tippelt, Rudolf/von Hippel, Aiga (Hrsg.): *Handbuch Erwachsenenbildung/Weiterbildung. 3. überarb. und erw. Aufl.* , VS Verlag für Sozialwissenschaften, Wiesbaden 2009

Schiersmann, 2009

Schiersmann, C.: *Profile lebenslangen Lernens – Weiterbildungserfahrungen und Lernbereitschaft der Erwachsenenbevölkerung*, Bertelsmann, Bielefeld 2006

Schiersmann, 2006

Schiersmann, C.: *Beratungsfelder in der Weiterbildung. Eine empirische Bestandsaufnahme*,
Schneider Verlag, Hohengehren, Baltmannsweiler 2004

Schiersmann, 2004

Schirp, H.: *Neurowissenschaften und Lernen. Was können neurobiologische Forschungsergebnisse zur Weiterentwicklung von Lehr- und Lernprozessen beitragen?*
In: *Schulverwaltung. Nordrhein-Westfalen*, Luchterhand, Köln, 2003

Schirp, 2003

Schrammel / Mitgutsch: *Computerspielen als medial-kulturelle Praktik*
In: *Medienpädagogik*, Themenheft Nr. 15/16 2009
http://www.medienpaed.com/15/schrammel_mitgutsch0904.pdf [Stand: 10.05.2010]

Schrammel / Mitgutsch, 2009

Seidel, S./Bretschneider, M./u. a.: *Stand der Anerkennung nonformalen und informellen Lernens in Deutschland – Im Rahmen der OECD Aktivität" „Recognition of non-formal and informal Learning"*,
Bundesministerium für Bildung und Forschung (BMBF), Bonn/Berlin 2008

Seidel/Bretschneider/u. a., 2008

Senkbeil, M. (im Interview): *PISA 2006: Computersnutzung deutscher Schüler nach wie vor unbe-friedigend*, Schulen ans Netz e. V. (Hg.), Bonn 2007
http://www.schulen-ans-netz.de/uploads/tx_templavoila/s14_s16_0108.pdf
[Stand: 03.05.2010]

Senkbeil, 2007

Sesnik, W.: *Bildung im Netz*, Hessisches Ministerium für Wirtschaft, Verkehr und Landesent-wicklung, Geschäftsstelle Hessenmedia, Wiesbaden 2000

Sesnik, 2000

Shirp, H.: *Neurowissenschaft und Lernen*,
In: Ralf Caspary (2006): *Lernen und Gehirn*, Herder Spektrum, Freiburg 2006

Shirp, 2006

Singer, W.: Der *Beobachter im Gehirn. Essays zur Hirnforschung*,
Suhrkamp, Frankfurt/Main 2002

Singer, 2002

Spiegler, M.D./Guevremont, D.C.: *Contemporary Behaviour Therapy*,
Brooks/Cole, Wadsworth 1993

Spiegler/Guevremont, 1993

Spitzer, M.: *Lernen: Gehirnforschung und die Schule des Lebens*,
Spektrum Akademischer Verlag, Heidelber, Berlin 2006

Spitzer, 2006

Stang, R.: *Impulsgeber für das Lebenslange Lernen. Die öffentlichen Bibliotheken als Bildungseinrich-tung*,
In: BuB - Forum Bibliothek und Information, *Heft 6/2009*, Bock + Herchen, Bad Honnef, 2009

Stang, 2009

Stang, R.: *Erweiterte Angebotsprofile und Organisationsmodelle. Perspektiven für die Lernkulturent-wicklung*,
In: Stang, R./Hesse, C. (Hg.): *Learning Centres. Neue Organisationskonzepte zum lebenslangen Ler-nen in Europa*, Bertelsmann, Bielefeld 2006

Stang, 2006

Stang, 1998

Stang, R.: *Organisationen im Umbau. Anforderungen an Weiterbildungsinstitutionen,*
In: Nispel, A./Stang, R./Hagedorn, F. (Hg.): *Pädagogische Innovation mit Multimedia. Band 2,*
Frankfurt/M.: Deutsches Institut für Erwachsenenbildung, 1998

Stang/Hesse, 2006

Stang, R./Hesse, C. (Hg.): *Learning Centres. Neue Organisationskonzepte zum lebenslangen Lernen in Europa*, Bertelsmann, Bielefeld 2006

Statistic Canada, 2000

Statistic Canada: *Literacy in the information age: Final report of the International Adult Literacy Survey,* Minister of Industry, Ottawa (Ontario) 2000

strategie-b.de, 2009

strategie-b.de: *Das Herrmann Dominanz-Modell,* strategie-b.de, Rottmersleben, 2001-2009
http://www.strategie-b.de/h-d-i/hdi-herrmann-dominanz-instrument.html
[Stand: 28.04.2010]

Tippelt, 1997

Tippelt, R.: *Beratung in der Weiterbildung: Grundlagen und Perspektiven,*
In: Eckert, T./Schiersmann, C./Tippelt, R.: *Beratung und Information in der Weiterbildung,*
Schneider Verlag, Hohengehren 1997

Tietgens, 1979

Tietgens, H.: *Vorbemerkungen,*
In: Otto, Volke/ u.a.: *Offenes Weiterlernen - Erwachsenenbildung im Selbstlernzentrum,*
Westermann, Braunschweig 1979

Tietgens, 1970

Tietgens, H.: *Zukunftsperspektiven der Erwachsenenbildung,*
In: Tietgens, H./Mertineit, W./Sperling, D.: *Zukunftsperspektiven der Erwachsenenbildung,*
Westermann, Braunschweig 1970

Treml, 1998

Treml, A.K.: *Kindheit und Erziehung in einer immer komplexer werdenden Welt,*
In: *Zeitschrift für systemische Therapie,* 15 (3): 168-175, verlag modernes lernen,
Dortmund, 1998

Urban-Woldron, 2004

Urban-Woldron, H.: *Neues Lernen mit neuen Medien?*
In: Schwerpunktprogramm 4 „Praxisforschung",
IMST - Innovationen machen Schulen top (Hg.), Wien 2004
http://imst3.uni-klu.ac.at/7_zentrale_massnahmen/rn/materialien/
index2.php?content_id=165764 [Stand: 31.08.2009]

Vester, 2009

Vester, F.: *Denken, Lernen, Vergessen,*
dtv Verlag, München 2009

von Foerster, 2002

von Foerster, H.: Zittiert in: *Lernen Spezial, Auf der Suche nach dem Kapiertrieb,*
DIE ZEIT, 48/2002

Weber/Peter, 2007

Weber, K./Peter, T.: *L-Punkte bauen Brücken am Bodensee,*
In: *inform - Das Netzwerk-Magazin für Lernende Regionen,* Heft 3/2007,
Projektträger im Deutschen Zentrum für Luft- und Raumfahrt für das Bundesministerium für
Bildung und Forschung (Hrsg.), Bonn 2007

Weinert, 2000

Weinert, F. E. (29. März 2000): *Lehren und Lernen für die Zukunft - Ansprüche an das Lernen in der Schule,*
gehalten am 29. März 2000 im Pädagogischen Zentrum in Bad Kreuznach,
http://download.bildung.hessen.de/schule/gym_sek_ii/entwicklung/pool/weinert_2000-03-
29.pdf [Stand 09.11.2009]

White, 1959

White, R. W.: *Motivation reconsidered: The concept of competence,*
In: *Psychological Review 1959, September Vol. 66(5),* American Psychological Association,
Washington, 1959

Wilde, 2002

Wilde, D.: *Regional und kollegial - Fortbildung im Netz,*
In: Grundschule konkret, 17/2002,
Berliner Landesinstitut für Schule und Medien, Berlin 2002
http://www.dagmarwilde.de/semik/formelg/texte/fobinetzgskonkret.html
[Stand 31.08.2009]

Winter, F.: *Fragen der Leistungsbewertung beim Lerntagebuch und Portfolio,* Winter, 2007
In: Gläser-Zikuda, M./Hascher, T. (Hg.): *Lernprozesse dokumentieren, reflektieren und beurteilen. Lerntagebuch & Portfolio in Bildungsforschung und Bildungspraxis,*

Julius Klinkhardt, Bad Heilbrunn 2007

wissen.de: *Wörterbücher,* Wissen Media Verlag, München, 2010 wissen.de, 2010
http://www.wissen.de/wde/generator/wissen/ressorts/bildung/woerterbuecher/in-dex,page=3752934.html [Stand 28.03.2010]

Zimmermann, B.: *Problemorientierter Mathematikunterricht,* Zimmermann, 1999
In: Pädagogik, 10/1999, Schneider Verlag, Hohengehren, 1999

Bildquellen

© **Dreamstime.com** / Elsar77(6), Yuri_arcurs(12), Offbeatideal (14), Sportlibrary(16), Og-vision(18), Yuri_arcurs(20), Eraxion(22), Matteo69(26), Monkey Business Images(32), Monkey Business Images(34), Shurika(40), Catherine_jones (42), Yuri Arcurs(46), Lisafx(50), Ama-viael(52), Yuri_arcurs(54), Yuri_arcurs(54), Yuri_arcurs(58), Yuri_arcurs(60), Monkey Business Images(62), Paul_lewis(66), Monkey Business Images(76), Monkey Business Images(78), Nyul (80), Monkey Business Images(82), Monkey Business Images(86), Monkey Business Images(88), Monkey Business Images(90),Y0jik(92), Yuri_arcurs(94), Monkey Business Images(96), Yuri_arcurs(98), Yuri_arcurs(100), Redbaron(106), Yuri_arcurs(108), Presto-nia(114), Diademimages(116),Katsyka (118), Frozenpeas(120), Tramontana (122), Monkey Business Images(128), Monkey Business Images(130), Monkey Business Images(140), Monkey Business Images(148), Yuri_arcurs(150), Yuri_arcurs(152), Sandralise(156), Kamchatka(158), Unknown(160), Igorabond(162)

© **iStockphoto.com** / enot-poloskun(10), ktsimage(22), pukrufus(23), mstroz(24), Era-xion(25), tomhoryn(44), enot-poloskun(64), pastorscott(104), mbbirdy(110)

© **helliwood media & education** (7, 37, 72, 74, 83, 111, 131, 145)

© **PhotoAlto.com** / Eric Audras(28, 70, 126, 134, 138, 142)

© **gettyimmagesStockbyte College Education**(30)

© **Pixtal University Collection**(48)

© **Stockbyte Family Affair**(124)

© **Stockdisc Life Lessons**(102)

Ebenfalls im Verlag erschienen

Xpert Business

Titel	Preis (inkl. USt.)	ISBN/Bestellnr.
Finanzbuchführung 1	22,95 €	978-3-86718-**500**-4
Finanzbuchführung 1 - Übungen und Musterklausuren	22,95 €	978-3-86718-**550**-9
Finanzbuchführung 2	22,95 €	978-3-86718-**501**-1
Finanzbuchführung 2 - Übungen und Musterklausuren	22,95 €	978-3-86718-**551**-6
Finanzbuchführung mit Lexware	22,95 €	978-3-86718-**502**-8
Finanzbuchführung mit DATEV (inkl. Teilnehmer-CD)	22,95 €	978-3-86718-**592**-9
Finanzbuchführung mit DATEV - Dozenten CD	kostenfrei	978-3-86718-**593**-6
Intensivkurs Finanzbuchführung - Betriebl. Übungsfallstudie	16,95 €	978-3-86718-**594**-3
Up-To-Date 2011 - Finanzbuchhaltung	9,95 €	978-3-86718-**001**-6
Lohn und Gehalt 1	22,95 €	978-3-86718-**503**-5
Lohn und Gehalt 1 - Übungen und Musterklausuren	22,95 €	978-3-86718-**553**-0
Lohn und Gehalt 2	22,95 €	978-3-86718-**504**-2
Lohn und Gehalt 2 - Übungen und Musterklausuren	22,95 €	978-3-86718-**554**-7
Lohn und Gehalt mit Lexware	22,95 €	978-3-86718-**505**-9
Lohn und Gehalt mit DATEV (inkl. Teilnehmer-CD)	22,95 €	978-3-86718-**595**-0
Lohn und Gehalt mit DATEV - Dozenten CD	kostenfrei	978-3-86718-**596**-7
Up-To-Date 2011 - Lohn und Gehalt	9,95 €	978-3-86718-**002**-3
Kosten- und Leistungsrechnung	22,95 €	978-3-86718-**511**-0
Kosten- und Leistungsrechnung - Übungen und Musterklausuren	16,95 €	978-3-86718-**561**-5
Controlling	22,95 €	978-3-86718-**508**-0
Controlling - Übungen und Musterklausuren	22,95 €	978-3-86718-**558**-5
Bilanzierung	22,95 €	978-3-86718-**507**-3
Bilanzierung - Übungen und Musterklausuren	22,95 €	978-3-86718-**557**-8
Steuerrecht	22,95 €	978-3-86718-**506**-6
Steuerrecht - Übungen und Musterklausuren	16,95 €	978-3-86718-**556**-1
Finanzwirtschaft	22,95 €	978-3-86718-**510**-3
Finanzwirtschaft - Übungen und Musterklausuren	22,95 €	978-3-86718-**560**-8

Bilanzierung

Das Lehrbuch vermittelt umfassende Kenntnisse der Bilanzierung als Bestandteil des externen Rechnungswesens.

- Grundlagen der Bilanzierung
- Inhalt und Gliederung der Bilanz
- Vorschriften zur Bewertung in der Bilanz
- Bewertung des Anlagevermögens
- Bewertung des Umlaufvermögens
- Bewertung des Fremdkapitals
- Bilanzierung und Bewertung sonstiger Posten
- Bilanzierung des Eigenkapitals
- Jahresabschluss bei Kapitalgesellschaften
- Einführung in die Bilanzanalyse
- Grundzüge der Konzernrechnungslegung
- Grundlagen der internationalen
- Rechnungslegung

Xpert Business
WirtschaftsWissen

Titel	Preis (inkl. USt.)	ISBN/Bestellnr.
Systeme und Funktionen der Wirtschaft	11,95 €	978-3-86718-**600**-1
Wirtschafts- und Vertragsrecht	11,95 €	978-3-86718-**601**-8
Unternehmensorganisation und -führung	11,95 €	978-3-86718-**602**-5
Produktion, Materialwirtschaft und Qualitätsmanagement	11,95 €	978-3-86718-**603**-2
Finanzen und Steuern	11,95 €	978-3-86718-**604**-9
Marketing und Vertrieb	11,95 €	978-3-86718-**605**-6
Personal- und Arbeitsrecht	11,95 €	978-3-86718-**606**-3
Rechnungswesen und Kostenrechnung	11,95 €	978-3-86718-**607**-0
WirtschaftsWissen - kompakt	22,95 €	978-3-86718-**611**-7
WirtschaftsWissen für Existenzgründer	29,95 €	978-3-86718-**612**-4

WirtschaftsWissen kompakt

Das Buch fasst eine Auswahl wichtiger und besonders relevanter Themen aus der Fachbuchreihe 8x8-WirtschaftsWissen zusammen. Es bietet fundiertes und aktuelles Basiswissen zum Verständnis des Wirtschafslebens und einen orientierenden Einstieg in das Xpert Business-System.

- Baustein 1 - Systeme und Funktionen der Wirtschaft
- Baustein 2 - Wirtschafts- und Vertragsrecht
- Baustein 3 - Unternehmensorganisation und -führung
- Baustein 4 - Produktion, Materialwirtschaft und Qualitätsmanagement
- Baustein 5 - Finanzen und Steuern
- Baustein 6 - Marketing und Vertrieb
- Baustein 7 - Personal- und Arbeitsrecht
- Baustein 8 - Rechnungswesen und Kostenrechnung

Xpert Personal
Business Skills

Titel	Preis (inkl. USt.)	ISBN/Bestellnr.
Wirksam vortragen - Rhetorik 1	15,95 €	978-3-86718-**080**-1
Erfolgreich verhandeln - Rhetorik 2	15,95 €	978-3-86718-**081**-8
Zeit optimal nutzen - Zeitmanagement	15,95 €	978-3-86718-**082**-5
Erfolgreich verkaufen - Verkaufstraining	15,95 €	978-3-86718-**083**-2
Projekte realisieren - Projektmanagement	15,95 €	978-3-86718-**084**-9
Konflikte lösen - Konfliktmanagement	15,95 €	978-3-86718-**085**-6
Erfolgreich moderieren - Moderationstraining	15,95 €	978-3-86718-**086**-3
Probleme lösen und Ideen entwickeln	15,95 €	978-3-86718-**087**-0
Kompetent entscheiden und verantwortungsbewusst handeln	15,95 €	978-3-86718-**088**-7
Teams erfolgreich entwickeln und leiten	15,95 €	978-3-86718-**089**-4
Overhead-Folien und Bildschirmshows	15,95 €	978-3-86718-**090**-0
Präsentationen gekonnt durchführen	15,95 €	978-3-86718-**091**-7

EDV

Titel	Preis (inkl. USt.)	ISBN/Bestellnr.
Grundlagen der EDV XP	13,95 €	978-3-86718-**310**-9
Windows XP	13,95 €	978-3-86718-**318**-5
PC-Starter - Version für Windows 7	13,95 €	978-3-86718-**340**-6
Grundlagen Internet XP	13,95 €	978-3-86718-**311**-6
Textverarbeitung XP	13,95 €	978-3-86718-**312**-3
Textverarbeitung 2003	13,95 €	978-3-86718-**332**-1
Textverarbeitung 2007	13,95 €	978-3-86718-**341**-3
Tabellenkalkulation XP	13,95 €	978-3-86718-**313**-0
Tabellenkalkulation 2003	13,95 €	978-3-86718-**333**-8
Tabellenkalkulation 2007	13,95 €	978-3-86718-**342**-0
Datenbanken XP	13,95 €	978-3-86718-**314**-7
Datenbanken 2007	13,95 €	978-3-86718-**343**-7

Xpert Culture Communikation Skills

Titel	Preis (inkl. USt.)	ISBN/Bestellnr.
Interkulturelle Kompetenz	19,95 €	978-3-86718-**200**-3
Cross-cultural competence (englischsprachige Ausgabe)	21,95 €	978-3-86718-**201**-0
Leben und Arbeiten in Deutschland	11,95 €	978-3-86718-**202**-7

Leben und Arbeiten in Deutschland

Dieses Kursbuch vermittelt die wichtigsten Besonderheiten der deutschen Alltagskultur und Arbeitswelt. Durch zahlreiche anschauliche Beispiele und spannende Geschichten werden die Erfahrungen von Ausländern, die in Deutschland leben, aufgegriffen und in abwechslungsreichen Übungen erlebbar gemacht. Das Buch richtet sich an Jugendliche und Erwachsene mit Migrationshintergrund, die sich in schulischer oder beruflicher Ausbildung oder im Beruf befinden und an diejenigen, die sich im Ausland auf einen Deutschland-Aufenthalt vorbereiten.

Es werden typisch deutsche Eigenarten und Umgangsformen des Alltags erklärt und aus der Sicht verschiedener Kulturen beleuchtet:

- Zeit und Zeitplanung
- Themen und Tabus in der Kommunikation
- Direkte und indirekte Kommunikation
- Die Rolle von Männern und Frauen
- Ich oder Wir? Individualismus und Kollektivismus
- Macht und Hierarchie
- Erziehung und Umgang mit Kindern

Sprachniveau A2

Büroorganisation

Titel	Preis (inkl. USt.)	ISBN/Bestellnr.
Büroorganisation und Arbeitsoptimierung (HardCover-Ausgabe)	34,80 €	978-3-86718-**400**-7
Büroorganisation (SoftCover-Ausgabe)	27,80 €	978-3-86718-**402**-1
LOTUS NOTES- und IT-Anwendungen	9,95 €	978-3-86718-**401**-4

Büroorganisation

Dieses Praxishandbuch zeigt Ihnen:

- wie Sie mit der neuen Arbeitsmethode 4C Ihre Arbeit in Sekretariat und Büro effizient und effektiv organisieren,

- wie Sie mit einer optimalen Büroausstattung aber auch durch einfache Tricks und kleine Alltagshilfen Ihren Arbeitsplatz übersichtlich einrichten, die tägliche Büroarbeit vereinfachen und sich von Zettelwirtschaften befreien,

- wie Sie am Telefon, per Fax, Brief und E-Mail schnell, sicher und souverän kommunizieren, und Termine professionell und zeitgemäß managen,

- wie Sie Gäste stilsicher betreuen und Events professionell planen und durchführen und die Reisen Ihres Chefs effizient und professionell organisieren.

Darüber hinaus gibt dieses Praxishandbuch Einblicke in wichtige Zusammenhänge und Begrifflichkeiten der Betriebswirtschaft, des Controllings und der Verhaltenspsychologie und stellt die wichtigsten Managementinstrumente vor.

Konditionen und Kundenservice

Bestellservice und Kundenservice

Ob es um Fragen zu unseren Produkten, zu einer Lieferung oder um aktuelle Informationen geht, unser Kundenservice ist gern für Sie da. Sie werden von Ihrem persönlichen Kundenbetreuer individuell beraten oder mit dem Experten für die jeweiligen inhaltlichen Fragen verbunden.

- ☑ Online: www.edumedia.de
  Bestellen Sie zu jeder Tages- und Nachtzeit. Zeitunabhängig und zuverlässig.

- ☑ Telefon-Hotline: 05031 - 909800
  Treffen Sie individuelle Absprachen mit Ihrem persönlichen Kundenbetreuer. Wir sind flexibel!

- ☑ Fax: 05031 - 909801
  Nutzen Sie das beiliegende Faxformular.

- ☑ E-Mail: info@edumedia.de
  Bestellen Sie bequem und zeitunabhängig.

Bestellformular

(auch per Fax an 05031 - 90 98 01)

Zu Händen: Frau Karola Macholdt

Ich bestelle:

Anzahl	Titel	Bestellnummer / ISBN

	Rechnungsanschrift	Lieferanschrift
Institut		
Straße		
PLZ / Ort		
Ansprechpartner		
Telefon		
E-Mail		
Kundennummer		

☐ Ich habe die Allgemeinen Geschäftsbedingungen der EduMedia GmbH zur Kenntnis genommen und stimme diesen zu. (Die AGB finden Sie in unserem aktuellen Katalog oder auf der Website www.edumedia.de)

EduMedia-Kundenservice:

Logistikzentrum	**Kundenservice**	**E-Mail/Web**
Ziegelhüttenweg 4	Telefon: 05031 - 90 98 00	info@edumedia.de
98693 Ilmenau	Fax: 05031 - 90 98 01	www.edumedia.de

Unsere Lieferbedingungen

Lieferungen erfolgen bei 1 Exemplar als Büchersendung mit einer Versandkostenpauschale von 3,00 Euro (inkl. MwSt), ab 2 Exemplaren erfolgt die Lieferung als versichertes Paket.

Weitere Informationen zu unseren Lieferbedingungen erfahren Sie unter: www.edumedia.de/lieferbedingungen

Widerrufsbelehrung

Widerrufsrecht

Sind Sie Verbraucher und haben Sie mit der EduMedia GmbH einen Vertrag unter ausschließlicher Verwendung von Fernkommunikationsmitteln, insbesondere per Telefon, E-Mail oder Telefax oder über den EduMedia-Online-Shop (Warenkorb) geschlossen, können Sie Ihre Vertragserklärung innerhalb von 14 Tagen ohne Angabe von Gründen in Textform (z.B. Brief, Fax, E-Mail) oder - wenn Ihnen die Sache vor Fristablauf überlassen wird - durch Rücksendung der Sache widerrufen. Die Frist beginnt nach Erhalt dieser Belehrung in Textform, jedoch nicht vor Eingang der Sache beim Empfänger und auch nicht vor Erfüllung unserer Informationspflichten gemäß Art 246 § 2 EGBGB in Verbindung mit § 1 Abs. 1 und 2 EGBGB sowie unserer Pflichten gemäß § 312e Abs. 1 Satz 1 BGB in Verbindung mit Art. 246 § 3 EGBGB. Zur Wahrung der Widerrufsfrist genügt die rechtzeitige Absendung des Widerrufs oder der Sache.

Der Widerruf sowohl durch Rücksendung der Sache als auch per Brief ist zu richten an:

EduMedia GmbH
Ziegelhüttenweg 4   oder per Fax an: 05031 - 90 98 01
98693 Ilmenau   oder per E-Mail an: info@edumedia.de

Widerrufsfolgen

Im Falle eines wirksamen Widerrufs sind die beiderseits empfangenen Leistungen zurückzugewähren und ggfs. von uns gezogene Nutzungen (z. B. Zinsen) herauszugeben. Können Sie uns die empfangene Leistung ganz oder teilweise nicht oder nur in verschlechtertem Zustand zurückgewähren, müssen Sie uns insoweit ggfs. Wertersatz leisten. Bei der Überlassung von Sachen gilt dies nicht, wenn die Verschlechterung der Sache ausschließlich auf deren Prüfung - wie sie Ihnen etwa in einem Ladengeschäft möglich gewesen wäre - zurückzuführen ist. Für eine durch die bestimmungsgemäße Ingebrauchnahme der Sache entstandene Verschlechterung müssen Sie keinen Wertersatz leisten.

Rücksendung

Für Rücksendungen stimmen Sie sich bitte telefonisch oder per Mail mit unserem Kundenservice (s.o.) ab. Paketversandfähige Sachen sind auf unsere Gefahr zurückzusenden. Sie haben die Kosten der Rücksendung zu tragen, wenn die gelieferte Sache der bestellten Sache entspricht und wenn der Preis der zurückzusendenden Sache einen Betrag von 40 Euro nicht übersteigt oder wenn Sie bei einem höheren Preis der Sache zum Zeitpunkt des Widerrufs noch nicht die Gegenleistung oder eine vertraglich vereinbarte Teilzahlung erbracht haben. Anderenfalls ist die Rücksendung für Sie kostenfrei. Nicht paketversandfähige Sachen werden bei Ihnen abgeholt. Verpflichtungen zur Erstattung von Zahlungen müssen innerhalb von 30 Tagen erfüllt werden. Die Frist beginnt für Sie mit der Absendung Ihrer Widerrufserklärung oder der Sache, für uns mit deren Empfang.